韩天衡 著

我与收藏的故事

藏杂·杂说

荣宝斋出版社 北京

目录

弁言 —— 002

笔墨纸砚篇 —— 005

玉石瓷铜篇 —— 077

中国画篇 —— 131

书法篇 —— 193

玺印、印谱篇 —— 277

竹木牙漆篇 —— 345

后记 —— 387

弁言

韩天衡的名字，在近半个世纪的中国艺坛上一直是响亮的。可以说，他的艺术视野遍及篆刻、书法、绘画、鉴赏、收藏、教育、公益等诸多领域。起步之早、范围之广、影响之远，在当代艺坛中可以说是绝无仅有的。

　　而且，作为一位德高望重的艺术大家，他的篆刻奇崛、瑰丽、多姿，早在20世纪70年代就被赞誉"为现代印学开辟一新境界"，是公认的当代印坛一面高举的旗帜。其书法、绘画皆能深入传统、相互融通、变化气质，又极见个性创新。他理性思考、精于思辨，对篆刻史、书法史、绘画史皆有自己的见地与发想，并将这些经验与心得转化为"传道授业"的教化能量，春风桃李，泽被四方。

　　韩先生从年轻时就致力于书画、杂件艺术品的收藏。非以"增值"想，只是出于热爱、学习的初衷。而这些当年用工资、津贴、稿费一点一点购得的"旧物"，在今天已成为难得一见的"国宝"。难能可贵的是在2011年，他又将1136件书画和古董内含自己的200余件力作无私地捐献给了国家。丹心一片，义薄云天，体现了一位艺术家自觉的历史担当和崇高的责任感。

　　韩先生学养深厚、平易近人，多年来，其奖掖后学之功更是响彻艺林，并以自己的广泛影响力在世界各地弘扬、流布中国文化与中国艺术精神，极见赤诚。而今坐落在嘉定、以他名字命名的"韩天衡美术馆"也正在发挥它巨大的文化影响力，并渐至成为海上文化与人文上海的"新坐标"。

　　2018年伊始，承蒙韩先生不弃，我们将他近年在微信朋友圈上的日常断片文字与图片一并整理，并于本刊专辟栏目分期连载。在这些篇什里，记录了他与老一代文人艺术家的因缘和人生际会。谈艺术、说收藏、道人生，为我们勾勒出了一段20世纪中叶艺坛耆旧间的轶事与趣闻。丹青翰墨，烟云供养，尽显人间高谊。

　　迄今为止，《艺术品》期刊已连载此文近二十期，反响强烈，好评如潮。为满足广大读者的强烈要求和愿望，我们征得韩先生同意，荣宝斋出版社拟结集出版，以飨四方同好。并应韩先生之嘱，将第一期编者按略加润色，不敢为序，谨作弁言，但述缘起尔耳！

王登科

2019年6月25日

笔墨纸砚篇

—〈元〉—
剔犀心形纹毛笔

　　漆是中国人的发明，这漆是指生漆，也叫大漆，在我国的使用可上溯到七千多年前新石器时代的河姆渡文化。出现时间太久，生活里用得太广泛、太普及，泛泛加之普通，人们则不以为然、不以为奇了，颇有点"不识庐山真面目，只缘身在此山中"的况味。战国乃至汉墓里，出土过诸多精妙绝伦的漆器和漆绘，内里的胚骨早已朽蚀，得以整体地保存至今，全赖大漆不朽的功劳。

　　漆器的雕刻工艺在宋代已勃兴，在木胚、金属胚的器物表面髹漆，一层干透，又复一层，往往要髹几十层，乃至超百层，这层次里还有色彩的区分，叠加到一定的厚度，则有高明的雕刻匠在其上施艺，或人物、或山水、或花鸟、或龙夔、或几何纹饰，题材广泛，多寓吉祥意。一般纯黑漆的，或面漆黑色，下层多有其他色彩相参的称剔犀；纯红色者称剔红；几色叠加的称剔彩。做一件漆器经年而成则是常态。

　　此为元代所制剔犀心形纹毛笔。笔长二十一厘米，以黑漆为面，间以红漆两道，色感稳重深幽，由笔套至笔杆贯穿心形纹，线感起伏，流畅自如，大匠用刀之圆劲婉润令人叹服。心形纹在元代以后即未见衍用，此亦鉴别时代的机窍之一。此件元笔国内博物馆皆未见。十四年前，在东京以重值得之，今在我们美术馆长期展示。

—〈明〉—

特大剔红毛笔

文房四器，俗称文房四宝，以产生的前后考察，砚、墨先出，继为笔，最晚诞生的是纸，在战国时三器皆备，而纸犹未发明，都是写在竹木简和帛上的。

我们今天能见到的最早的毛笔，是一九五三年出土于长沙楚墓的。以我的常识判断，在商代毛笔已有使用，楚墓那支完整意义上的毛笔的工艺，可以推断之前的制笔工艺则更显粗简。

当写字和绘画迈入艺术，笔的高品质是必需的。秦李斯、汉张芝、魏锺繇、晋二王的精湛法书，佐证了制笔工艺早已具备了尖、齐、圆、健的四德。宋元时期，具艺心、思变通、不消停的文人与巧匠又着力寄情于对笔杆、笔套的美化，以求于身份、书斋匹配的雅致品质。

此时出现的质轻木胎，髹漆缋画，富美典雅的剔红、剔犀笔，即是超凡脱俗的一种。当然这类毛笔非达官显贵是无力拥有的。先前介绍过的长期陈列于我们美术馆的元代剔犀笔，即是国宝级的一支。

此处介绍的是一支明代特大号的剔红笔，通体作八文士雅集图，镌技刚健，画意古雅，凹凸有致，品相若新。管径最粗达十点六厘米，较彼时常见剔红笔粗达三四倍，为生平所仅见。

笔颖精良，人生一乐。文人好笔，天性使然。家退之公，尝谑称其为管城子。北宋苏易简《文房四谱》则封其为管城侯。兼及之。

—〈明〉—

程筱野制墨

二十世纪九十年代中期古墨尚未入藏家的法眼。其实好书画之人，无不爱墨。近代叶恭绰、寿石工、张大千、周绍良等都是藏墨大家。在一九六〇年前后，我也买过不少同治、光绪墨。记得一九六五年游合肥，师兄童雪鸿知我有安庆行，曾嘱我购同光旧墨数锭。其时安庆有一小街，皆为墨铺，陈列出售的均是同光旧墨，质地精良，其价在一二元之间。在当时即是全国未见的一道独特风景，至今流连。其实这一时期的墨锭，非但制作精良，因参入麝香、冰片等贵重药物，研磨之际，满室生香。

二十世纪九十年代初期，周日得暇逛古肆是我唯一乐趣，初见此墨，以为前人研去小半。细审，知是明墨，为百不一见之物。购归考证多时，方知其侧署款程筱野者，乃明代大制墨家程君房早岁使用之字号，故制作不若后时之奢贵。然此墨未见世有记载，尤可宝也。

墨的出现是伴随着砚、笔配套登场的。在三千多年前的商代，我们已可偶见到墨书。当时是粗制的墨丸，借助研磨石伴水为液。将墨丸之类精到地制成墨锭要到南唐的时候，墨工奚廷珪制作的锭墨，研磨方便且质佳，在当时是重大的革新。李后主欣赏到赐姓，故李廷珪跟他的墨锭一直荣耀到如今。诚然，名留青史，名墨则早就灰飞烟灭了，留下的是显赫的名声和传奇。

今之藏墨家追逐的是明季两大家：程君房、方于鲁。此是方氏的制墨，方氏曾是程家的墨工，制墨尽得其秘，跳槽自创墨坊，抢了老东家的饭碗。如今叫"竞争"，彼时的旧观念谓"教会徒弟，饿煞师父"。经验之谈，本事只能教七分，是要留一手的。

墨黑墨黑，墨当然是黑的，但即是黑色，也在科学的色谱里有约三百八十种的差别。记得我的蒙师郑竹友先生，在画桌右边的抽屉里放着大小不等的几十种明代墨锭。如他在故宫修复米芾《苕溪诗帖》上失、残的十一个字，就是将多种旧墨调和到与原作墨色如一才挥毫的。

顺带说一句，真正的高手临写（包括作伪）是无需双钩廓填的，郑师告我，修复米芾的这十一个字，都是在对米字观摩到烂熟于胸，乃提笔直书的。是啊，这才叫绝活！

—〈清〉—
靳治荆制墨

　　文房四器，笔墨纸砚，今艳称四宝。事情一充斥商业味，无论好歹、优劣，花好稻好，天花乱坠，总缺失了一些华夏古国优秀传统里诚信、谦和、实在的味儿。以墨而论，就中良莠不齐、高下不等。

　　若此康熙时歙县知县靳治荆督制墨，背面以八行文字详细记载了此墨：用桐子油五石，参漆十二，得烟百两，以仲将古法、参程君房旧传，以熊胆、龙脑、麝脐、金箔，捣三万杵的制作过程。诚一佳墨之秘方。古人用心之诚且专，亦由此可见。

　　是墨二十年前见于古肆。历来知墨者渺，以贱值购得，喜不自胜。当知，此物至晚清尽存四笏，存魏公孟处，素为藏墨家所垂涎。后张大千、寿石工各得其一。寿氏殁后归张子高，另一为周绍良所获。此件不知遗之何人？然其珍贵无须赘言矣。

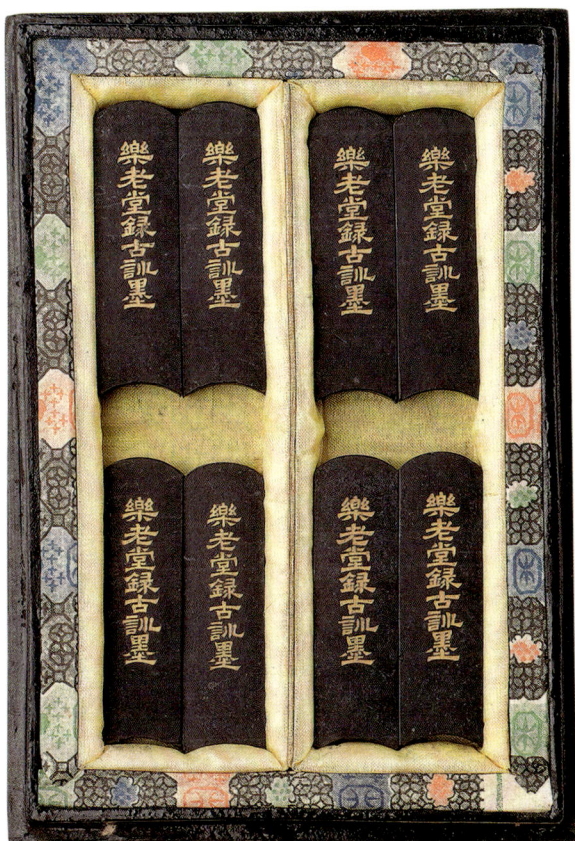

　　古时文人用墨讲究，虽明有程君房、方于鲁，清初继有曹素功、胡开文、詹大有、汪节庵等著名墨铺，所产墨品种甚多，然不少文人还是从形制、色泽、文词，乃至应酬、馈赠诸方面有自己的设想和要求，故公私委托定制墨锭者也是彼时盛行的风尚。

　　此乐老堂即出生于康熙年间的文士孙珩，历雍乾二朝，在他八十五岁己亥年（1779）时所定制之袖珍墨。记得"文革"中荣宝斋在国外办藏品展，图录中刊此墨两锭，记忆犹存。不数年，一青年人称家有古墨，登门造访，即此品也，共计四十余锭，以五十元一批全收，部分赠友朋，部分自研用，尚蓄八锭。又说老话了："文革"前乾隆墨颇珍贵，一锭之价与吴缶庐一楹联相当，今则字贵而墨贱，所谓此一时，彼一时也。

〈清〉
胡开文造张果老泥金墨

　　从南唐李（奚）廷珪以制墨名蜚天下，嗣后，徽州即是制墨的重镇，且是唯一的。明季制墨大家有罗龙文、程君房、方于鲁。然彼时，作坊之传皆不过三代。至清，则有曹素功、胡开文、汪近圣、汪节庵、詹大有等诸家崛起，若曹素功则世代相传逾二百年，也算是墨苑的常青树，奇迹。

　　以我的体验，凭心而论，康熙、乾隆墨都制作精良，而同治、光绪墨凡名坊所出，非但不逊于前朝，其质地的密结、墨品之丰富、墨色之可人、研磨之轻便，都胜于先前，尤其是不惜功本的麝香、冰片，乃至珊瑚粉、珍珠粉及黄金的掺入，墨锭研于砚中，而其香气则弥漫全室，沁肺清神，的是赏心乐事。藏墨人也将这等的佳墨视若珠玉，藏之高阁。从中华人民共和国成立初期的文物出口规定可得知，书画等文物以嘉庆元年（1796）为限，其后都可以外销，而墨则为中华人民共和国成立前的都属限止范围。

　　此胡开文所精制之赏墨。胡开文常被人误以为是制墨家，其实它是作坊名，创始人胡天柱，他于乾隆三十年（1765）在休宁首创。此赏墨模压制成八仙中张果老，手持竹板和节筒立于鳌鱼之上。墨高二十四厘米，周身以金箔贴饰，复用天然石青、石绿等颜料描画，使赏墨显得光亮华贵，无上庄严。墨底署"徽州休宁胡开文造"。此人物赏墨，又配有精制玻璃面的楠木箱，可竖置其间观赏。惜墨之保存干不得、湿不得，易裂又易霉，保管展示不易。故此墨只在我们馆有过短暂展示，今则藏于恒温恒湿的保管箱里享福哉。

　　墨在先前是文人不可或缺的文具，故民间常将文人称为"吃过墨水"的。制墨自用，或制墨进贡内府及馈赠友朋，在清代是件时髦的雅事。

　　这是晚清重臣、被誉为晚清第一帅的左宗棠订制的集锦墨，品类形制都十分考究，是别具匠心的制作。一盒八锭，分别为有虞十二章墨及亚形双龙墨、钟形墨、金龙舍形墨、云纹卷书墨、玉壶冰墨、蟠龙碑形墨、三螭符形墨。每锭墨都施以彩金工艺，既保留墨的本色在沉稳中，又平添了金的富美。漆盒上署"八宝奇珍"询非虚言。

　　如今，当我们喜悦地唱着"我们新疆好地方"时，也许并不知道它与左氏的关系。单是他以逾古稀之年，在外患内忧的境况下力挽狂澜，西出玉门关，收复新疆，就足以名垂青史。从这一点讲，左宗棠就堪称一位英雄。

　　左氏是文韬武略兼具的大才，他的书法也颇具特色，在今天的拍卖会上不难见到他书写的楹联。

　　我对左宗棠素有景仰之心，故在二十世纪九十年代以不菲的价格购入此墨，由敬其人而爱其物，情理中事也。

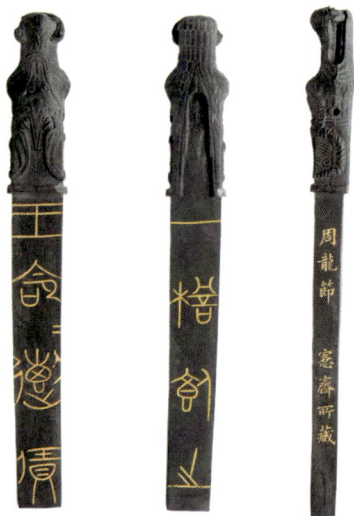

　　清末大臣吴大澂为学者、书画家、金石学家。号愙斋,出典是收得《宋微子鼎》,铭文中愙作愙,因以为号。博学好古,尤好上古彝器、玉石,乃至玺印文物之收藏,所藏之大部拓辑入《愙斋集古录》二十六卷,蔚为大观。此墨取形为其所得战国时楚国所颁之信节,青铜铸作,首端饰龙,两面有文字"王命,命传,赁一桮、饮之"九字。大意是,凡公事往来持此节,可居宿驿所及饮食,免费吃住,类似于国家公务员正常而规范的待遇。此节因首端饰龙,故名"龙节"。吴氏别出心裁,依形制为墨锭,自用并分赠友好。虽百余年前物,今所存颇希,四锭一盒者未之见也。十余年前以拙作易来。吴氏所藏之青铜龙节今藏上海博物馆。

乾隆双龙戏珠花笺纸

〈清〉

　　我玩书画杂件，似乎是与生俱来的爱好。诚然，一九三七年罪恶滔天的日寇军机在上海市区丢炸弹，正中父亲偌大的象牙仓库。人未亡，业被摧，物尽焚，人无恙，家已破，一夜之间，即成了城市贫民，悲哉。也许是父亲经常讲些收藏往事，沉淀在我的心底里。虽袋里少银子，偶见喜欢之物，仍不免收集一二。故我玩物之杂，非预设，实无奈。稍长，方知"杂"里有大乾坤，有大学问。杂七杂八，究根问底，对鉴别，对攻艺，潜移默化，自以为颇多裨益。

　　四年前有扶桑之游，偶去金津，自"兼六园"出，有一古玩铺，女店主是上海老乡，沪语沟通，顿生亲近。她示我一印，称约十万人民币刚收来，问是我刻否？告此我二十年前所刻，印谱里出版过，她雀跃，说拿到国内拍卖可以赚笔钱了。

　　铺里搜索，见有五尺整纸三层夹献呈乾隆帝的"龙花笺"，故宫未见之物也。又见同时之金粟山藏经笺一，店主只知是两张老纸，说：侬欢喜，就算十万日元伐（约六千人民币）。喜甚，金津得"金"，津津有味，真没白来。

—〈清〉—

乾隆淳化轩明黄金绘云龙纹蜡笺

在文房四器里，纸张是诞生最晚的小么。在汉以前，纸张尚未被先民发明，竹木简、丝帛是书画的载体，根本不知纸为何物，一如我等五十年前不知何为手机？

纸的发明大致在西汉末年，尺寸小而薄，初名"赫蹏"。随着造纸术的精进和普及使用，竹木简被淘汰，书写的原始形式被淘汰，公文的编排和递送的繁杂方式被淘汰，连小到印章按泥封的方式也随之淘汰……一荣百废，纸以载文，文以载道，它对中华文明和世界文明的贡献，自不待言。讲得宽泛点，地球上唯我中华五千年文脉不断，纸是贡献巨大的。

纸张的讲究始于唐，盛于宋明，至清季尤见绚灿。乾隆朝更是花样百出，登峰造极。此为乾隆御用纸，淳化轩是他的书斋。正反两面着杏黄色施蜡，正面金绘五爪云龙，饰以云纹、火焰纹，细密精饬，下钤"淳化轩御制笺"，尽显皇家无上威严气象；背面且洒以金片，有耀眼的堂皇。

沈从文曾记载，乾隆后百年的同治时，一张蜡笺工料费银五两九分，洒金外加一两一钱五分二厘。在乾隆时这张纸的价值约可供五口之家生活四个月，此纸复有宫庭画师以真金绘制的满幅云龙，其价值岂可以金钱计？一纸在手，既不齿于帝王的穷奢极侈，也赞叹于纸艺术的美轮美奂。一九五八年，郑师竹友应召调故宫，行前赠吾旧纸数张，此其一也。

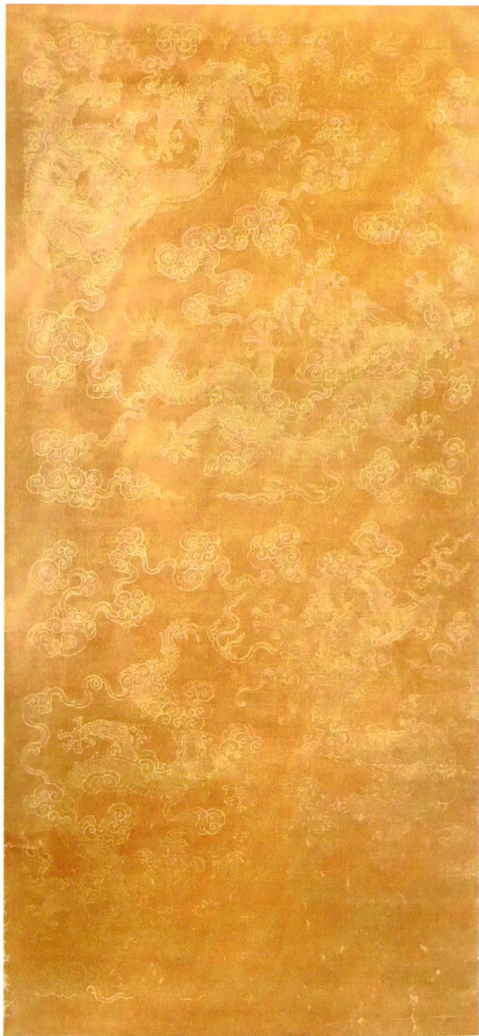

铜嵌陶盖砚

—〈汉〉—

　　在汉代，砚纯属实用品，偶有出土过极个别嵌宝石、鎏金的奢华砚，也无非是要体现高贵的身价，远未进入赏砚玩石充作书斋文房的阶段，而这一新阶段的出现，当发轫于北宋。

　　但汉代除了狭长的平板石砚，也有了花样翻新、起塘蓄墨量加大的砚品。这应该是跟纸张的发明，乃至书碑、书丹等用墨量扩大的需求有关。如此砚即是东汉时期别致的一款。外圈及三足为青铜质，浇铸而成，内砚及盖为陶质，盖上按有四叶纹图案，图案模压而非以手工刻划，也说明了是出于批量的生产。而砚底按有私印，印文"侯宗之印"，应是此砚的主人。

　　我们今天泛称为文房四宝的笔墨纸砚里，砚的出现最早，笔、墨稍晚，而纸的出现当晚于砚至少三千年。笔墨纸三宝，都是易耗之物，故传世也罕，这砚可是四宝中的老寿星，也是华夏文明里延绵超过五千年，老而弥新值得珍视的一种文化。如今的人们可以不使用砚，但对砚在我国文化传播、传承上任研磨不可或缺的功劳，以至对砚文化的前生今世，却是不可不知的。此也可谓是"数典不忘祖"噢。

〈宋〉

对眉子歙砚

一九六〇年七月酷夏，慈母突然离世，接到电报，部队准假，返沪奔丧。当时为抓紧上路，急赶长途汽车由温州抵金华，近九小时，再购火车票回沪，但最早的一班火车也得等四个小时。无聊排遣，街市闲逛，见一旧货店，久未擦抹的玻璃橱里隐约有方旧砚，类宋元间物，宿墨厚积，不明石材，店员称价一元五角。我见门面前有水龙头，要求能否让我洗净后再定，当时是军人上街，孩子叫"解放军叔叔好"连敬礼都来不及的年代，见我穿一身海军装，店员很客气地称可。然因积墨太久，又泡又洗，整整个把小时方看清是上品对眉子歙砚。特别的是，古眉子砚皆成横向，而此砚则为竖行，乃石材所围，故有此例外。旋购下捎回上海。也正是用这方新购入的古砚，第一回研墨恭敬地写下了花圈上"母亲大人千古"的挽签。呜呼，六十年前的往事，犹在眼前。

荷塘鸳鸯石盖砚
〈宋〉

　　华夏文艺沿续到宋代，像上天给了加速机，宋词、宋画，乃至金、银、漆、瓷、木、铜、砚、石等工艺美术领域，都显示出前所未有的不凡感悟和创造。宋画的山水、人物、花卉，漆器制作的剔犀、剔红、剔彩，仿古铜器、五大名瓷、木雕石刻、四大砚品，好古集古、赏砚拜石，文会雅集……风气之盛、兴趣之浓、普及之广、成果之丰，普及之速，在精神、物质两个层面都堪称是开启风气之先，也是后世往往作为标杆丈量的高峰。这文艺、工艺的勃兴、升华，拙以为与宋太祖"杯酒释兵权"的抑武扬文的战略导向有关，它促使文人士绅普遍去追逐精致雅化的风尚，追求日常方方面面的文化生活，加速推动了这一艺化的进程。从宋代官私的文献、故事及大量的遗存作品里，我们至少能玩味到这一点。

　　宋代的这一寻常的盖砚也足以作为解剖体悟的"麻雀"。画面是表现两只鸳鸯在莲花丛中拍翅追嬉。若以画艺论，双禽生动，变型得体，布局奇特，雅致有韵；而观其雕技，游刃恢恢，圆畅流动，深浅合辙，刀笔互补，尤添妙趣。点线面、黑白灰，无可挑剔。一件无名氏的砚刻即显示出宋代工艺美术水平的精妙绝伦，令人折服。

　　此砚一九八九年得于城隍庙藏宝楼，砚多水锈，索五千元，在当时是咬人的价格咯。

—〈宋〉—

银星眉纹平板歙砚

　　我们今天能见到的宋代歙砚较端砚为多，是因为在地理位置上，安徽较岭南远远的近于北宋政治经济中心的汴州和南宋的杭州，这当是一个重要的原因。

　　汉代砚多平板，纯属实用之需，而宋人之制平板砚，则取上佳石品，多为观赏，至少是观赏兼及实用。这是跟宋代君臣乃至士人间推崇尚雅审美观念，泛及到赏石、赏砚有关。此砚有多道眉纹，因呼眉纹，故宜横置，即是雕制施艺之砚，此亦惯例。眉纹砚板上有银色的星星点点，称银星，尤其是当时初出，明洁如黑夜平湖间返照的繁星，有诗境。不过时过千年，倩容未免打折。

　　二〇〇四年，友持砚易字。置案头多日，兴起在砚四侧书隶刻十六字"眉文道道，风情妖妖，千秋不老，曰黑里娟"。之所以有"黑里娟"之句，此为当代海上俚语，私意是文字里留些时代烙印也。

三彩炉砚

〈辽〉

　　三彩陶是盛唐的发明，大致是黄、绿、蓝为主调的三种色彩。先烧坯，再施釉，经九百度的火温，釉色自然地融会窑变，从而产生出五光十彩炽烈的美艳。但毕竟是低温烧制，欠坚实，易碎裂，也是实情，宋辽后遂衰落。这些年，新产的伪品甚多，做旧技艺颇可乱真，当留意。

　　炉砚即暖砚，在天寒地冻的北国，它是读书人不可或缺的文具。试想，冻了砚面，冰了笔颖，更冰冻了泉涌的才思，是何等的无奈、纠结。此三彩陶砚为观赏陈设器、冥器，构思特别，长方炉底座三阶，多柱高架间开窗有格，饰镂空壁花，中空为炉膛，置炭火，利通风，座架上方搁陶砚，小器大做，有大盖帽似的建筑美。此外，黄釉砚，绿釉座，又添了一重浓艳而稳重的色感美。睿智的工匠厉害，传统而又现代的构思，能把泥巴的魂灵钓出来！

　　此砚为约八百年前的辽代法物，论状态，是一无瑕疵的健康相，令人击节赞赏。去年冬，见于东京一古董店，为儿子无极收得，价也低廉到外人不信。与店主有二三十年的交往，少寒喧，讲诚信，重情谊，够朋友的。

—〈元〉—
金晕雁湖平板砚

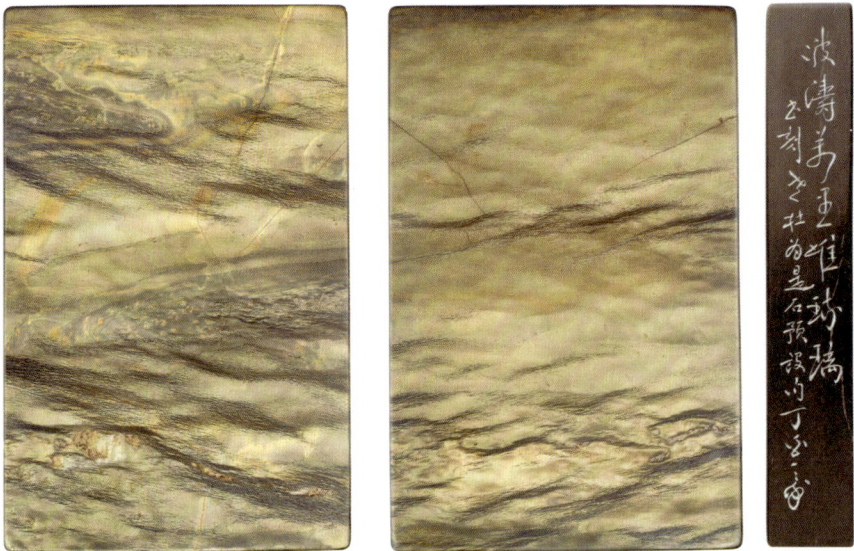

　　歙砚是我国四大名砚之一，但歙石的开采在元代至元十四年（1277）发生严重崩陷后，直至乾隆四十二年（1777），方始恢复开采。这中间有整整五百年的空白期。

　　歙砚多呈深黑色，端砚多呈紫红色，前者如张翼德，后者若关云长。就色质而言，歙砚却偶有奇品，此元代金晕金星雁湖(亦有称虎皮)即是特例。砚高约三十厘米，在水波纹上似洒金泼银，海天一色间，铺洒了一层金色的阳光。另一面依然金灿灿，忽地波涛汹涌，风呼浪啸，奇诡莫名。天公造物，鬼斧神工，奇谲离奇到让人不可思议。

　　此等砚品，我寻觅逾一甲子，未尝得见有若此者。五年前去扶桑，弟子景泉伴我去一古砚名店。社长与我神交，遂从别处库房取来，漆盒已残旧，而砚两面完好无损，金灿夺目，为之心旌。日本之所以多我国古物，与此民族的文化观念有关，历来多内乱，也不乏杀戮，然视文物为祖宗所遗，"罪人而不捐器"应是一大原因。乃购下，出店门，景泉曰：老师啊，我那一瞬间，看你两眼放光，知道宝物有主了。近在其侧录唐杜甫诗句并记："波涛万里堆琉璃。书刻老杜为是石预设句，丁酉，天衡。"

端歙两种砚石，历来是名砚里的大宗。而以石色论，端主色紫赭，歙主色灰黑。端之极品，敲击之声类木，歙之声类金。除了内部结构成分的区别，歙较之端要硬出摩氏半度。故歙砚耐研磨，制砚刻铭也艰辛。

元及以前的歙砚里偶有异品出现，如此石即为极罕见的一品，古郁老苍，多岁月的遗痕，当初青春年华时，应是碧金相融的容貌。诚然，好砚者决不至于为睹昔日芳容，而去其沉积了六百年的老包浆。当地砚家名其"豆斑歙"，然未见诸于古籍记载，姑且名之。

此砚为一九八八年古徽州访砚时所见，友人以奇货自重，我用自产书法三纸易来。三十年间，阅砚无数，确是未见有此砚品。

—〈元〉—
银晕虎皮水波纹砚

　　歙砚产于古歙州，二十世纪三十年代初，蒋介石出于"剿共"的需要，将产歙石的婺源地块划入江西，如今还称歙砚，的是名实不符。今又多了个江西龙尾砚的名称，行家倒是依旧称歙砚。对上品的歙砚，我是当作水墨画来欣赏的。如果说端砚属于暖色调，那么歙砚则是冷调子。冬用端，夏用歙，合适。

　　这是四年前在东京某拍卖行见到的妙品，一般称银晕雁湖，也可称作虎皮水波纹，总之这名谓多由状象状色而定，是元代之前开采的奇品。懂砚石的日本人不多，以二十万日元（合一万二千人民币）请学生拍来。一轮明月下，无涯的波浪在银光中涌动流走，诗意满满。挥刀在砚沿刻上"海上升明月"，佳砚在侧，美景养眼，这佳境，也无需路漫漫地赴到海边，想看就看得到的噢。

　　明代的瓷砚不多见，有不少署明代年款的，多后世牟利者的作为。一九九〇年，一皖南收藏兼及出纳的朋友示我此砚，形制到代，着釉肥厚，包浆古醇，气象朴茂。然我对瓷器类少有关注，缺知识，电询了一位老法师，称应是明代的，并告知署年款者甚少，若真，可定为一级品。我思忖，此类旧器可遇而不可求，似有六成把握，搏一下，遂以三千元购归。好在几位专家看后都无疑义。庆幸。

　　此君彼时还示我弘一法师书寄友人的一张明信片。的是真迹，然是用钢笔蓝墨水书写，索价也三千。对弘一法师的书艺乃至其传奇人生，我素来仰慕敬佩，心想，您大法师咋不用毛笔书写呢？否则，贵些买下也无妨。思之再三，放弃。是啊，天下之大，长物之多，财力之弱，人哪能见物就收？这本不属于我集藏的范围，擦肩而过，至今想来也不见懊悔。

—〈明〉—
弘治十七年铁暖砚

　　研墨，对于以往的文人来说是个不轻松的体力活，拿老辈中的书法大家来说，每天晨起研墨一钵，就得两个小时。稚柳师曾告我，抗战在重庆时，沈尹默先生即如此（彼时已有墨汁和墨膏，但质量及效果均差）。此外天寒地冻时，水入砚即冰，笔蘸墨即冰，别讲写出好字，要将一张字顺畅地写完都不易。气候的年年变暖是事实，我在儿时冬天写字就常会有此情况。先人智慧，就发明了暖砚。暖砚也有多种材质的，但以铁铸为大宗，底部置炭火则墨汁不至冰冻。冬置此砚，既可取暖，腕指双畅，且无碍文思泉涌。

　　此铁砚四壁图案简洁多空隙，既有装饰性，又便于烟火之四向消散，很科学。砚之正壁所铸"弘治十七年"为公元一五〇四年。铁砚易锈蚀，传世达五百年的不多，而有年款者益稀，珍贵可知。

尼
山
石
砚

—〈明〉—

我国地大物博，山川无计，山川皆有石，然非石皆可为砚。千多年的发掘和筛选，能制佳砚的品种屈指可数。其佳且大宗的，有端、歙、洮河、松花、红丝等。小众而佳者，若尼山即是。

尼山在山东境内，主峰在曲阜东南。相传孔子因父母祈祷于尼山而生，故其名孔丘，字仲尼，都与丘陵般的尼山有关。

此石产于尼山孔庙北的砚台沟。史载：尼山之石，文理精腻，亦称雅品。《曲阜县志》谓：此石质坚色黄，得之不易，近无用者。

此类石砚存世颇稀，藏砚家多不经意，也未考其产地。我所得之此明代尼山随形砚，妙在仅砚面碾作平板，馀则一任天成，去尽雕饰，意趣古朴。三年前由日本拍场以廉值买得。此小别于澄泥，亦小别于籇村的佳砚，旋归队豆庐。我庆幸，好就好在它"藏之深闺人不识"也。

〈明〉 巢鸣盛铭太史砚

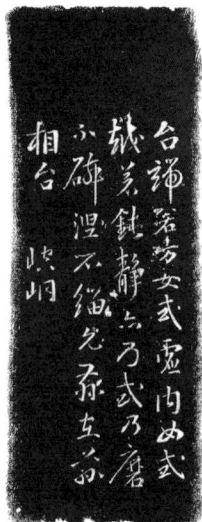

　　这是典型的明代抄手砚，色若紫云，细腻若脂膏，属于被唐代鬼才诗人李贺赞美过的那种。铭文的作者崆峒，乃嘉兴文士巢鸣盛。他在明崇祯九年中举人，一六四四年明亡后以遗民自标。之后的三十六年，做了乡间的老宅男，足迹不再迈入城市。古陶渊明爱菊，周敦颐爱莲，此君则独爱匏。在屋宇之四围，初春遍种葫芦，以预制之外模范之，秋得成器的匏，则一一铭之。史载，家用器皿均为匏器，惜故国多难，不耐压迫的巢氏匏器，如今想必是百无一存了。

　　毕竟是坚固的石头，这方砚历经四百年，虽显斑驳沧桑，还是渡尽劫难，跟着我进入了太平盛世。

砚对于今天的知识分子阶层来说，不仅是可有可无，而是有相当隔膜之物。也许，现在书法进课堂，从娃娃抓起，会有所改观。然而，图便利，即是用砚，大都只为贮墨汁器，而非作研磨用。但是，瞻望古今，试想文人无砚，何以著书立说，何以书画传艺，哪来我们艳称的五千年灿烂文化？砚作为一种不可或缺的中华文具和文化，实用与否，自有钟爱它的理由，也有钟爱它的群体。远去的东西，往往有更多莫明的爱恋。

像我这等粗通文笔者，对砚就有不可割舍的情结。自幼至今，痴心不改，砚是我心上的宠物。至今收砚当不下五百。此为一九八〇年初，友人自苏州东山为我觅来的明代绿端大抄手砚，价仅四元，但一二十斤的分量，在那手提肩扛的年代，却是重体力劳动。友情可感。

这等的佳砚且保存状态良好，原必配有天地盖，应是"文革"里失散，故重配。记得是半年后，木盒送到我画院的工作室，也许是天意，程十发先生来串门聊天，笔墨在案，逮个正着，请其绘盖。程公不加思索，即挥毫写此老子像，并撰书道家语一则，倾刻而成，叹为神技。后请硕识老弟刻出，砚佳、画佳、辞文佳、镌艺佳，四佳合美，天地间又多一妙物。好生喜欢。

—〈清〉—
陈元龙铭砚

　　陈元龙，字广陵，号高斋，是清初的文人，康熙二十四年登进士，是仅次于状元的榜眼，这年三十四岁。一路顺风顺水，官至大学士，入直南书房，是帝王的近臣。享有文名，亦有书名，字多楷书，文雅散淡。此砚歪而不正，称不上精彩。也许是被好砚者轻看，他在砚背后发了一通感慨："客有视此砚之不工，且无眼。余为之铭曰：生长穷谷，无媚人之面目，有劝学之心肠。"丑些不整齐，且缺了俗人珍视的"鸲鹆眼"，这又如何？在其砚塘里，用水十八缸，日研夜磨地去做学问，同样地卓然成家。一人之成，与器物之良莠无关，要在自身的坚毅努力，过来人心得，有说服力。

　　杂砚一经名家题铭，丑小鸭顿成白天鹅，身价遽升，这就彰显出文化的力量。二百年后为大篆刻家吴让之的粉丝，文士汪鋆所得。汪氏是识货朋友，在其侧又镌刻了一印"汪砚山珍藏"，为此砚又增添了文化的分量。

〈清〉
林佶、余甸双铭仔石砚

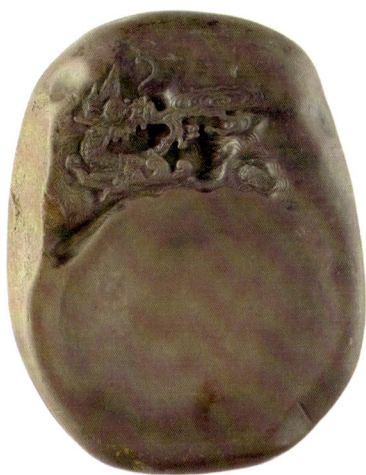

　　这是一方有特殊分量的佳砚。材为端州老坑，大且厚。三百年前在缺光、缺氧，且窄迫的水坑里，纯人工凿出这般的砚材实属不易。尤可观者，砚塘别出心裁雕一倒发龙，雄浑豪宕，是清初的典型选式。更可观者，林佶、余甸为彼时官宦文人中赫赫有名的藏砚两大家，后人得一铭者已属难得，此砚林氏以篆文铭楠木盖，余甸以真书铭砚背，为联手合一呈内府物，故而一丝不苟、毕恭毕敬，字里行间简直可以聆听到两人书写时心底呼唤"皇恩浩荡"的诚恐诚惶。

　　此砚为上海友谊商店书画部库房的宝贝，一九九六年偶尔见得，惹我相思经年。后店方称，此砚很难估价，若你真喜欢，画两张四尺整纸的画交换。自己的土产，生产何难？遂入我豆庐。今捐公家，岁月如梭，弹指一挥，二十一年前之故事矣。

—〈清〉—

孙承泽铭端州太史砚

　　砚有名人铭，足称千秋品。这方端州宋坑砚即是。孙承泽可是史学界、书画史界的大人物。此人为崇祯四年（1631）进士，仕明。李自成进京，号大顺，他仕之。不久，清建国，他又仕之。后人将他列于"贰臣传"似乎还忘了他充当过短命的李"皇帝"臣子这一节。他做了十年清初的重臣，重而不用，没趣，辞职了。取字号退谷、退翁、退道人……退到绝处，转了个向，这反倒开辟了他史学、艺史的新天地，二十余年里已刊未刊的著作有三十余种。康熙庚子年（1660）四月至六月，他以自藏及寓目的唐以降三百二十多件书画、碑帖撰写成《庚子销夏记》，广征博引、阐述精到，至今还是一部被看重的著录。

　　这是他著书立说的常用砚，砚不能言而退翁有言："体著灵寿，治比良田。气和神静，以养泰然。"过来人了，这十六个字里，容纳的东西太厚太深太多。

洮河羽觞砚
朱彝尊铭自用
〈清〉

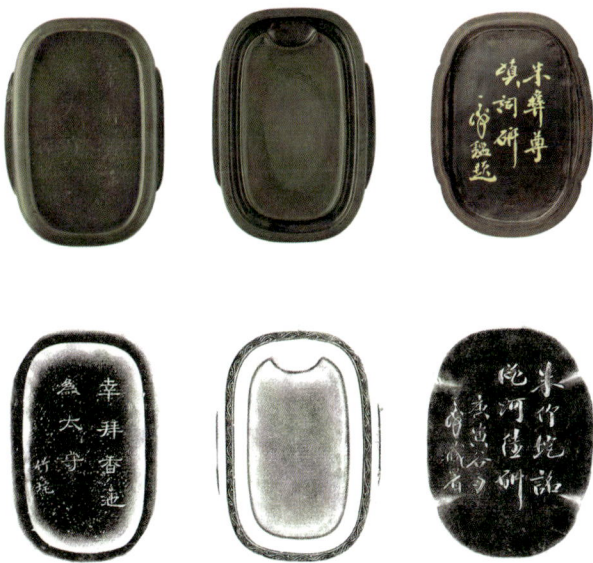

朱彝尊，字竹垞，浙江嘉兴人，康熙时杰出的文坛领袖，与山东的王士禛有南朱北王之称。朱氏挟其文名，声蜚九州，故伪其字及铭其砚者代不乏人，赝品颇多。

我们不妨以此羽觞（耳杯）砚作些分析。其一，此为其真笔，秀嫩的文气虽经镌刻，依旧保持本有的风格和气息。那些粗劲而甜俗的书风都属伪托。其二，砚为洮河之鸭头绿，有着不输三百年的老包浆，颇难仿冒。其三，工艺制作与同时期标准器均暗合，有磨用久远的天然沧桑。其四，盒与砚为原配，以其时已很珍贵的黄花梨木挖出，且有当时惯用的内腔髹黑大漆的工艺。四端考察，则可断其为竹垞老人署款之真品矣。当然，这四端，以字迹之真伪为第一要旨，纯可以此一票为否决权。需知，在彼时直至近几十年来，变本加厉以到代旧砚添加名家铭、款，以及以真款仿刻到旧砚、新砚上的实例太多。

因此，鉴定名家铭砚的真伪，除了综合的工艺知识，对名家各时段的书艺、书风的深入领悟，更需了然于胸才行。说来轻松做到难，故至今，我还是把自己定位在资深、业余、民间的无资质艺术鉴赏员。这可是实话实说。

—〈清〉—
康熙黑端蘑菇砚

这是很别致而精致的袖珍砚，因其小便于外出携带，也称行囊砚。

凡砚小，行家里手尤须遴选上品的砚材制作。如此砚即是端石中纯黑者。史载黑端在宋时即告罄，凤毛麟角，尤见珍贵。砚依石相而构思施艺，背面作一大蘑菇，下部有少许石皮，稍作翻卷状，细腻中不失天成，巧思堪赏。也许是石佳工妙，故又取罕见的饶有金铂通透感之桦木瘿（不同于也称珍贵的葡萄瘿）挖成砚椟。环环相扣，处处生趣，艺心凸现。

老辈尝告我，康熙时姑苏制砚最负盛名者为顾二娘，而传世署其名款者百品难有一真，未署名款而精绝者，反倒偶有她之所作，吾于此砚也作如是观。

吴历铭文绣像砚

〈清〉

四大名砚里，端、歙、洮河是天成石材，唯有澄泥，则是巧取河里淘选的佳质细泥，入窑烧制而成。泥质、温度、秘方、工艺，决定了澄泥的质量和色泽。在明清的澄泥砚里，我们以色泽分别取名为虾头红、鳝鱼黄、蟹壳青、玫瑰紫……也由于选料制作工艺的精到，砚质坚结而细润，研磨不滑不燥，出墨迅若乌金，蓄墨不易挥发，得墨生五彩之妙，尤为书画家所青睐。特别要指出的是，它的品质绝对区别于宋元的陶砚，也完全区别于苏州蠡村所产的石砚。由于蠡村石貌似澄泥，或误判，或冒充，这类以水晶充钻石的例子历来颇多。

此清初大画家吴历自用砚，乃澄泥中蟹壳青绝品，从他为铭盖诗题，及在畀手处所绘自画像，即可窥见其对此砚之宝爱。遥想当年，吴氏那些精湛的山水画，皆是由此砚濡墨而成，就足以对此砚田生发出由衷的赞叹、赏爱。

此砚曾为民初大藏砚家周梦坡珍藏，拓本见《梦坡室藏砚》一书。吾曾以是砚作画多年，虽用吴氏砚，唯缺吴氏才。从而深切地体会到"武器是重要的因素，而决定的因素在于人"。每想到这名言，就平添惭愧，故藏而不用久矣。

—〈清〉—

嵌八宝漆砚

　　砚自出现，在漫长的岁月里，它的身份重在实用。到了宋代，由于文人审美的系统化及书斋文房的追求雅致，砚也上升到实用兼艺术的双重身份。藏砚、考砚、玩砚、说砚、铭砚之风渐兴。

　　沿之于清季更是成了文人的风尚。乾隆皇帝下旨编纂的巨著《西清砚谱》，不管它里头真真假假，那热度绝对是发烧级的。有势有力的文人同样趋之若鹜，若金冬心、高凤翰、纪晓岚、阮元、张廷济……都有着可观的藏砚。西泠八家的首领丁敬身号"砚林"，当然也是跟好砚脱不了干系。

　　先前的砚材多为石、瓷玉、陶，也许是材质坚重，不便携带，在清初则出现了以木为质的漆砂砚，砚面以细砂伴漆而成。若此即是清初的出品，极考究，以黄花梨木制作，砚盖在赭漆上镶嵌盛开的白玉兰一株，精巧而素雅，别于之后的一味奢华。

　　此砚得于友谊商店北京路店，定价两千七，下午取钱付费，价提升到七千。颇愤慨，投诉于总店，以原价购归。愤慨非为钱也，求诚信也。

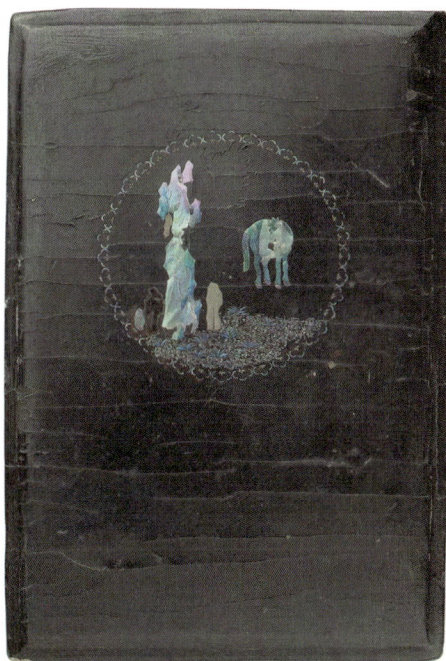

〈清〉

大西洞砚
康熙嵌螺钿漆盒

七年前逛东京古肆，见此康熙时砚盒，面多蛇腹纹，偏上端以极细月芽螺钿丝嵌出花色圆圈，圈下方铺花草一片，上竖湖石三粒，其一高耸，得瘦皱漏透趣，中居左顾骏马，布局疏而不散，简括空灵，手工精妙。些许螺钿时刻闪变的奇幻，不同于镶嵌繁复、五光十色的那种刺眼，反倒多了几分文静的诗韵，足见世上事，往往不可"足尺加三"。虽无署名，而其味不减名匠江千里。时以二十万日元（约合一万二千元人民币）购得。

置案多时，卖椟岂能无珠？遂截大西洞佳材配之。此石纯一色，似无石品，实乃"天青"妙品。时值浙江台要补摄我年轻时从军戎海的镜头，叹那天浓雾笼罩，瓯江北岸巍巍的乌牛山都没了踪影，归来即在砚上书六字"雾锁万重江山"记实也。

—〈清〉—
查升铭平板大西洞砚

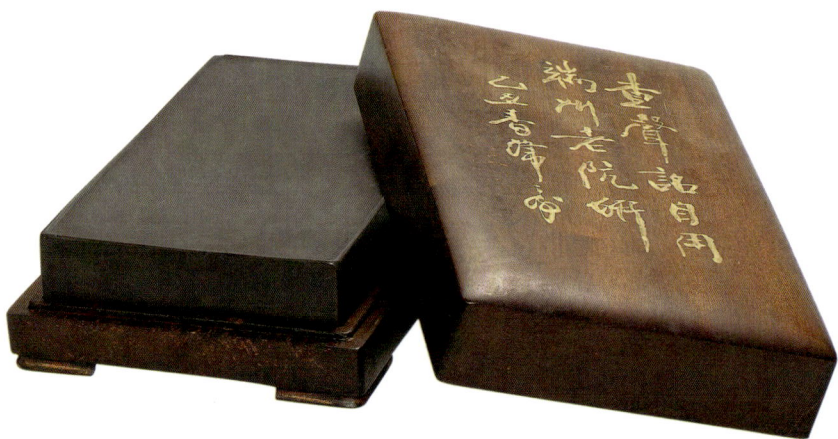

　　有人问这砚板，不开塘子怎能磨墨？其实，上古时代的砚大都是平板砚，当时纸张还没有发明，字是写在削薄长条的竹木简牍上，字也不大，材质也少吸墨，一个狭长约十来厘米的平板砚，滴点水，加点墨丸，用研磨石研磨一番，就足够使用了。当然后世宽大的平板砚，也有磨墨锭写小字的，但一般都是因砚的品质珍稀，纯供欣赏，追求的是不施一刀，尽显风流。

　　这方端州大西洞平板砚，若将其置于水中静观，则可见到漫布着针点般的青花，此即古人盛誉的"蚁脚青花"，是水坑中的极品。砚背有铭，为康熙时名士查升雅驯的楷书三行。考这年正是他荣登进士，也许是为了犒赏自己而花重金所得。

　　此大砚我得于愚园路上的一旧货铺，时在一九九〇年，价仅九百元。看来缺乏专业知识，也只能听任别人捡漏了。

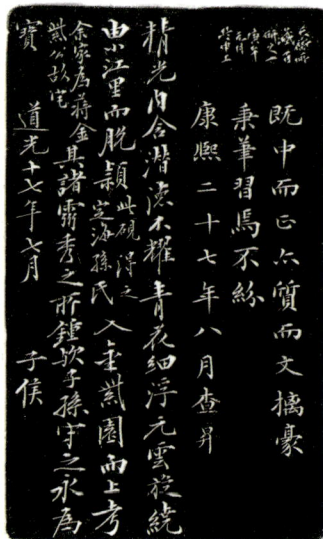

绿端砚 〈清〉

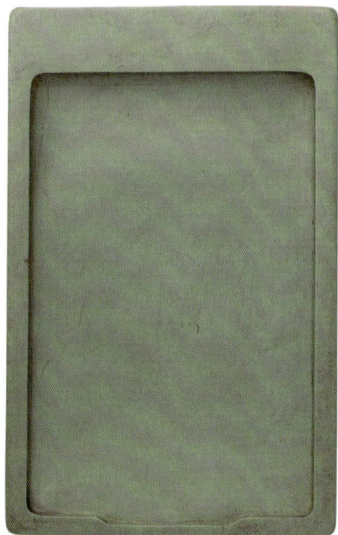

这是清初上品的绿端，绿端者，端砚中之绿色者。绿中见翠，质地净纯，为彼时绿端中之上上品。今天我们依旧可以见到肇庆出产的绿端色偏黄，本地的行家称，这跟旧产的已不是一个坑洞之物。此砚制作规正，简而洁，几根线条就足以让人玩味。挖制的红木天地盖，与裸露其间的绿色相映成趣，从这些细节里都可以观察到工匠的用心。盖上秀俊的"快翠"题铭也饶诗意。

一九九二年，去日本大阪之前，顺道去拜望日本篆刻大家梅舒适先生，先生招饮并以此砚见赠。在回宾馆的车途上，陪去的梅氏弟子要求再从包裹里取出观赏，只见他手捧佳砚，自说自话："我跟梅老师二十多年了，月月付学费，唉，都没有过这种幸运啊。"

袁枚铭砚

〈清〉

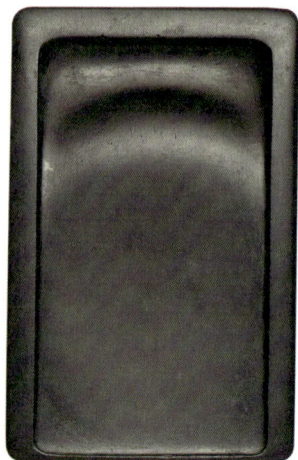

　　戊戌初春，是乾隆时性灵派诗人、文学家、评论家、美食家袁枚逝世二百二十年，特刊发一方他的铭砚以志纪念。出身钱塘的他，少时即有文名，二十四岁登进士，春风得意，怀济世之志，但仕途不顺，转来转去在南京周围做了七年七品芝麻官，情何以堪。聪明人，看得穿，借父殁、养母辞官，在江宁的小仓山建一随园，做了个著书立说的隐士、名士。随园虽是私家花园，他不筑墙，任百姓游览赏玩，也可说是中国出现的最早的公园。有自撰门联：放鹤去寻山鸟客，任人来看四时花。豁达。

　　细数下他的人生，自三十四岁辞官，闲云野鹤般地给自己放了四十八年的长假，到八十二岁逝世，够洒脱、滋润。

　　这是十五年前在东京都荣丰斋所得。店主相熟，问库房有无佳砚，称有一方，他人寄售，索价较贵。不多时，取来乾隆犀皮砚盒，内竟是袁枚铭砚，文：大道为公吾是之，背公为私吾耻之。的是真品，此文义与其为官时的清正言行倒也是吻合的。询价，称六十万日元，时合人民币四万余，购归我豆庐。

高凤翰铭砚

〈清〉

从我策划的《文心在兹——历代砚文化特展》里，最早可以称为石砚，并附有石研棒的，当数六千年前的红山文化期的砚了。当时，最古老的甲骨文远未诞生，砚是用来研磨颜料，涂写器物的。

文人的好砚、赏砚之风滥觞于北宋，欧阳修、苏轼、米芾都好砚，据载，东坡仅三砚，米芾也就二十六种，然风气一开，名士蜂拥，使砚文化从材质、制作、铭记、赏玩、辑谱诸方面，都"一条龙"地日趋欣欣向荣。

在雍正、乾隆时，八怪之一的高凤翰就是集收砚、制砚、撰铭、镌刻、辑谱于一身的"发烧友"。他生平收砚一千多方，刻铭的砚大致也就不下三百方，特别是在雍正丁巳（1737）右臂痹废后，依旧乐此不疲。生前曾辑有《砚史》四卷，收砚拓一百余，呼其砚痴似不为过。本人孤陋寡闻，这书里的实物，几十年间竟然眸一砚的缘分皆无。

物常聚于所好。一次，偶然在旧铺里见到此砚。有断纹的黑漆盖，残蚀支离的仅剩中断一截，知为雍乾时物，再品砚石，为米芾所称之紫金石。色典雅有致，可喜者，砚侧是熟悉而跌宕的高氏隶书铭："厚重而方，诗酒徜徉。雍正二年小春。南阜左手。"乃知在其右臂痹废前即能左手刻铭，足补史料之缺。尤可喜者，另一侧为嘉庆二十三年翁方纲拜观手书款，翁氏也正是这年以八十六岁高龄而寿终。买文玩最高兴的莫过于店主不识货，不还价，不强索，心平气和，两心相悦。他说："破东西，侬欢喜，算六百五。"付钱走人，时在一九九一年。

—〈清〉—
梁山舟双铭砚

梁山舟是官二代，父亲梁诗正是宫廷大臣。但在封建社会里也讲规矩，儿子登仕途，还是得硬碰硬地一关一关从生员、秀才、举人、进士考上去。疏通、作弊可是大罪，明代的文人画家唐寅就吃足苦头，他倒也因祸得福，官场上少了个可无可有的官吏，而美术史上却多了位名垂千古的大家。

梁山舟是书法史上尝试用羊毫笔把字写得劲爽如意的人，佐证了柔笔是可以驾驭并能写好书法的，对后世产生过极大的影响。他的这一贡献多被忽略了，不应该噢。

在乾嘉时，翁（方纲）、刘（石庵）、梁（山舟）、王（文治）被称为书坛四大家，而梁氏是最长寿的，活到九十多，彼时还真少有。

这是他的自用大砚，有其八十一岁和八十八岁的两段铭文，先铭于砚额，后又铭于覆手。廿一世纪初，见于友谊商店，标端砚，价高达二万五。其实，这是祁阳石，滑溜不发墨。梁山舟在铭文已经讲得明白："贮金壶之汁，温润而不食墨"。也许他对砚材不熟悉，但知道是不可研磨的。我跟经理说，这不是端砚，太贵了。他知道我好铭文砚，说不管啥砚，这两段铭值钱呗？也是，为了这两段铭，我乖乖地付钱，还是把这方冒牌的端砚请回了家。梁氏当体会到我对他那不一般的感情。

　　旧时文士常自嘲"我生无田食破砚"，其实砚本身就是文人的"田"，试想，离了这块安身立命的"田"，笔墨无着，思绪无根，人岂能文？何来文人？砚之重要不言而喻，文人好砚，为砚而痴，当在情理之中。

　　此为清代嘉庆时著名书家王文治所用、所铭之砚，小可拳握，色纯黑，砚塘深挖，可知非歙石，应是奇缺的肇庆黑端也。

　　此砚见于一九八〇年初，时愚园路上有经营小古董的店叫"百花园"，得抄家发还而委托此店寄售者颇多（时抄家未能找回之物，政策定为每件赔偿十二元），经理售我为九百元，想来售家与店家获利也算丰厚，我得来喜欢，堪称三赢。

—〈清〉—
钱坫题黄易小像澄泥砚

黄小松是浙派的大篆刻家。然而他对访碑、拓碑的执着以及对汉碑碣刻石的研究，对嘉庆以后金石学的隆兴，有着他人无可替代的开拓之功，似远远超过他在印坛的功绩。此是绛州虾头红澄泥砚，名品。而更值得关注的是它记录了黄氏三十四岁得汉石经残字，且由学者钱十兰于砚侧书小篆四行记其幸，砚背刻有黄氏小像，足见郑重其事。在民国的《梦坡室藏砚》一书中，有存此砚伪品的墨拓。古砚有铭者多有仿品，这类生儿子、生孙子的情况尤以今日为甚。

此砚为民国时西南某要员物，后为我方外交淳法大和尚藏弄，知我好砚，于二十世纪末持赠。殷殷之情，可记。

菊香四溢砚

　　石有不宜作砚而为砚者，乃由"美""奇"两字做祟也。若湖南祁阳产石，石相极似端石，而研磨滑溜不发墨，若识者以指在砚面稍擦摩几下即可辨，清中期始，以祁阳充端石者骗了学子，也骗了诸多学士。而以菊花石制砚，则出诸奇美。此石材有产自北京西山，亦有出自湖南浏阳，而以浏阳为佳。石上有纹，乃天然晶粒状矿物的集合体。宛若白菊盛开，或聚或散，天然逸品图画。

　　此砚为四年前在日本偶遇，乾隆细工，材质硕大，构思巧妙，相色施艺，雕技一流，包浆古醇若品百年普洱。其天地红木盖，也是依砚之随形赋型，紧密丝丝入扣，不差毫厘，高手手段，令人称奇。数十年来，吾读砚无数，于旧砚中得未曾见。好在拍场无识者，底价购归。石上菊绽，千秋不败，似有菊香溢出，惜不能起爱菊的五柳先生赏珍了。

—〈清〉—
麻子坑水洞仕女
蕉林消夏砚

　　策划了半年多的砚文化展今天开幕，无仪式，雨天且冷，却来了美国、韩国以及北京等地的观众。可见如今砚台虽大都已离别了桌案，文化却留在了人们的心中。客问此砚为何品种？有答祁阳石，有答绿端的……皆非。此乃清中期一度出产过的端石麻子坑水洞石，量极少，可宝者，其质不逊于大西洞，且绿碧与紫绛共生，观感较大西洞抢眼，故当时不署名的巧匠，以高浮雕的手法作仕女蕉林消夏图，蕉叶摇曳，避暑荫下，的生几分凉意。往昔，天南地北，消息闭塞，端人识端、歙人识歙，产砚处不用砚，更不藏砚，故说到品种，每多误差，不足怪也。即以本人而言，集藏砚近七十年，尚属一知半解。砚林确如天际繁星万千，我所知者不出十百也。

阮元铭隋砖砚

古代的砖，烧制水平很高也结实坚硬，以我刻铭的经验看，比端砚硬，有的比歙砚都硬，没点好腕力还真啃不动。因此在清中期，文人取砖制作砚台之风也盛行了起来。尤其是汉晋的某些砖上有图画、有文字，拙朴无华，发墨实用，尤合非富非贵文人的口味。

虽近百年来到处能挖到和觅到不同古砖，而道光之前古砖却是颇稀罕的，如大文士阮元使用的这块"大业十二年"隋代砖，他竟有兴致又写又刻地注出来路："此砖得于扬州雷塘之中，隋宫旧物也。"至于是否隋宫之物，不好说，至少阮元是看重这块砖头的，请工匠启塘，充作文房。

如今觅块古砖，一般也只屑三五百元，改制成砚，有电动工具，立等可取，不算回事。可是要觅块阮大人题铭的砖砚，则决非易事。此砚购于二十余年前，时价两千。

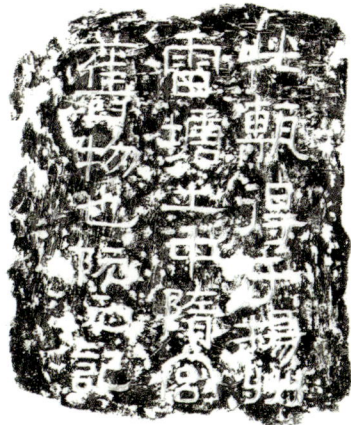

〈清〉

吴兰修铭赠阮元砚

说端砚里的水岩大西洞为皇坑，这"皇"字是有威势的。若干年奉旨方可进坑洞凿石，十一月枯水季节进洞，到来年的三月水位上涨歇工。史载，前后四个月，艰辛的手工凿石三万斤，看来颇见分量，而真正能制作成符合进贡的砚仅四十方，余下的多是小料和石屑。以重量记，边角料占到百分之九十九，足见大料难得。试看端州一把手长官送给他老师阮元的这方砚，虽属大西洞，也仅巴掌般大。有一鸲鹆眼，圈五层，人称活眼。

此砚两侧有吴兰修的篆、行书铭题。篆文为"著书不可无此眼，传家不可无此砚"。另一侧行书为"道光十四年得端州水岩砚，寄云台师相，吴兰修铭并记"。此中两点颇可咀嚼：一、主管端州的大员，送给京城大官的，只是方不算起眼的小砚；二、当桩大事跟官至相位的老师说，此砚可传家。以古鉴今，是能嚼出点滋味的。

张廷济铭端砚

—〈清〉—

　　乾隆嘉庆间，士人的收藏益趋热火，此时嘉兴出了个张廷济，堪称是无古不收的收藏家，鼎彝、书画、碑版、玺印、砚瓦……应有尽有。二十世纪六十年代初，温州图书馆的词家馆长梅冷生先生，就冒着违规的风险，把金贵的张氏藏辑的《清仪阁古印偶存》，让我借到部队去临摹，至今感恩。当时在温州还买到过皇皇巨制的《清仪阁古器物文》。这部书里的墨拓注释了他收藏的大部分古物，有的详细地注出器物几钱几分收购的价格，对今天来说都是有价值的资料。

　　入古太深，痴迷过盛，也会被人捉弄。某人寄一古器拓片，请其考证。张氏费尽心思，敲钉钻脚地告诉对方，这是上古的妙品，还考释出可识的文字来。谁知戏弄他的对方说，这是从出炉的烧饼底部拓出的。当然，这故事也许只是坊间传闻。

　　此砚为端石，色质似古松老鳞，遂为之铭。是应雨山先生之请，时年整七十。

—〈清〉—
梁仪雕书斋临池砚

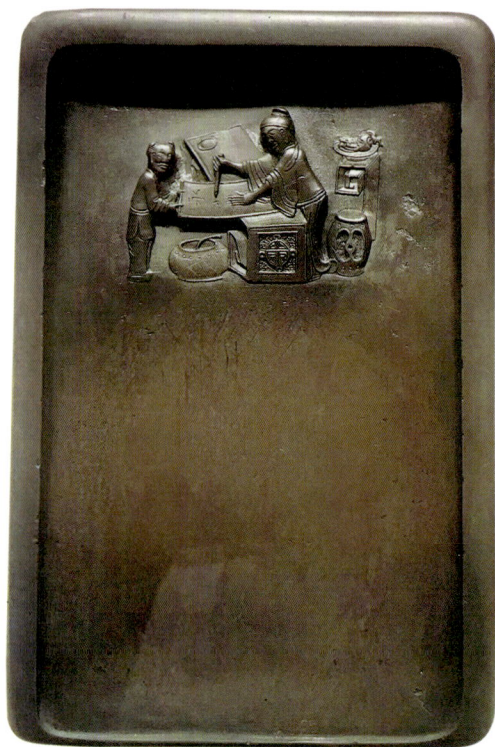

　　此端州水坑砚，质细润，色青绛，砚面呈大片鱼仔青花、火捺、黄龙等，妙物。此砚下端无堵，微润，更妙者在落潮处，雕镌了一幅有情景的书斋人物图。开光圆凳，瓷洗铜勺，一盆佛手置于回纹的搁几上，大回纹托泥画案置椭圆砚，一老叟站立悬臂作书，书童对向抽纸，陈设古雅，氛围静好，拙趣洋溢。砚侧有梁仪作楷书款。良骏配宝鞍，此等好砚由名匠精心构图施艺，得其所哉。

　　梁仪为清代中期名砚工，江苏镇江人，史称非佳石不作。于此砚作罕见之人物情景图，是此砚之幸；作而署名，为世人留一标准件，也是砚坛之幸。此砚见于十七年前，以己画一件换来。自己的土产可生产，而名士名砚，则穷一生而不可得，值得。

山东红丝砚 〈清〉

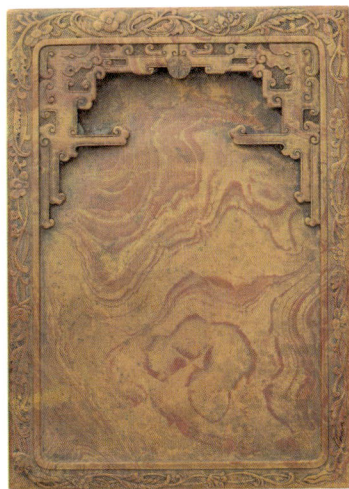

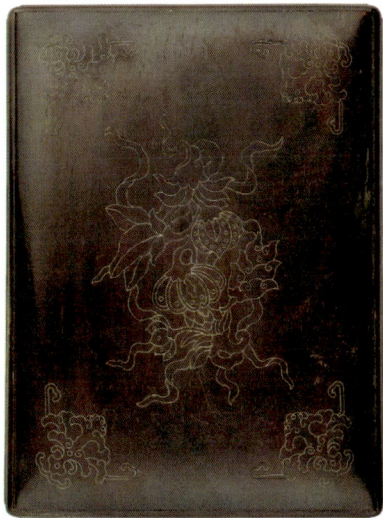

在砚石中，红丝砚是出名比端、歙都早的名砚。唐代的大书法家柳公权在《论砚》里就旗帜鲜明地称："蓄砚以青州为第一，绛州次之，后始重端、歙、临洮。"柳氏所说的青州，即产红丝石的益都黑山和临朐县南老崖崮，彼时两处均属青州。

但从传世品来看，古红丝砚也确是少见，即使苏轼去唐不远，有人贬它"惟堪作骰盆"，直到看到友人雪庵的红丝砚，才感叹"乃知前人之不妄许尔"。耳听为虚，眼见为实，东坡都被人蒙过。

此清末所镌之红丝砚，用材一流，上段丝路呈曲折起伏，如夕阳直照下的山峦，而下方之丝路，如江海之漩涡翻腾，山海相映，红彤一片，若夕阳晚照，饶生异趣。巧匠相石，以门字砚为型，作细密繁复的花卉及动物饰纹的交会为门，获得了古雅脱俗的气象。砚之外，配盒的考究当以明代为滥觞，所谓"人要衣装，佛要金装"。此砚则配以重黑红木盒，盒面作嵌银丝花卉图案，以期素雅。素雅其表，丹彩其里，开盒的瞬间，自会给人以观感上拉大反差的惊艳。由此想到一件完整的艺术品，务必步步为营，层层提升，用心至极，方具匠心。

—〈清〉—

大西洞碧眼蕉叶砚

端砚色紫，歙砚色黑。好砚者心大，总想鱼与熊掌通吃。

对于端砚我尤好水坑（大西洞），材质色品俱佳，而开采之艰，得砚之罕，更非它石可比。古时若两广总督乃至主端州官员，得巴掌大的水坑都视若拱璧，题记累累，足见其珍。

此大西洞蕉叶砚，石如凝脂，细滑如婴儿臀肤，哈气结霜，上有翡翠眼，下附翡翠斑，的是妙物。尤妙者，见于专售古漆器铺，店主不识砚，刚收入，询价，索四十万日元（人民币约三万元），购归豆庐。此十七年前事。时友人寒舍赏砚，说："侬又吃仙丹哉。国内至少三十万。"听了开心。但回头想想，当初日寇掠我文物千万，又何曾付过分文？便宜乎，吃仙丹乎，似乎也不见得吧。反正流落域外的游子，回家就好。

清季多有以佳石制蕉叶砚，我私忖是与唐怀素少年时在零陵种蕉万株，取蕉叶代纸习字的动人故事有关。此为怀素少年故事，今人多绘成老衲。试想，怀素中岁书名震天下，求书者众，岂复有书蕉事？顺提及之。

祁贡铭大西洞砚

〈清〉

稍有砚台知识的人，都知道端砚里最名贵的品种是大西洞。它的名贵，一是水坑中物，少有；二是石品丰富，堪赏；三是研墨如黑金，质优；四是文人之沃田，必备。在清代，大西洞也称皇坑，得有皇廷的圣谕，几十年才允许开采一冬，出石三万斤，而能制作符合进贡规格的砚仅四十方上下，不像景德镇的官窑年年都在出品。所以我总为大西洞砚石"叫屈"，如果不是颜值逊于官窑的绚丽，如果不是多为穷书生心仪，它的身价应该是远在瓷品之上的。

看看这方十来厘米的大西洞小砚，背面尚有大片残缺，做成蛋状也是石料所囿，无奈之举。这却是管辖端州的道光时两广总督祁贡觅得的心爱宝贝，在其砚侧密密地恭敬地署了四行小字，自谓"引纸试墨，颇觉快意"。此也足证吾抬举大西洞，自有几分道理。

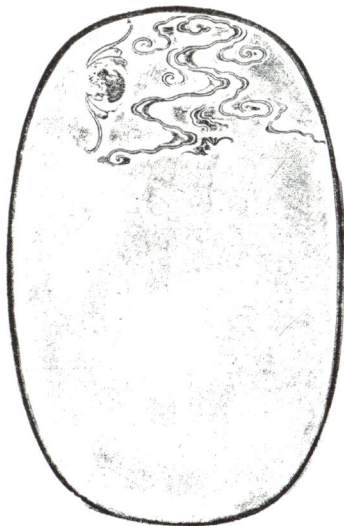

─〈清〉─
程庭鹭刻背花砚

程庭鹭是清嘉道时嘉定的书画家，也兼擅刻印、刻竹及刻砚，享有时名。此为我平生所仅见的一方背板刻砚，且此类雕刻技艺颇少见，程氏先薄意铲出前后几迭山峦，然后以细线刻的手法添以树石、屋宇、人物、云岚，画面饱满，画意雅驯，颇堪咀嚼。

此砚先见于日本彼时著名的艺术杂志《墨》，砚面有同为嘉定籍名书家钱坫（十兰）篆额。辗转曲折，后在东京都访得，吾告砚主，此砚之篆额为伪迹，砚主信我所论，故减价售我。书画印砚，一物之上最忌真伪相杂，所谓"假作真时真亦假"，故将钱氏款剔去，求其纯也。十兰翁地下有知，亦当赞许。

记得当年有人送程十发先生一瓷壶，要换他一幅画。壶身是南宋的，流水是清代的，壶把是民国的。我曾调侃说，三部分都是真的，凑在一起则成了假的。

富冈铁斋日涤砚

〈清〉

　　富冈铁斋是日本绘画界的巨匠，是家喻户晓的人物，类似我国的吴昌硕，但较吴氏年长几岁。我们对他的画或许不太熟悉，但是上海墨厂（今称曹素功）生产的"铁斋翁"（101）墨锭，却是令人称道的拳头产品。（101）的编码，是指其质地等同于墨品里材质、制作都属最讲究的"五石贡烟"。记得二十世纪八十年代中期，稚柳师觉研墨颇累，我与厂家联系，按铁斋翁的质量制作了一批墨汁，墨分五色，不逊于现磨者，稚师也赞为上品。

　　此为铁斋翁之自用砚。名"日涤"，取自《高氏砚笺》砚须日涤，墨留则胶滞之义。是砚石品为大西洞中罕有之冰纹、碎冻，朵朵白花为团团火捺所圈，名品也。精制的挖嵌紫檀盒，与其匹配。且于砚塘上又特制铁犁木薄盖，防绘事间歇时墨汁干结，翁在其上书"日涤"两字。在白木护盒内，又作题记一则，知为其七十八岁时之题记，足见铁斋对此砚之宝爱。巨匠怜惜，每天画毕，都亲为涤尽尘埃，令其面貌日新，此砚有知，应三作揖，庆幸遇到了如此疼爱它的好东家。

〈清〉

吴昌硕铭大西洞包袱砚

这是苦苦追逐四年，最终瓜熟蒂落，功德圆满的故事。

二〇〇五年在东京，学弟晋鸥告诉我，一位日本藏砚家有方吴昌硕的铭文砚，是缶翁为诗友沈公周作，我曾在拓于百年前的《沈氏砚林》里读到过。听了令我心痒，由他联络，前去拜访，此君藏砚颇丰，也时有出售。跟他开门见山地说明来意，提出了收藏吴氏铭砚的心愿，并报了收购的金额。此君说，价格到位的，但目前没有出让的想法。强扭的瓜不甜，也不让扭，只得悻悻告辞。晋老弟受我之托，也不时地去与他磨蹭，打持久战，此君则巍然不动。在前后三年里，我造访了五次，他总是诚意地从银行的保险库里，提三五方名家的铭砚，推荐给我。无奈多是伪品，不足存，当然也不能点破，怕坏了关系。这般造访了三年，都无功而返。

时至第四年，即二〇〇九年，他突然打电话给晋老弟，说最近有几个中国做砚生意的找上门，出高价执意要此砚。他思来想去，决定让给韩先生。问他为啥不卖给出高价的？他说，给了做生意的，倒来倒去，不知去了何方。而给了韩先生，他是真正的收藏家，这砚像我的孩子，想念了还可以去探望。此君的思路特别，理由也成立。就这样，我又专程到了他府上，第一次上手摩挲到了这朝思暮想的佳砚。此时发现，砚塘中央有着三条"玫瑰紫"，像三条鱼贯的红鲤，说明这砚材还是大西洞的妙品。这可是锦上添花的意外收获。可见玩收藏务必要有锲而不舍的韧劲。有句话叫：坚持到底，就是胜利。这可是真理。一砚在握，这可是践行真理的胜利。好不得意噢。

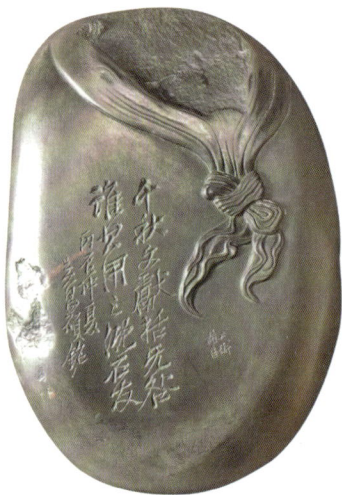

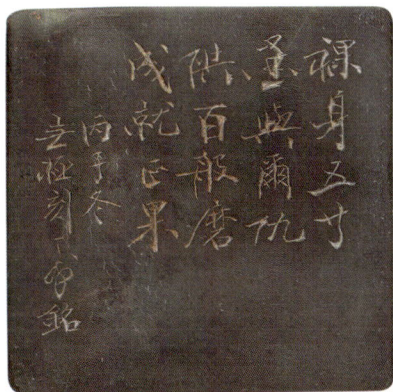

记得古人云，读书人要读万卷书，行万里路，交万人游。我称不上读书人，但在后面又加一句：觅万般物。年轻时有一习惯，每到一地，再忙再累，必定是要走街穿巷去转悠，倒是真不像今天，无论去南北城市近于一个模子翻出的，而是都有着它各自独具的相貌、性格、情调。这不能不说是城市规划的走向"馆阁体"。当然，转悠的又一目的，是希望有幸遇上有缘的杂玩。多少年里似屡有斩获，兴致也益浓。要之，再忙再累，拣得一物心无累。此为端州大西洞佳砚，作平板而去尽雕饰，非不能雕饰，乃为可尽赏石之内质也。若太白诗所云：清水出芙蓉，天然去雕饰。

此砚二十世纪八十年代得于羊城，价极廉。十年后吾铭十六字，由无极刻出：裸身五寸，墨与尔仇，供百般磨，成就正果。我素来砚上作文不推敲，兴来即为，不计雅俗，知不足存，后来者大可磨去重镌。

端石对砚

〈清〉

此清代端石对砚。石厚剖为二，作蝶状，故石品及鹦鹆眼皆对称，乃坑仔岩所出上品，今也绝产矣。在坑仔中极少见到色泽如此丰富而雅妍者。

我首次赴日本为一九八二年，一碗拉面合人民币一百六十元，如今反降至约五十元。一滴血验全身，可知日本经济之由盛趋衰。约在十几年前，一日本友人告我某文房铺将关闭，约我一起去"抄底"。清代以下物事颇多，真伪相杂，均为"甩卖"价。女儿因之作翻译，伊秉绶横披、吴昌硕书扇及玉器为她选得，此砚则归于我，价二万。此等珍品，在国内则为不可见者，岂可以价之贱贵论之。

旧时称的四大名砚，端、歙、洮河、澄泥。端是居首的。端石的品类繁多，而以大西洞为冠。其实这称谓，也是因时而变的，自唐代采凿时，因石坑位居水下，早先称水坑，又名老坑，也名皇坑。水坑大西洞侧还有水归洞坑石，后两洞凿通，能采之石皆在西侧，故近人多以大西洞称呼。

此砚为一八九五年两广总督张之洞奉旨开采出的大西洞石，视石品及雕工可知。砚于二十五年前得于日本，近年自旧箧拣出，于砚背作一鸟衔竹梢几叶，由无极刻出，以增其趣。且在原配紫檀盖书刻"独有此君子，可为岁寒友"。古董么，多为文人的添油加醋，时间一长，新董则成古董矣。

云龙纹张坑大西洞端砚

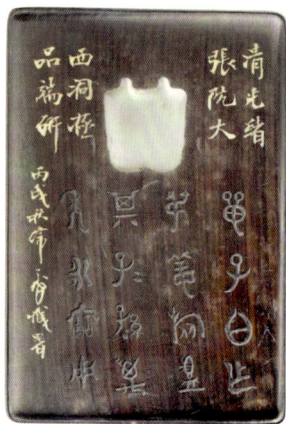

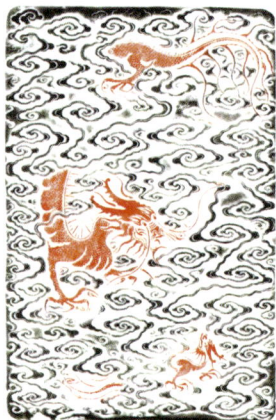

〈清〉

这是一方一八九五年张之洞奉旨在肇庆水坑开采的大西洞端砚，世称张坑。之所以称端砚，因肇庆古时称端州，故名。

端砚中的水坑，又称老坑、皇坑，古有水归洞与大西洞之分，日久两洞凿通，且东侧石尽，遂皆以大西洞称之。诚然，水归洞石与大西洞石各有特征，懂古砚的行家自能辨之。大西洞石在羚羊峡的江水下，仅能在每年冬春三四个月的枯水期开采。且每几十年方许开采一次，所得之达标成品砚也仅四十方左右。试想，清三代官窑年复一年地生产，足见大西洞砚的稀罕珍贵。故历来文人视其为拱璧，用者、研磨者寥寥，多作观赏之品。

此砚所雕刻之云龙图，乃彼时典型的官方刻工，极具富贵堂皇气象。

〈清〉

谢稚柳、白蕉、唐云
等铭刻大西洞砚

二〇〇三年有福州之行，得暇逛古
玩、印石店，是我不二的任务，总觉得冥
冥之中有好事等着我。事实上皇天不负
有心人，落空的比例也确是不高。在一
家台湾同胞开的古玩铺里，见到了谢公
稚柳师写竹的端砚，砚两沿分别是白蕉与
唐云先生的铭题，分别由傅式诏及单孝天
镌刻。一看心喜，脱口而出："老师的东
西，那是一定要的。"妻拉了下我的衣
角，细声说，有你这样买东西的？人家还
不宰你！唉，一言既出，驷马难追。店主
听得明明白白，开价十三万，且咬定开价
不放松，买下。当然这是不狡黠付出的代
价。搞艺术的往往缺少点理性，这也是懂
心理学的老板们以实价与我的直率相加
（还好不是做乘法）而核计出的高价。多
付银子难免心疼，往昔也有教训，且多
多，但禀性如此，改也难。好在不借高利
贷买喜欢的物事，高兴就好。

度曲砚

冒广生、溥侗等铭

〈清〉

砚的文化体现，除却材质、雕工，名士的铭文、绘画、镌刻乃至砚主，都蕴蓄着丰厚的文化积淀。砚一般见到的是一家一铭，而有两家以上的"啦啦队"则更堪玩味。

此砚为民国时期阔少泰州张澍声的度曲砚。石为上佳大西洞，较掌为小且削薄，其珍稀在质也。在这雕有蕉叶的小砚上，先后有民国四大公子之一溥侗、老辈诗词大家冒广生的题词，又有女画师兼诗人周炼霞所作诗及绘于红木砚盖上的豆灯度曲图，砚背的张公子白描绣像，由沪上竹刻大家徐孝穆镌刻完成。时约在一九四○年际。区区片石，集多位大家之诗文书画刻于一，足见佳砚之魅力，也能感悟到溢于砚外的文气和雅韵。

此砚于二○○三年偶见于海上虹口一贸易公司，好生喜欢，诚意求售，终以四万五千元易得。

周恩来用砚

〈现代〉

    此为周恩来总理一九四七年自上海思南路73号撤退前所用砚。撤退时由其秘书陈家宽赠给同学徐世长。二十世纪八十年代中，老人已八十多岁，知我好砚，由学生携来画院，相告愿将此砚售我，并附以当初赠砚之史实。时付资五百元，我素敬仰总理，未晤其面而幸得其用砚，金石奇缘也。

    二十年前我参观淮安新建的"周总理纪念馆"时，见偌大的场馆居然无一实物原件，提出回沪时可在此砚上刻一题记即捐出。回沪后，接对方来电称："韩院长，你千万别破坏文物"。此语令我大不悦，后几次催促，我称，找不到了，推诿了过去。今则也捐赠上海，长期陈列于我们馆的三楼展厅。砚犹在，人皆逝。尤其是陈家宽，曾任外交部副部长，"文革"中含冤自经。

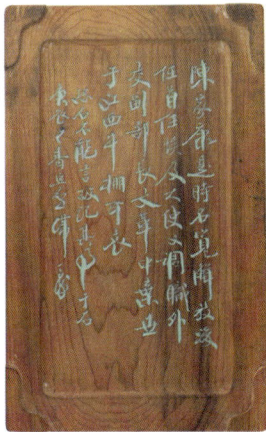

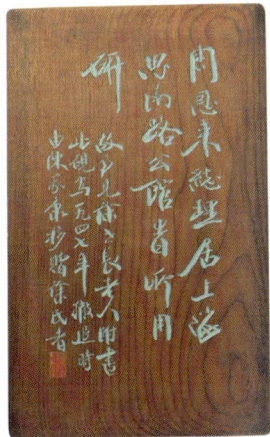

〈现代〉

白蕉诗、来楚生书、李卓云刻砚

砚这东西雕艺可赏，而付以名家的诗题、书刻，则又平添浓郁的文气和厚重的文化。这也符合商业上所讲名牌的不菲的附加值。

此砚句出白蕉先生，书写的狂草出自来楚生先生，镌刻者是李卓云先生。前两位是如雷贯耳的大书画篆刻家，而李氏一般人比较生疏，他是名画家江寒汀的东床快婿，我们中国画院画师江圣华的夫君，职业是静安越剧团的导演，业余则善刻竹石，擅浅刻，意趣淳郁洒脱，是比专业还专业的业外高人。与我颇熟，人有趣。有次我跟他说，张大千曾调侃梅兰芳：你是君子，我是小人。梅氏不解。张说，常人道，君子动嘴，小人动手呀。你李先生动嘴又动手，君子小人全包了。

此砚书刻于一九七一年，白蕉诗句为"砚旧载古意，墨新跃清芬"，来翁书卓云刻，龙腾虎跃，气场宏宽，读来震撼。

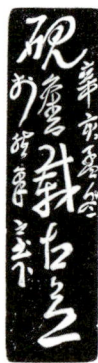

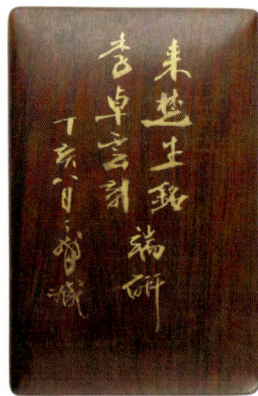

〈现代〉

陆俨少画、李卓云刻

荷花砚

　　天津为旧砚集藏之重镇，这与民国徐世章好砚有关。一九六二年公出津沽，以五元价在古董店得此荷叶形大西洞小砚；又十年，请俨少翁于红木盖上作书画；又三年，请李卓云先生毕一年之功刻成。卓云先生为江寒汀画师东床，主业为越剧团导演，而耽于刻竹木雅具，圈外高人，享有大名，于徐素白、支慈庵，徐孝穆外别辟径畦。其作以披削刀法作浅刻，似不经意而情趣迷蒙，意境高远，自成体系。此诚与其学识修为相俦。故我尝对刻家谓：刻竹木深浅之间，各存消息，喻之音乐，深刻之妙者，若一等男高音，亦佳。而浅刻之妙者，若罕有之一等男低音，需老天特授之天赋，不抑嗓拿腔，声情流淌，由耳入心，醇厚回婉，诚静夜之天籁，声在若无而有，妙在心有悟而不可言说。李公得之矣。

　　在我的印象里，对艺术品的兴趣广泛而玩得风生水起的，北有黄胄先生，南则唐云先生。玩书画印、玩杂件，似乎没有不喜欢的，即使"文革"家里被抄到一无长物，见到玩物还是往家里拖，这也算得黄连树下弹琴——自得其乐。不同处，黄胄往往朝大处玩，玩占地方的明清家具；药翁则向小处玩，玺印、秦权、茶壶、古砚。药翁除了自制砚品，也多喜在其上书画遣兴。这"瓢砚"就是为方外交石瓢和尚所书，取法篆隶之间，可以玩味到其书写时的闲适心情。砚作瓢状，法号石瓢，写此两字最为切题，时在一九六五年。

　　石瓢是虹口吉祥寺的和尚。我在二十世纪七十年代初见他时，寺庙早已拆除，他寄寓于民舍，也因全民破除迷信，而不颂经礼佛了。平素喜写兰竹自娱，当时还现场挥毫送过我一张墨竹。然此砚却是九十年代以自己的土产——画换来，故人故物归故旧，在理。

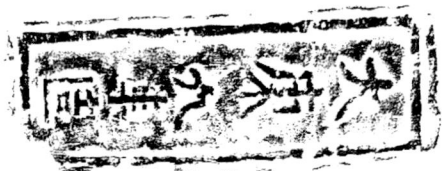

汉晋砖为筑墙砌墓之用。但到了清中叶，金石学的盛兴，文人，尤其是清高嗜古的文人，视坚硬的古砖有拙朴之趣，往往选有图画和吉语的，取来开塘注蜡，作砚之用，且成一时风气。

这是药翁唐云先生旧藏的晋砖，早已制成砚。一次他令我刻对章，呈上，颇满意，说：你画儿蛮多了，这次送方砖砚给你。老辈的思维真周到，如古话所说：投桃报李。我说，太谢谢了。但一看，除了晋代的年款，别无所有。我开玩笑地说："唐先生，送砚不落款，人家会以为是从大石斋里捞来的。"就这样，他老人家在砚背写了三行字，搬回家里，兴致勃勃地一口气刻成，又在砚的天头自书了"贞石寿"，时在一九八〇年。

药翁对我等后辈多奖掖，但很实在，一般不当面说令你轻飘而虚夸的表扬话。他仙逝后，一次读到他学生写的一本回忆录，里面居然记录了先生对我的许多褒奖。先生正气一身，跟许多今人的作派恰恰相左，古风可颂啊。

端砚盖
唐云画、徐孝穆刻
—〈现代〉—

　　这是我十六岁时收藏的一方端砚，长约九寸，发墨如乌金，细结润滑，纯如小儿腚肤。

　　记得是一九六三年，东海舰队举办美术作品展，命我邀请一些海上名家来部队，作一次书画示范。我应命，请了马公愚、谢之光、戈湘岚等师辈。考虑到部队缺少像样的文具，我特地回家取了这方大砚，现场为老先生们研墨助兴。文士皆好砚，濡墨书画，兴致益浓。尤其是谢之光先生在作画之际，忽地做或左或右的360度俏皮动作，时而，高举大笔蘸淡墨，向纸上信手泼洒，博得官兵们的"满堂彩"。晚饭后，涤砚清场，公愚师端详此砚良久，告我："这等好的大西洞砚，下次不宜带出来研用，要珍惜。"随着我对砚石认识的加深，方知此石乃旧坑朝天岩的妙品。老红木挖嵌的砚盒极考究，于一九七二年请唐云先生画老梅，由徐孝穆先生镌刻，作为载体，先后为多位名家使用并着以刻画，此砚若开得金口，当呼"幸运之至"。

唐云画、韩天衡刻
端砚盖

—〈现代〉—

一九六三年，由温州海军驻地状元桥去舟山不容易，需北上先到临海，再折宁波，转途沈家门，方至海军的舟山船坞。三百公里的路程至少得两天时间。

我素来有一习惯，每到一地总喜欢到街市转悠。在宁波杂物店见端砚一方，有红木盒，标价三块钱。店员很负责地告诉我："解放军同志，这不是端砚，是红石砚，你考虑好了？"可见用心之诚。

两年后捎归上海，请唐云先生画砚盖，并以刻印的钝刀镌成。那天，捎去请药翁批评，时海上刻竹大家徐孝穆在座。他端详了片刻，抬起头来对徐先生说："这金石气侬刻得出伐？"唐、徐两位莫逆，谈吐随意，但也属"躺着中枪"，站在一旁的我不免尴尬，得意间不由生出了几分歉意。唉，半个多世纪前的旧事了。

〈现代〉

从日本购回的第一方大西洞砚

　　一九九二年去日本作文化交流，暇时去东京一古董店闲逛，见一方颇佳之端州（今肇庆）水坑大西洞砚，价五万日元，合彼时四千人民币。付钱走人之际，店主突然问翻译我是哪国人？我对着这位瘦得似虾干般的老头说：你猜呢。老头说新加坡，我曰非。老头又连续猜了中国台湾、香港，马来西亚，韩国，我皆称非。老头气馁，说猜不出，不猜了，你自己说吧。此时，我叫翻译告其，我是中国上海的。谁知此老竟神经质地咆哮起来，双臂高举，嘴里叽里呱啦地说着什么。我问翻译，他在说什么？翻译告诉我：历来只有日本人到中国去买古董，从来没见过中国（大陆）人来日本买古董！所以那样惊讶。

　　走出那逼迫冷寂的古董店，我顿时觉得天朗气清，人也似乎高大了许多，我兴奋且得意：想不到花了不多的钱，居然为中国人争得了脸面。

　　细想这二十七年来，国富民强，去日本把古董大量地搬回国，已是不可逆转的新常态。那次与老头的对话，也许是时来运转的一个"拐点"噢。可记。

再说砚事。做砚之石可谓无处不有，贵在坚而发墨又不伤笔，具备这一条的就寥寥哉。石材制砚的优劣高下，也都是古人慢慢地比较出来的，一般达标的古有砣矶石、红丝石、松花石、苏州藬村石、常熟褐石……但以往誉为四大名品则是端、歙、洮河及澄泥砚。端砚产今之肇庆，古称端州故。歙砚产于江西婺源，今已不属歙之辖区，改称龙尾砚。洮河砚产甘肃。澄泥砚古以山西绛州、河南虎州为上品，今则多地皆有烧制。石质歙硬于端，而老石必坚于新出，这些也是常识。

这是一对长二尺的大西洞巨砚，浅雕山水，无砚塘，纯属赏砚。砚石上以大西洞的石品最丰赡：火捺、鱼脑、青花、冰纹、翡翠斑、玫瑰紫、玉带、黄龙、蕉叶白、碧眼、鸲鹆眼、鱼脑碎冻、五彩钉……皆是其固有的特征。此对巨砚上有白冰纹自天上直泻，下有大片紫火捺衔接，太白有句"飞流直下三千尺"，此砚得之矣。

—〈现代〉—
天成赤壁砚

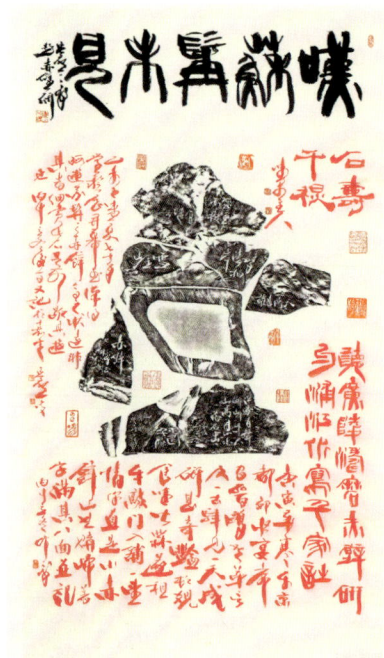

　　七年前于日本古肆见一天成砚，上下裂为二截，下片已凿有砚塘，上则巍巍然，形奇崛，色赤赭，宛如东坡苏髯夜游之黄州赤壁。价仅三万日元（合人民币一千八百元）。然顽石一团，重逾三十斤，捎回沪上却是辛苦的劳作。购归沪渎，构思经月，于多面作正草隶篆铭，皆涉赤壁事者，八面可读可赏。且配以红木水浪纹高架座，号"赤壁砚"。此砚丹赭古苍，包浆沉醇，宛若八百年前古物。益信文物者，皆人为之，施以艺、着以文，日久则为文物矣。故在拓片上，我署"叹苏髯之未见"。若见得此砚，时时可赏，又当叹夜游黄州赤壁为多余。

　　二〇一六年，笔者有黄州之旅，今之赤壁已在长江数里外，山水遥隔，东坡若见此状，也当有沧海桑田之叹。

书文歙砚
韩天衡临刻东坡
〈现代〉

　　这是二十世纪八十年代歙县的名雕砚家方见尘所贻。方氏的制砚在传统的基础上，有新的创见和表述，造型、构思及斫石运刀，概括、简约、别致，风格独特，有很强烈的现代感。那时候，春节迎新春晚会是我必"听"的节目。所谓"听"是我素来有手不闲过的习惯，电视机历来当收音机使，只用耳听，如此则于书画印的创作两不误。这是一九九三年癸酉除夕夜守岁时的创作，先在砚面上临写了一段东坡的法书，然后镌刻，继而在砚背以刻印款法记其事。午夜十二点整，在室外炸雷般"新桃换旧符"的爆竹声中，我也完成了这件迎甲戌的砚铭书刻作品。

　　如今听春晚节目，已少了些专一创作的激情。也许这正是古人说的"人因见懒误称高"吧！

〈现代〉

端州坑仔砚

农耕时代对于今天来说是落后而蜗行的僵化岁月。科技发达,日新月异的现代,尤其是时兴"互联网+"的今天,一天足以胜过古代的千年,人们欢欣鼓舞。但对于工艺美术来说,或再细说到砚石,不免反生出"忧心忡忡"。机械化加爆破,过去几百上千年都采不完的石料,如今"三下五除二",不几年就枯竭了、消失了,对爱砚石的人群可真兴奋不起来。"亡羊补牢"这话不错,可是,羊都绝种了,补牢作甚? 叫人笑不起来。

以端石来说,大西洞绝到彻底了,次之的坑仔也绝产了。当地的砚商说,麻子坑也没了。市面上偶见的,都是早先石农囤积在家里的老料,定有"弹尽粮绝"的一天。爱砚者,不妨趁早收点名品好砚,莫待无花空折枝。

这是我七年前收入的一方超过三十厘米的坑仔砚,喜其四围的火捺,包裹着中间大片白洁的鱼脑冻,很特别,遂于砚盒题句:"买石饶云,启吾诗情,墨研三江,始登高境。"

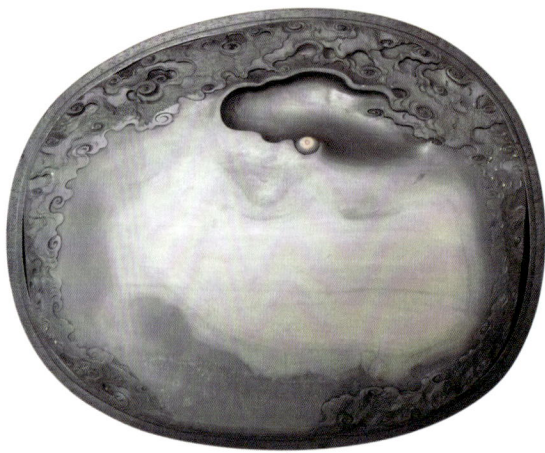

张景安作大西洞竹节砚

张景安在解放后是砚雕界大师级的人物，供职于上海工艺美术研究所。他是传奇式的海派砚雕陈端友的高足。

张景安沿袭了乃师的作风，没有想法的作品不作，故平生留下的砚作不多。正因为不以多胜，而胜在有作必有奇趣。此砚之奇有六：一、所选砚材为大西洞，中有红丝一条，属玫瑰紫的变异，罕有；二、砚之构思若取毛竹一节之两端，边沿呈锯齿留下的残蚀痕迹，实为张氏经意制作出的粗砺，惟妙惟肖；三、砚塘辟雍一围呈竹隔状，背面更显逼真；四、砚背沿边有一石眼，雕小虫一匹以增添生意；五、在砚边处理为竹节被折之小枝根蒂处，以篆书署刻"张景安制"蝇头小字；六、红木砚盒，两面均作竹蓏复有竹隔之状，并制企口令砚与盖匹配，合辙无隙。总之，仅此六点，即知昔日之大师非浪得虚名也。

此砚于"文革"前为日本好砚者购去，也许是经济下行，此砚又回流至大连，二〇一〇年出现于上海文物博览会，成交颇顺，时在傍晚，取钱转了几家银行，均已关门，信用卡提款额度有限，只能把卖主和此砚都拉到寒舍付款了结。事后想想，自己真是个不打折扣的"砚痴"。

〈现代〉

刘硕识月下游凫歙砚

　　四大名砚一般指的是端、歙、洮河、澄泥。凭我的实践，以同等佳者相较，端坚而稍嫩；歙、洮河硬实；澄泥以绛州所产最佳，坚亦发墨，尤利于书画家及时进入挥写状态。可染先生使用的即是龙尾歙砚。今人耐不得寂寞，则多采用墨汁，讲究者加清水少许再研墨为用。

　　端赭歙黑，赭黑其里，也变幻莫可测，若此歙砚在灰黑的基调上有白黑相间的条纹，名曰"玉带"，是歙中少有的名品。

　　古人之藏砚，尤其是妙品，不为研用，而诚供赏玩。三五同好，若斗茶、闻香、品酒、赏画，将佳砚置于盆水中，砚面的种种石品皆可一览无余，不出居室，无须跋涉，一无劳顿，开启想象，尽享天涯咫尺、游山览水之乐。此中之乐，非好砚石者则不可得也。此石三十年前偶得于皖南屯溪，请学弟雕刻名家刘硕识施艺。其以我所绘《月夜游鸭》为蓝本，砚塘为一轮水中明月，颇见匠心。

玉石瓷铜篇

—〈战国〉—
双豹噬豨玛瑙扣饰

在我读到的上古玉器里，这是很特别的一件。扣饰不大，而气势宏恢且形长。我们知道野猪是蛮力出众的动物，而此时已在两匹猎豹的攻击中，一豹在其背部噬咬，另一豹则作挣扎状，被野猪硕大的身躯压在地面，处于决战方酣，而大势已去的状态。除了豹、猪的恶斗，且有一条巨蟒，拉直了身段，以利齿咬住了野猪的后腿。总之，显示的是瞬息千变的血腥的生死搏击。这画面看得足以让人触目惊心、血脉喷张。拙以为，用这样的豹、蛇噬猪的对抗图式作衣服的扣饰，似乎可以猜度到用者特殊的武士身份，也似乎在揭示着战国时期，战事纷呈和弱肉强食的残酷现实。

此扣饰仅长七厘米，琢制为圆雕加深透和透雕。造型写实，琢制极具张力，特别是环绕底部的一条巨蟒的处理，使作品更具有了凝聚一气的整体力感和美感。

或许，有人以为这么一件绝构，何以用不算珍贵的玛瑙来制作？若是采用更精贵的材质岂不更能使它身价百倍？其实不然。青铜、陶土制作的何尝珍贵于玛瑙？一张上亿的名画也还不是绘写在成本不高的宣纸上？我再三地端详着这周身呈挺直而处理为斜角的或浓或淡的水线，正为此饰平添了绷紧的张力。也许我们不能否定，那位制作的巧匠也正是有这般的构思在。

扣饰为两年前在海外偶得，属"捡漏"一类。玛瑙不同于玉石竹木器，年代久远也不易出现古厚的包浆，容易被误以为是新出的工艺品。浑水好摸鱼噢！

玉龙纹瓶

〈宋〉

　　三代吉金彝器是经典，且是不可复制的经典。经典总是令人敬佩和追慕的，去古越远则越加向往。由于宋代理学勃兴"格物致知"的影响，复古之风日炽，王黼所编《宣和博古图》既是例证，也起到了推波助澜的促进作用。其时对三代彝品的形制和图案更是一味地追慕，这种恋古复古之风，首先体现在铜制的礼器上，虽属仿制，上行下效，蔚然成风，如今我们犹可见到不少宋时的复古礼器。这种仿制也偶见于金玉材质上，如此件海水龙纹双耳瓶即是一例。

　　在宋时，由于西北至中原的玉材通道被西夏、辽、金、蒙古少数民族政权所控制，故玉材紧缺稀少，能制作如此高达十四厘米的玉瓶尤为难得。考此瓶与清宫旧藏今存北京故宫博物院之宋云龙纹炉（高七点九厘米），材质、器形、纹饰、工艺皆如出一辙，故疑为彼时一套中物。

　　此瓶原为香港藏家物，以己作的鸟虫篆印易得。以自刻的土产，换来上千年的完美古器，却如土豆换牛肉，总是开心的。

白玉迦楼罗神鸟饰 —〈元〉—

迦楼罗，是音译的名称。它是古印度神话传说中记载的巨型神鸟，在古印度教里，它是三大主神之一毗湿奴的坐骑，在佛教里，它被列为护持佛的天龙八部之一。

神话中描绘它为金身，头生如意珠，鸣声悲苦，每天吞食一条娜迦和五百条毒蛇，随着体内毒气聚结，以至最后无法进食，上下翻飞七次后，飞往金刚轮山自焚，仅剩下一颗纯青的琉璃心。诚然，也还有诸多的版本，不如此，也不称其口头文学中的"神话"了。

在元代，结莹的和田白玉籽料是属少见的。此迦楼罗的制作者，从神鸟的立意出发，强调了它的勇猛，其首平削作张牙裂齿猛虎状，两爪合掌下伏于首下，呈朝拜佛的姿势。而双翅有力地向鸟首的左右尽情扩张，显示出不一般的雄悍。羽翼则跟变形的凤凰尾相凝结，从而大别于世俗的对鸟或凤凰的造型，圆浑、大气、谲奇，显示出一种凝固而霸气的内质，将迦楼罗鸟的神彩刻画到极致。而制作则粗狂中见精细、微妙。是彼时有理念有思想的巧匠的佳构。

元代的这件玉器，属彼时将领毡帽上的饰物，彰显着威猛、铁血的尚武精神。

白玉螭龙香筒

—〈明〉—

玉文化为我国所独有，在遥远的新石器时代即有玉器的制作，代代相传，与时俱进，形成式样、品类、材质、工艺、用途广博而奇妙到数不胜数，是世不有二的玉器王国。

玉器因材质的坚硬，古人从纯手琢到发明了脚踩后能前后旋转的土法砣轮机械，砣盘快速旋转时，在玉材上注水并不断添加金刚砂，手脚并施，心手契合，以柔克刚，来琢制玉器。对比如今高度机械化制玉工艺的"削铁如泥"甚至于"立等可取"，先民的琢玉成器是一个艰辛、繁难的漫长过程。念及于此，对市场上"老玉不值新玉"的价格差，乃至价格倒挂，我总有些困惑不解。

此明代玉香筒，是内里置香料熏用的器具。镂空是必须的，睿智的玉工在其上饰以螭龙三匹，盘搏缭绕，动感十足，在粗犷中寓精湛。尤可宝者，明清时期的香筒多采用竹木材质，玉质少见，且此玉为彼时不多的和田料，油润白糯无瑕，筒长二十五厘米，堪称求之不得之物。不得之物而得之，其喜可知。

水晶布袋和尚

—〈明〉—

一九九四年有昆明之行，时闻丽江有"四方古城"，倚玉龙雪山，山青河碧，民风淳朴，绕城有活水小渠，渠有游鱼。又闻，古人城建、环保智慧称绝，一场雨水，居然可把全城的街道冲得一干二净，堪称人间仙境。抵丽江，果然名非虚传，风景大别于骏马塞北、杏雨江南，清气逼人。

尤可喜者，古玩小铺甚多，彼时互联网未联，古城眼闭耳塞，杂玩较之沪浙价廉不少。在一小店见此明末时作水晶布袋和尚，拙而憨，饶古意，价仅四百，请归。布袋和尚为五代时奉化高僧，世传为弥勒菩萨之应化身，体胖迭肚，笑口常开，呈趺坐状，提识众生要有包容之心。不几年，又去古城，景色依旧怡人，古物则荡然不见一物矣。我国人口十几亿，喜欢收藏的人群倘仅百分之一，也达一千多万，吓人的数字，哪里"配给"得过来，别说真的，连似真非真的都抢着买。这可是实情。

孙克弘题铭赏石

〈明〉

古代文人多好石，崇山峻岭，可游赏，却不足以卧游；而形状奇异的奇石，有山之壮美，又有移置之便，可树于庭院，可置之居室，大有历昆仑、游天姥之乐。此风始于唐相李德裕、牛僧孺，至宋则蔚成风尚。所谓室无石不雅，文人善思量、耍笔墨，故而石无题不文。石奇、词隽、字佳，集三美于一身，自是玩出了新意和高度。此为广东英德所产，俗称英石，高近六十厘米，上有明代松江籍书画大家孙克弘的题铭"石何丑、米公拜"，大有来历。某日，松江的学生刘君散步时，在即将被铺水泥地基的砾石工地上偶见此物，出于好奇，端详再三，遂被发现，从而避免了被永久埋葬的厄运。

君知我好石，运来豆庐贻之。即以书画各一为报。十七年前事矣，石犹坚，君已逝，悲哉。

—〈明〉—

林有麟、吴彬题刻
灵璧赏石

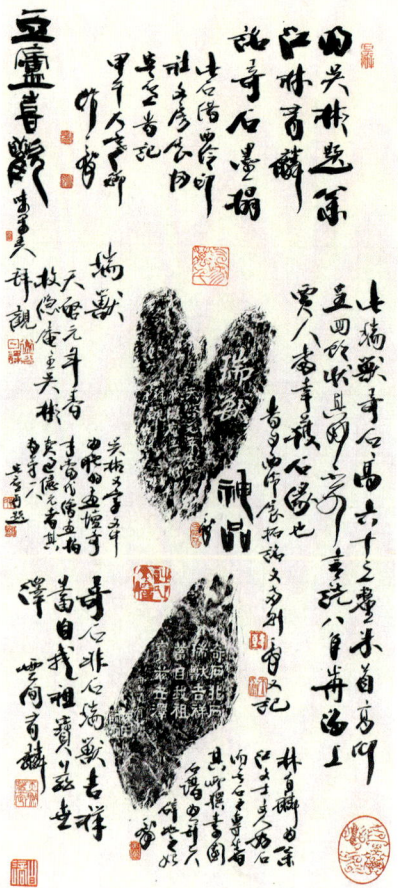

宋代赵佶好石、米芾拜石的故事流传千载，瘦皱漏透，嗜石赏石之风也滥觞于宋，嗣后文人墨客多有此雅趣，所谓"石不能言最可人"。事情玩到一定的火候，就会有理论和著录的出现，玩石头的第一本汇集，是明末上海松江人林有麟的《素园石谱》。此"瑞兽"石有林氏的隶书题记"奇石非石，瑞兽吉祥。书自我祖，宝兹世泽。"更有同时代大画家吴彬的"瑞兽"及行草题记。两位名士的双题，显示出此赏石不同凡响的身价。如今文人或玩家玩味的赏石品种则远超出古人。彼时的文人多以玩赏其声如磬，铿锵如钟的安徽灵璧石为大宗。又，彼时在石上题刻者不在少数，而伪托的赝品更是多多，这是尤当小心的。

数年前，一玩家搬来，平时极精明的，也算心狠手辣一类，然知有题刻，而不知其人，尤其不知不易看清字迹的枚隐居士为何人，故开价平和，遂归我豆庐。

　　先前也谈到过寿山芙蓉石，是叶蜡石中的名品。而加良山出产的芙蓉，以清初将军洞所出冻石最享盛名。芙蓉历来以白色居多，白洁晶莹，雅妍素净，世称白芙蓉。然而换角度讲，红色是其中极少见者，故也益见珍贵。

　　此为彼时所罕见之桃红芙蓉晶，所谓"晶"者，是比"冻"更见通透有灵性的石品。由名匠制作为桃形笔洗，并以象牙作座，上嵌珍珠、南红，且在沿边一片淡红色块处，俏色雕一蝙蝠，寓福寿之义。笔洗中腹作隶书铭词，署名莱公。此非庸常之人，乃清初两袖清风，一身正气的廉吏——两江总督于成龙之孙于准。于准也曾官贵州、江苏巡抚，为官一如其祖，殁于雍正三年（1725）。据现今的社会学家的实地调查，自于成龙以廉正治域、廉洁治家，至今三百多年，朝代更替，风气沿革，于氏后人不腐不染，清白传家，为世称颂。倘从家族史角度上去考虑，也堪称百家姓中少见的一个典范。

四兽联炉
乾隆内府碧玉
—〈清〉—

　　这是乾隆宫廷里的碧玉四管联炉。碧玉非产于和田，而是在马勒。相传在北宋时即为王室所有，是我国所能开采的最好碧玉。古代碧玉较白玉为少。

　　此器造型古未之见，而雕饰是参上古青铜器的图案。炫巧耀奇，通体满工，不留余地，这就是乾隆老官的审美观，上行下效，也成了乾隆时期艺术品的总趋向。炉底有"大清乾隆仿古"六字阴文款。以往将阳文款称"识"，而阴文称"款"，这是常识。

　　乾隆帝好古，有十足的恋古癖，也有能力别出新裁去意与古会。然延续了几千年的守旧意识，即使托古出新，也还是要稳妥地冠以"仿古"，所谓字字有来历，样样有出处。此件造型古所未有的四管联炉即是明鲜的例证。

　　联想到乾隆时期，丁敬开创面貌一新的篆刻浙派，而他在边款上总刻着"仿古"的文字，也属一例。把新产品挂到老钩子上，在创新遭到守旧卫道士白眼，乃至被谴责为"野狐禅"的当时，标榜"仿古"，化阻力为助力，这不失为是一种智慧。

　　玛瑙很悲哀，在所有的宝石里属于最价廉的。好在大玩家乾隆爷，爱上了其中的红白相间的"南红"，从而身价陡增，成了宫廷的文房。

　　南红数乏大料，若此件三孔花插，堪称个中翘楚。以白料为地，红处俏色雕作竹、鹤、寿桃、灵芝、湖石、祥云，极具气势，配以茜牙绿色底座，三色相映，熠熠生辉。乃乾隆内府之物，流落海外久矣，近年所获，物有灵性，游子归里，自当欣慰矣。

　　尤当提及者，南红旧料皆出云南保山。今有四川凉山料，红色偏深近乎紫，白则透近于无色，也趋绝产，当易分别。

青田石雕瘦骨罗汉

—〈清〉—

　　小件的释道及吉祥题材的石雕，也是如今艺术市场上追逐的文物，尤其是杨玉璇、周尚均、魏汝奋等康乾时的雕刻名家，价格也屡创高位，记得前二年杨玉璇的一件一把抓的小件，在拍场上就创造个超千万元的纪录。

　　可是在人们的记忆里，高价位的石雕件皆为闽人雕闽石，即使未署名的佳作也是取材于寿山石种。

　　而这件瘦骨罗汉的石雕则是采用了少见的青田石，其理念与雕艺也迥异与闽派的圆浑庄严，而是表现为极具个性、闭目冥想、思接八荒、造型劲峻、方棱出角，饶有不寻常的诡谲意趣。断其当出自清中期江南名手，未署款，无以考索，可惜了。记得清初的周亮工对仅仅会刻两刀的蹩脚印人的辑出印谱很有微词。如今的石雕界，无论优劣精粗，也无论是老手初习，每每在雕件上堂而皇之地署以名款。名以艺立，其实解人自能辨其高下，佳者扬美誉，差者留笑柄。联想到我自己早岁的习作，如今偶尔碰上（伪作除外），犹如针芒在背，冷汗冒额。前贤有"悔其少作"之慨，古人不欺我辈，可戒。

太平洗象芙蓉石雕

〈清〉

　　说到寿山石的雕件，清初的福州名家堪称一枝独秀，讲得霸气点，是独步天下。虽说彼时青田、昌化都产美石，但人文环境迥异。寿山属福州，为八闽首邑，一时人文荟萃，如谢在杭、毛奇龄、高固斋辈，好石赏石，工匠运斤，文气熏陶，以学滋艺，学艺相辅，故工匠之作，多洗剔俗骨、文心勃发，尽得风流。其时最著名的名师有杨玉璇、周尚均，以及魏汝奋、魏开通等，而彼时青田佳石因乏佳工而付阙如。可惜了。

　　此以将军洞白芙蓉雕刻之太平洗象，一仆踞地洗刷，稚童捧瓶骑象背，彼此呼应，披毯染丹，浅刻繁花，填以真金，牵索赋彩，嵌以红宝绿翠，高技大艺外，显现出别致的富美气象，大匠手笔，名不虚传。作者周尚均，有"识"（古之通例，款字阴刻曰款，阳刻称识）于象之内腹，不予录出，恐好事者仿真牟利也。

〈清〉

痕都斯坦薄胎嵌
红宝石白玉水盂

　　"痕都斯坦"建立于一五二六到一八五八年的莫卧儿帝国。其地理位置包括如今印度北部，巴基斯坦、阿富汗东部。亦称"温都斯坦""痕奴斯坦"。乾隆弘历按照藏语及回语的发音，定名为"痕都斯坦"。乾隆帝对"痕都斯坦"的玉工多次赞赏有加，有御制诗为证。他的近臣纪晓岚陪驾赏玉，也有心得，在《阅微草堂笔记》中称，今琢玉之巧，以"痕都斯坦为第一"。

　　此白玉水盂用料颇大，掏膛精巧，胜似薄胎瓷，且具玻璃的透明度，塘中央有绺痕，巧匠则以红宝石一围掩饰，化疵为奇。在玉器制作中，痕都斯坦玉器费工费料，不惜工本，巧琢到这般的薄而透，真是巧夺天工。

　　"痕都斯坦"妙在薄而透，然薄而透的玉器并非即是"痕都斯坦"。这对于收藏玉器的朋友来说，可是不可不知的常识。

　　文玩行当，也非直线上升般地增值，从历史的维度看，类似于"心电图"般的上下起伏。近二三年是下行趋势，便宜了不少。此水盂为儿子以拙作由藏家手中易来，皆大欢喜。

　　对于文玩的收藏，我是将其分为三类：一是收而藏之、赏之；二是投资以交流、获利；三是似我则是将老师请回家，甘做一辈子的学生，给我以百看不厌，生发和吸吮着永不枯竭的甘露。

雁衔灵芝玉水盂

〈清〉

这是由大块新疆和田白玉琢成的圆雕实用器。以镂、切、挖、线刻等手段，整体塑造了一羽大雁，而喙上衔一枝灵芝，灵芝势逆向雁首，而置于颈之后下方，给人以大雁在水中游弋的动感。继而在水盂的内腔，琢制了两颗连枝的桃子。一般的水盂是中空的，而此器置桃于腹中，足见玉工的巧思。水盂不同于笔洗，是承置透明清水的，故不碍于实用，且增添出不一般的艺心。

我以为文化总是有其传承的，也是可以隔行借鉴的。在上古的越窑瓷的水盂中即有类似的构思。不过泥巴的制作，不若琢玉般烦难、精贵。

而对这件洁白可人的玉雕，作为务实又含蓄，所作必有精神层面表述的华夏民族传统，玉工必有其赋予的寓意。多时的冥思苦想，我似乎找到了答案。此器的寓意是：雁，乃"延"之意也；灵芝，乃"如意"之意。腹中一对桃子，乃"福寿"之意也，是谐音加意象，福寿绵长的艺术化隐性表述，受者吉祥之至。诚然，这是我猜度出的谜底。也许有高明者，能提供出更切题的寓意。

还要补充一点，在白玉雕件上配以黝黑的紫檀底座，盖上双点缀以淡红的碧玺钮，对比益显靓眼，这也正应了"要得甜，加点盐"的朴素哲理。

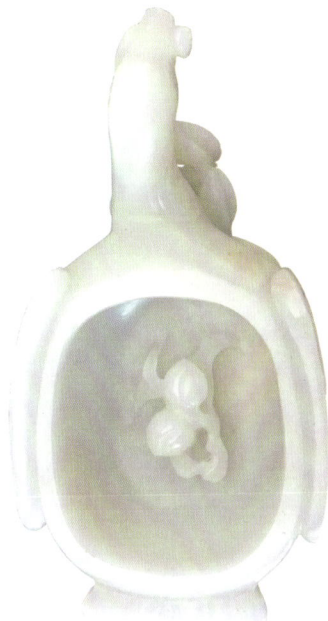

—〈清〉—
乾隆白玉转心盘

　　乾隆盛世，弘历文功武略，国力强盛，四海升平，新疆和田玉也可源源不断地东运。要说这也是彼时玉工的福分，能持久地琢制到羊脂般的白玉。皇上弘历是艺术品的大玩家，还不惮其烦地去造办处参于构思设计。因此，无论是竹木牙犀、金银瓷玉，也无论是大器小件，总要竞奇斗炫，标新立异。上之所好，下必甚焉，这也就影响到整个社会的审美和风尚。

　　如这对和田籽料的转心盘，仿上古玉璧而巧作内外两圈，上饰谷纹，在其中央则精妙地琢制成不会脱出的四叶活络盘，可以任意左右旋转，这也是古所未有的设计。静谧坚实的白玉被赋予了灵动的生命，真是新鲜而有趣。

　　八十年代初，得自愚园路上的寄售店。在我支付八百元时，正巧文物商店的熟人来访店主，上手一看，说：介钜（这么贵）？好在三人皆熟，无妨。

和田籽料大闸蟹

君子比德于玉。玉文化堪称是中国独有的最古老的文化之一。

真正精美材质与精巧琢工的玉器，不得不提到乾隆皇帝，这主儿是个地地道道的大玩家，翠玉牙犀、金石书画、瓷匏琴棋……玩了个遍。比之宋徽宗的会玩，赵佶是玩掉了整个国家，而乾隆却玩得国家强大，这可真把徽宗给比得无地自容了。是他当年的铁血战略，越过数千里的荒漠，真正打通了直抵新疆和田玉矿域的通道。西物东输，又集名工巧匠于皇城，造办处里时见圣上身影，上好下从，炫技斗奇，故一时间论玉之佳、雕之美、品之丰、量之巨，都堪称古来之冠。

此即和田籽料羊脂白大闸蟹一匹，横行将军，威风凛凛，工精作细。复配以足堪独赏的紫檀透雕底座，绛紫衬之白玉，为物虽小，乃属绝配。

〈清〉

白玉香炉

玉文化作为我华夏民族独有的传统文化，至少可以上溯到甲骨文出现之前的二三十个世纪，真正堪称源远流长。上古时代的种种局限，古玉器大部分采用的都是地区性材质，少有新疆和玉料，而其中的籽料羊脂白玉更是少之又少。大量和田玉的开采和东运，始于乾隆皇帝打通东西通衢，这在政治、军事、经济上都是付出了血本的，诚然也有着远远超出他嗜玉本身的深远意义。这是一件乾隆时专为宫廷内府制作工艺器物的机构——造办处所制的玉雕，双耳活环白玉炉。和田籽料，白如雪，质晶莹、材坚紧，周身满工，精细雅致，局气壮伟，一派皇家气象。五年前儿子无极自东京古铺觅得，不贵，远低于拍卖行的价位。故我常谓：玩古董，知识就是铜钿，知识可以让袋里的小钱发酵成大钱，即以小钱去买到值钱的好东西。当然，我讲的是货真价实的"开门"的好东西。

　　在所有的宝石品类里，最气短和窝囊的无过于玛瑙了。说硬度，胜过和田玉；论色泽，不逊五彩瓷，且琢制不易。可是，就是贱于寿山之石、丁蜀之壶，你说怪不？怨不？但话又得说回来，这世界各地所产的玛瑙，唯有一类是叫你刮目相看的，其价值也历来是与金玉等观的，那就是红白相间的南红玛瑙。它没有东拉西扯的水波丝纹，也缺少浅薄炫目的晶莹水光，显示出红白相依大气而不邀宠的内质。皇帝里最会玩杂件，也最识货的老官算乾隆，他也好南红，且多制琢精良，为物虽小（南红历来乏大料），足资把玩。

　　此乾隆年间所作福禄寿三星，红胜珊瑚，珊瑚缺其有白；白欺珠玉，珠玉缺其有红。睿智的工匠相色巧雕，极具朴茂中见堂皇的神采。多年前得之扶桑，于南红中也称逸品。又，今之南红也复多有出产，但其色质与旧出自有上下床之别，识者不难辨别。

翡翠笔洗

〈清〉

　　在我与日本诸多古玩店及古董商的交往中，他们对玉和翡翠的认知上，似乎重玉而轻翠，在价格的定位上也体现了这一点。诚然在清代翡翠中也很少见到极佳的材质，尤其是较大的，即如台北故宫博物院被誉为镇馆三宝之一的翡翠白菜，就材质而言，也非可人的上品。我猜想，这也许影响到日本人对清代翡翠整体的判断。

　　此翡翠笔洗琢为莲叶状，种好色好，俏色巧用，有夺目撩人的相貌。水勺取红珊瑚一截，配以鎏金小勺，益显华贵。此笔洗配莲芽、莲蓬与杆枝缠绕而空灵的紫檀短座，其本身也是一件精美的艺术品。两美相匹，主次有序，益见其曼妙。

　　二十年前得自东京都古肆，价较玉雕便宜多多。自幸乃天赐之物。

乾隆白玉砚

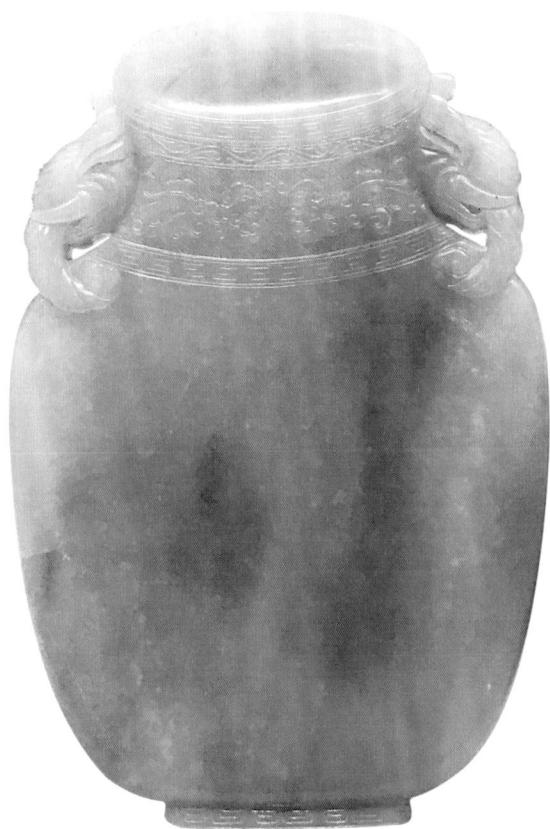

〈清〉

　　玉质的砚宋时尚不多见，明代后期之砚所见颇多，而多为地方玉材，不足称善。此为乾隆时工，材质为新疆和田玉籽料，制作规范，琢磨精巧，圆润可人，作瓶状，砚背雕象一匹，寓太平有象之意。玉质坚紧滑，研墨不发，用以制砚，为研朱批注之用，且红白相衬，平添富美喜气。诚然，当时非达官巨绅不能备。两年前，儿子无极以拙画易来，配以酸枝木椟，我即兴书十二字："天遗宝，乾隆造，皓如月，偕吾老。"聊作案头清供。

— 〈清〉—

翡翠螭龙双耳
撇口大瓶

我与生俱来地喜好艺术，创作要想吸取养料，必须懂得借鉴，因此，自小走上了创、收并行的轨道。十六七岁时，我就幸运地每月能有六十元的工资。当时文物商店的吴昌硕对联，才四到六元一副。当时也还有能力买些文玩，边买边付点学费，边请益边总结，也增长了些鉴赏知识。

改革开放，经济走上快车道，艺术品更是一飞冲天。非富二代、非土豪的我，靠点工资、稿费，靠点浅陋的学识，多半是在"捡漏"状态下集藏。

的确，眼力非财力，但眼力往往是隐性的财力。我总结六十多年的心得，归纳为：一、从差的里面挑精的；二、从假的里头挑真的；三、从便宜货里挑精贵的；四、用自己的土产（书画印）去换喜欢的。诚然，在我年轻时的那个特殊年代，很有机缘捡到泥秽其表、金玉其里的佳品；如今则多会在泥团外面包一层彩金，你心一激动，银子就白送。

此翡翠大瓶为少见的晚清工，高达二十九厘米，种好色亦佳，见于东京一经营骨董老店，店主专业是古青铜器，故以水晶般的价格售我。彼时我就生发了感慨：专业的，"专"得深当然好，但深而欠博，深井里看天，就一个圈。这圈外的东西，也就只配我等杂家来"捡漏"了。人家被你占了便宜，还生发什么感慨，这似乎有点卖乖不厚道。

八宝嵌玉如意

〈清〉

　　去旧岁迎戊戌之除夕，呈上清代福寿如意，兼祝诸君"福寿如意"。

　　如意的诞生甚早，跟佛教的传入我国有关，梵语叫阿那律，唐代长安人已称为如意。如意的前身其实是搔痒器，号"爪杖"，背部的痒搔不着，不求人，遂有此发明。史载长可三尺，以角、竹、木为材，顶端刻作人爪状，背脊骚痒，用以搔抓，如人之意，故名如意。在古代也有铁如意者，且壮大，有势者则是兼用以防身的。

　　作为佛教法物和祈福吉祥，单柄而顶端作圆形云纹的如意，在宋元时已盛行，而如此图之三镶如意，当是明以后的形制。此如意是清代很别致的一款，首端嵌大碧玺，呈桃形并配以蝙蝠，中端以蜜蜡作佛手，下端以翡翠作大小石榴两粒。桃、蝙蝠寓福寿，佛手也寓佛赐多福，双石榴寓子孙满堂，并以四色嵌福寿如意四字，吉祥之意满满。此器所采用之材质皆宝石类，多逾八种，珠光宝气，烧红接绿，七彩流光，极尽富贵堂皇气象。在鞭炮声声，烟花爆空的喜庆除夕，看看这如意，的属如意。

山子

吴昌硕、丁辅之铭

—〈清〉—

　　《三字经》开宗明义讲"人之初，性本善"。从爱好上讲，我则认为"人之初，性本异"。如玩收藏，土豪大家讲精、专。而我则好玩一个"杂"。出世前，"八一三"日寇沪上扔炸弹，把我富裕之家炸成了赤贫的无产阶级，家徒四壁，身无分文，还玩啥精、专？但与身俱来的好"杂"却也是天性。一甲子以来，大凡有点艺术性的旧物，只要袋里有一点小钱，皆来者不拒、求之不得。自信一个"杂"字养眼、养心、养修为。也缘于一个"杂"字，看啥东西，想啥问题，做啥事情，都多了一个视角，少了一些盲点。要之，一个"杂"字，在为人为艺上，给了我不可言喻的裨益。话扯远了。

　　这是一件寿山掘性（指独石）鹿目石，旧称鹿目田，这不免有些抬高身价的成分在。巧匠不下一刀，听其自然，成了文人喜好的搁笔的山子，天成之美，自具文化。而在其两壁，一面是西泠印社创社四君子之一丁辅之以擅长的甲骨文镌刻的铭文，另一面则是首任社长、艺坛巨擘吴昌硕以独特的石鼓文镌刻的"君子之友"，巧妙地点出了它与文人的亲密关系。百年前物，两大家看过、摸过、刻过。时而摩挲，如亲炙前贤，文气喷薄。这也是好杂者的一种福分。

石雕世俗人物一组
——〈清末民初〉——

　　这是"一组"近今自欧洲回流的作品。说到古代石雕人物，大多是释道神仙，反正世上无其人，谁也没见过。历代工匠所镌，或仙风道骨，或庄严肃穆，或丑怪奇谲，或随心而为……其中的圣手巨擘，倒是为我们留下了可观的不朽之作。

　　不过，民间早就有"画鬼容易画人难"一说。从写实主义的视角出发，以形写神，神形兼备，做到雕张三不是黄五麻子，雕藏獒不是非洲雄狮，丁是丁，卯是卯，真实不诳，倒也要得。试想，如今还有一些美国人，以为我们男的还在叼烟袋，女人还在缠小脚。怪伐？因此，在清末民初，这些如实刻画、反映实际、接地气的民间百相人物雕件"留洋"出国，让云里雾里的老外真实地了解些华夏子民的容颜相貌、穿戴习俗，倒是在艺术里兼具现实的意义。这百多年前的实录人物即使我们今天看来，也是真实、新鲜、有趣、耐看的。真实的历史遗存，比那向壁虚造式的艺术，总还多储蓄了一层价值。

　　这四件石雕，也许不该称为"一组"，彼时"结队出国"的，应是世俗百态的一大群噢。石雕采用寿山白芙蓉，材质、工手一流，写实而不失个性，高手。尤其百年后，衣着犹色彩鲜活，亮丽如新，这着色工艺，不知还有专家可解密否？

　　四件作品，高在十三至十六厘米间，说到价格，只相当于高级石雕工艺师的一件小品。

青田彩石嵌『一路富贵』屏
——〈清末民初〉——

华夏之大，物华天宝，人杰地灵。即以工艺美术而论，其品种之丰，物类之盛，的是不胜枚举的。

这是一件以鸡翅木为板框，镶嵌彩石的大挂屏。题材是牡丹白鹭图，牡丹寓富贵，白鹭仅一只，寓意"一路富贵"。这种中国式的寓意是外国人百思而不得其解的。记得一九八七年在美国，画展里有这一题材的画，美国人问牡丹为什么是富贵？白鹭与"一路"有什么关系？你解释半天，他们还是肩膀一耸，一脸的茫然。这就叫文化差异。

此屏高约一百五十厘米，是百余年前温州所特有的工艺。先有精通花鸟画的高手起稿，随后按画面的需要，匹配以接近的青田彩石开片，雕刻出牡丹花及枝叶，再雕刻白鹭，而各个部位以浅刻、浮雕、细刻相参的技法完成，达到预期效果后，再以大漆拼接粘合，从而获得传统工笔花鸟画与浮雕工艺合二为一的艺术品。

此件二〇〇四年得于日本东京，背面还粘贴着一九一五年巴拿马国际博览会得银奖的记录。价六万日元（合三千多人民币），然而，搬回上海倒是折腾得不行不行的。

　　这是唐昭陵六骏石刻的拓片，当时都是为太宗李世民的征战立下了战功的坐骑，分别名为"拳毛䯄""什伐赤""白蹄乌""特勒骠""青骓""飒露紫"。太宗令阎立德和阎立本描绘镌刻成浮雕立其昭陵前，史称"昭陵六骏"，刻于贞观十年（636）。六匹骏马姿式各异，而英爽雄迈、骨力劲健，体现了彼时浮雕艺术的最高水平。可惜其中拳毛䯄和飒露紫两块于一九一四年被盗，现存宾夕法尼亚大学博物馆，其余四块，一九七八年见于陕西省博物馆，惜多裂碎欠完。此当为清末民初的全形拓，宽二百六十三厘米，高一百三十六厘米，也许是全形拓里最大的六件了。虽有人工改形的处理，也还是少见的历史资料。记得是一九九〇前后，友人携来兜售，我喜其硕大，为"文革"抄没物，文清处发还时，封套上有博物馆书家承名世先生的题名。时价四百元。

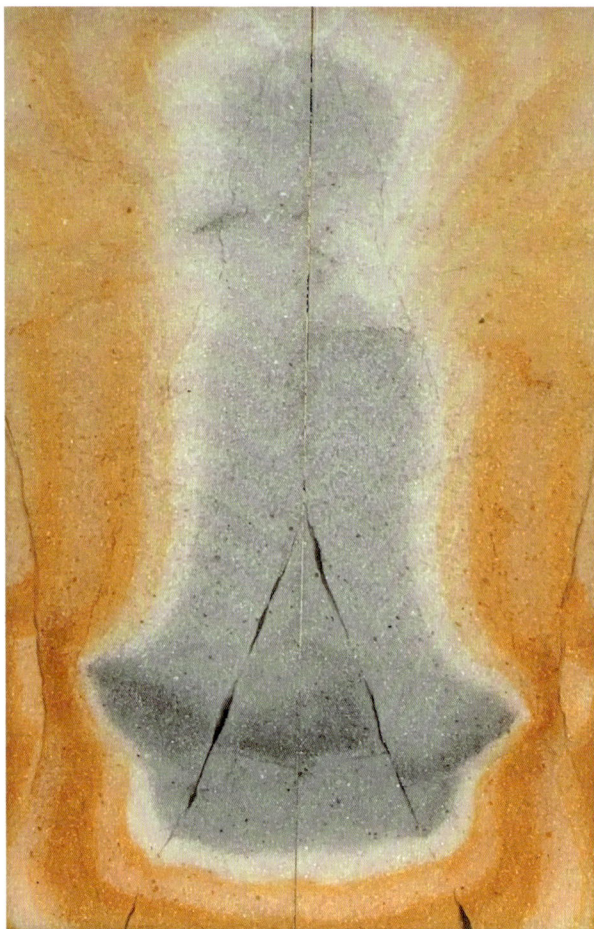

　　"文革"结束，被割掉的"资本主义尾巴"又跷起来了。小商小贩到处有，还有专供一门的市场，如在南京路南面逶迤的江阴路上，就出现了最早的花鸟市场。叫花鸟市场，其实石摊更多，如寿山、青田、昌化、巴林，乃至丹东、长白山等印石，应有尽有。因多属摊位，往往几十方印石都列队排开，便于顾客挑选，如今价值二三百万的昌化大红袍鸡血章，也仅一两千元。我漫步至一长白山石石摊前，忽见几十对对章中有此"达摩面壁"图像，神形兼备，且绕有一围佛光，心生喜欢。询价，答曰："每对二角钱，随你挑。"得此佳品，欢喜无量，旋请友人制红木座架以供养。

严子陵垂钓奇石

〈现代〉

西哲有言：世上不是缺乏美，而是缺乏发现美的眼睛。似乎后面还可以加一句，更缺乏眼睛背后的那颗心。从我个人的体验来说，留心于兹，方能眼尖、眼明，从他人不以为美的物事中，发现美。

大约是在十几年前，学生咏霖邀去扬州游，我是醉翁之意不在酒，总想在陌生的城市里，淘到点自己喜欢的杂玩。文物商店去了，友谊商店去了，玉雕厂去了，一些古玩铺也逛了，基本颗粒无收。回沪之前，偶见河畔有老妪设一地摊，中有乱石数块，此图就是其中的一团拳石。上手近睇，白石上有天然画图，一黛黑人物，古装汉服，侧身作垂钓状，似刚获出水鲜鱼，形态逼真，极饶意趣。细忖，此岂非隐居富春江上，忘情垂钓的汉代名士严子陵乎？问价，称一堆六百元。吾独取此石，余则掷于河畔矣。

其实好天然图案石之风，古已有之。东坡贬黄州时，常去赤壁之岸边捡石，共得二百七十枚，其中有一石如虎豹首，惜今不知去处矣。去疾师告我，唐醉石先生曾得一石，上为天然逼真的"马头"，抗战时，以五百金为日本人得之。

青田石赤兔

—〈现代〉—

　　三十九年前，为拍摄我撰写的《书法艺术》电影片有青田山口之行。时山里有清溪如练，水澈见底，且深不过膝，内皆是青田卵石，大者如磨盘，一般也在脸盆至碗碟间。曾见一石青白杂以黛黑，若米家云烟山水，然重过半担，非我所能携带，因彼时尚乏运输工具故也，忍痛割爱，复扔于溪。又寻觅片刻，见一拳石，细窥之，其上有赤兔一只，颇见神采，天赐之物，不取分文，欣然携归。去岁有青田之行，则溪水断续且污浑，不复有卵石可见矣。几十年的光景，人是物非，颇觉怆楚。

　　益信"绿水青山就是金山银山"为至理名言。

三彩三足炉
—〈唐〉—

　　二十世纪八十年代头几年，冒出了一句不可思议的悖论："要致富，去挖墓。"那时，在沿海的一些繁华城市都有"鬼市"，即在天亮前的时分，在某固定的地点兜售文物的地下市场，据说天天都有。

　　去这种场所我缺点胆量，在广州，两位公安朋友说：蛮热闹的，我俩穿便装陪你去看看。次日凌晨四时起早赶到，只见黑幕里不少手电筒游走闪烁，颇显诡秘。在地摊上转转，多是涂了泥巴的假货。此时来了个农村着装的孩子，问我要看好东西伐？犹豫之际，穿便衣的公安朋友拉了下我，说：好呀。随后跟着此人，绕了几个弯，才到达他的居所，一个民房的地下室，还有五六个地铺睡着人，一股呛人的怪味，差点让人透不过气来。他取出了几件东西，我就挑了这件唐三彩的三足炉，要价五十元。刚付钱走人之际，过来了一个成年人，朝这孩子狠揍了下，骂咧咧地训责：这可是真的，这么便宜就卖了？

　　还是一桩海外淘宝的故事。一九八五年应邀初去澳门，完成公务，浏览必去的大三巴牌坊。说牌坊，也不确，实际上是被大火焚毁后幸存的一壁教堂门墙。朝其左侧的小路走去，有股强烈的骚臭味，但必须向前，因彼时海路整船走私到澳门的出土货都麇集于此，近百家古玩店以及密集的地摊，对我有着强烈的吸引力。尽管脏乱差，葡国政府可是不管的，我更是不在乎的。

　　东西看得你眼花缭乱，真伪相杂，价相近，由你挑。一眼就看到了这件盘口双耳刻云纹的绿釉瓶，高约八寸，釉色沉静，气格高古，乃五代物也。开价五百澳元，约合四百元人民币。头卟后，友人建议我不妨存在这里，将来拍卖可挣人钱。我说只为喜欢非为钱，要玩赏的。捎回时，生来胆小的我请示了公家，告我："人家走私出来，你买下来，走公带回，是好事呗。"

龙泉牡丹大盘

〈宋〉

　　徽州在明清时期管辖着皖南的多个当时极富裕的县城，是富甲天下的地方，彼时徽商是富豪的代名词。在那片土地上，聚集了太多的财富，自然也聚集着太多的文物，大到宋元的宅屋、牌坊，中到明代床桌椅凳，小到文房四宝、瓷玉杂玩，可谓应有尽有。如我等嗜古之人，对于古徽州，像工蜂在无涯的牡丹园里尽兴采蜜，鼓翅转悠，充满期待，无倦无苦。此地虽有"天下无山可兄弟"的黄岳胜境，而我铁了心地醉翁之意不在山，在乎其间文房杂玩也。

　　一九八八年在歙县，应邀赏砚雕奇才方见尘家新建林园。逶迤小径，亭榭互揖，碧树拂衣，暗香阵袭，小中现大，得螺丝壳里设道场的奇趣。才人多艺，一如他思奇想妙的砚作大别于徽派砚雕。雅景观毕，坐其画室品茗，见此直径一尺的宋梅子青龙泉大盘在向我召唤，大喜欢。询价，方兄爽快人，说：二百元如何？我似抱着了一罐子的蜂蜜，心里满是甜蜜。他随即摊开宣纸，说：写张字如何？应命。三十年前事，此情此境，犹在眼前。

〈宋〉

白覆轮茶盏一对

　　又是一个海外淘宝的故事，也是近几年在东京发生的故事。在南青山有几家古董店，跟我至少有二十年的交往，他假不充真，我付钱不误，我与儿子跟老店主都成朋友了。去他店里小坐，每次总是一碗抹茶，一碟精巧可口的日本点心，礼仪周到。这次茶后，他则取出一木盒，内为宋代白覆轮茶盏一对，品相如新出，成对也少见。"白覆轮"为日本人对北方黑釉白边瓷盏的称谓，是宋代极简审美的体现，明之后无出品，国人识者无多。此时，店主翻开一本香港苏富比拍卖图录，也有相似的一对，标明起拍价一百二十万。我刚想说买不起。他说："韩先生，你不是做生意的，听说把很多的藏品都捐了，随你付点钱即可，算是送你的。"这情景，如今想想还很感动。

耀州窑碗模

—〈宋〉—

宋代耀州窑的瓷器，以其微凸繁复的花卉图式，幽绿而神秘的釉色而为世所重。

时一九八六年我在广州举办个人书画印展。一位"粉丝"好我拙作，称以家藏耀州窑的碗模一件可否交换。夜晚赴其宅，防盗门两道，窗也以铁栅栏封之，像坚固的大鸟笼。所收瓷、玉颇多，也多红木家具，走道只容侧身，如身置仓库中。说到自己的收藏，嗓子响、语速快，一如刚从战场上凯旋的将军，足见是位精明的爱宝人。彼时，走私多由广州、深圳而潜运香港，有心人每有斩获。

此瓷模为硬陶质，花卉图式呈凹状，瓷土拍出，凹则呈凸矣。试想：一个碗模，将会生产出偌多的瓷碗，化一为千百。视为"碗母"似不为过。遂以小画一张易来。

—〈元〉—
枢府窑大碗

　　瓷器我收集得不多，原因是我自小住房狭小，即使二十八岁到四十二岁，还三代五口人住在十平方的亭子间里。稍不留神，一件心爱的瓷器就粉身碎骨，只能自慰地说声"岁岁平安"完事。

　　这是元代枢府窑大碗。元代朝廷成立了"浮梁瓷局"，在景德镇开始烧制卵白釉瓷，为区别于民用，在产品上按有"枢府"等字款。由于执行"有命则供，否则止"的王命，故产量极有限。

　　此碗口径达二十厘米，体形硕大，广口小足，底有乳钉，内壁下方为双如意纹，近沿口为云纹，于内壁对面分别有"枢府"两字。历来枢府瓷少见，大件更罕，堪称吉光片羽。一九八八年去羊城，从友人处以画易来。用自己的一张纸，换元代一件瓷，真值。

　　二十年前一次不可忘却的薄游。那年春天，友人邀我假日里散散心，别老是粘在刀笔里，遂有江南古镇同里一日之行，其实它离上海也不远，一个多小时的路程。著名的退思园外，工艺、杂货以及大言不惭自称古玩店的甚多。逛逛呗。友人陪我踩进"古玩店"，打量四壁，自顶部而下隔板上都搁的是瓷器，油光光，锃锃亮，多是新出窑的货。定睛一窥，竟发现了一件旧器，叫店主取来一看。店主开腔：嘿，侬眼光蛮灵咯，这是昨日刚从乡下收来的。凭我对青花瓷的浅薄知识，认定是元代的青花罐，是藏瓷家们可求而不可得的宠物。问他多少钱？回答：所有的都是百元一件，这件二百。我心想这可是天公送我的礼物噢，未及开口，友抢先说：新开店啦，给一百冲冲喜啦。店主点头，成交。

　　同里之行，喜出望外，漫步退思园，思在天外，什么史料介绍、亭台楼阁、奇花异木，似乎都未曾入我双眸。出园，打道回府，一路上满脑子塞的尽是"开心"两字。

龙泉大笔洗

—〈元〉—

　　我玩物颇杂，本非求杂，缘于孩提时即有此与生俱来的嗜好。收藏讲系列，讲专项，一是要有财力，二是要有精力，三是要有机缘，我彼时在工厂务工，三条无一具备。有点小钱，见到喜欢的，凡有点艺术性的，就解囊纳入。缘于杂，也得了解点杂的知识。因此，年复累年，也成了半瓶水晃荡的业余鉴定收藏者。这般自评，也许还不免有点自吹自擂的成分。

　　记得一九八六年小游歙县，时到友朋家里小坐，目扫四壁乃至桌几间，总能见到几件有年纪的杂件，一般提出要求，主人也乐意割爱成全。记得那几年常去，非恋黄岳云，非思七仙女，意在古玩杂耍。晒出之图，乃三兽足龙泉大笔洗，为元时物，腰圈饰有蹴鞠纹，为宋之遗风。询价，主人称：你喜欢，就给二百（元）吧。时光才过去了三十年，兴许一些朋友听我讲述此事，必以传奇视之。这也似乎可以玩味到"领先一步"这句大白话背后的深邃。

青花笔架 〈明〉

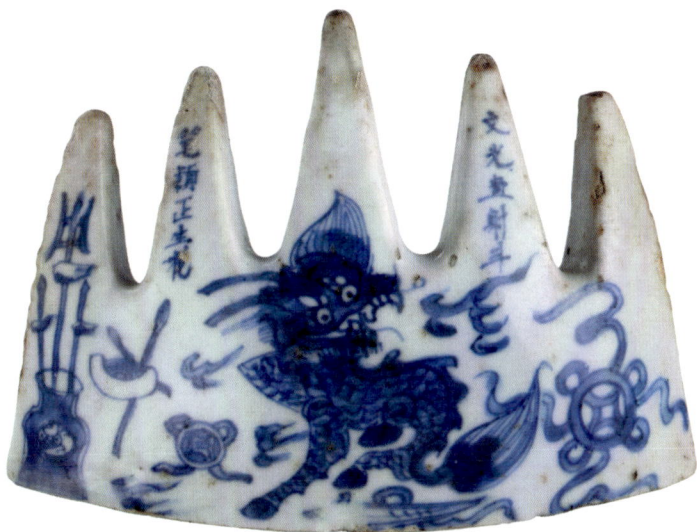

　　文人的文房用具是随着华夏文明的进程而发展、丰富的。这是明代景德镇窑口的一件瓷笔架。笔架古称笔格，唐宋时已有，《谈苑》称"宋钱思公有珊瑚笔格"。亦称笔架山，是搁笔用的文具。此瓷笔架，有五峰，呈半弧形，求其稳定也。正面峰下作麒麟一匹，不求形似，尽得神采，又画"瓶生三戟"等图案，寓"平升三级"的精进好意头。左右两峰书联句"文光直射斗，笔颖正生花"。背面画一出水潜龙，两峰书联句"笔架五山发宿鸟，砚池一水引卧龙"，中峰高处书一"禄"字。皆以青花料书画。一个笔架虽小，却承载了彼时学人十年寒窗、状元高中的遥远梦想。书画以水墨于宣纸，妙在七彩不能夺其雅。然以黑料着于白瓷，则其韵致远逊于青花的曼妙雅驯。此物一九九六年见于深圳集古斋，价四千。

乾隆青花大调色盘
—〈清〉—

调色盘、调色盒，是画家的必备工具。在我的印象里见过最早的大多是呈叠状的，有五层七层的，或圆形或方形，多以瓷制，外面大多有图画而内里皆施白釉，利于彩色的辨别。也许是作画之际多要挪移，瓷易碎，故完整的旧器不多。这是一件直径近三十厘米的圆形调色盘，盒与盖制作规范，上有盖顶，呈镂孔半圆球状，便于提拿。盒内居中一圆格，为调色用，四围隔为六格。通体作缠枝莲纹，繁而不杂，素洁典雅。

此器为广东姚君所贻，以放大镜观察，在釉与胎的结合部呈交错的锯齿状，此是乾隆时期瓷器独有的特征。投挑报李，回赠一画，人情也。

〈清〉

乾隆粉彩笔筒

　　瓷器是中国人的发明，英文都以此来称谓我大中华，奇怪的是，从小就知道的中国古代 "四大发明" 里却未论及瓷器，也许是普遍平凡到代代传，家家有，人人用，故而不以为然，见怪不怪了。当然这仅是我无知的猜度。

　　粉彩是清康熙朝景德镇瓷工的发明，也是好瓷者的新宠。它那凸耸于瓷面的图画有浮雕般的质感，又饶有绚烂的七色流光的色泽。

　　此袖珍粉彩四方笔筒，高似香烟盒，内壁和外壁为乾隆朝特有的绿釉，又在外四壁开光作精致的人物故事，曼妙可人。时一九八六年得于广州集雅斋，价仅八百元。

　　这等笔筒算不得珍稀，但我还是睹物凭生感慨：四十年前，我们可轻易地从玻璃堆里拣出钻石，而今天在被称之为钻石的宝贝里，不难窥出诸多的玻璃。呜呼！

—〈清〉—
咸丰官窑青花
云鹤梅瓶

对于官窑瓷，我是属于"扫盲班"级别的，比真懂的，我是不懂；比不懂的，似乎有些皮毛的认知。这是一九八八年友人要售我的一件清官窑梅瓶，造型、釉色、胎骨、圈底、署款文字，乃至未施釉的底圈沿的细腻感，都似真品。况且咸丰老官短命，龙椅一共才坐了十年，所以这一代官窑器生产的总量，较之乾隆、嘉庆、道光都要稀少。彼时友人索价三千元，抵我当时十五张书法的稿费，当慎重。但真？假？一个字，还真让你心悬在了半空，上下不是，进退两难，真切地感受到"书到用时方恨少"的古训。

还是审慎为好，请教专家是上策。故持去请上博副馆长汪庆正先生鉴定。汪先生摘下眼镜，上手惦量，又翻来转去地细加端详，这几个外人不在意的动作，其实一招一式里都有着外人不可捉摸的丰赡知识含量，这与动不动就拿放大镜，东照西探摆架势的某些专家自有内涵上的天差地别。

大致过了三分钟，汪先生把这梅瓶端放在桌上，带上眼镜笑眯眯地用甜糯的苏州话对我说："蛮好，对括(的)，价钿便宜咯。"去留立断，速速地去支付了三千元，佳物就此易主，有了新东家。

光绪斗彩袖珍印盒

〈清〉

在明清的印盒里，珍奇的斗彩是罕见的；而直径达四点二厘米，类似于乒乓球大小，也是罕见的；此外，盒面画凤，而龙被降格画于下沿的，更是罕见。至少对于浅陋的我，是罕见的。我断其为晚清慈禧太后制肘光绪帝时的特异产物，有深意在焉。盒里尚存彼时的八宝印泥，近干结。

借此就说点好印泥应具备的条件，以答友问：一、钤印精准，毫发毕现，能充分体现篆刻家的精妙刀技。二、色红明艳，无论朱砂、朱磦，历久彤彤如初。三、复盖力强，即是钤盖于墨拓碑版上，红罩则黑隐，依旧厚实明丽。四、质地稳定，不粘不糊，不渗油拉丝，影响钤印效果。五、有弹性，不板结，钤按之际有书家用笔提按，若印印泥般的快感。六、夏冬如一，夏不因热而烂，冬不因寒而冻。诚然这些都是对印泥制作的要求。然而，非朱砂纯、艾绒长、油质纯、添料佳、工艺精、手艺好，上述六点则决不能至。此外，好的印泥，用者也应注重保养。朱砂重易沉，油质性轻易浮，故半月当翻拌一次；印章每次用毕，当抹去印泥残秽；平时不让其曝晒和凌寒，可延长其使用寿命。总之，制作精良，保养到位，缺一不可。短文不宜细说，打住。

陆廉夫白描人物瓷刻笔筒

—〈清〉—

陆廉夫，号狷叟，是清末民初的著名画家、鉴赏家，也是大收藏家庞莱臣和盛宣怀的主要掌眼人。先前做过吴大澂的幕僚，也随之从军出关，无奈甲午一战，兵败若海啸，吴氏革职，被遣回籍，陆氏则以职业画家的身份定居沪上，生活倒也过得逍遥自在。陆氏绘事上窥唐宋，下究元明，醉心清初四王；笔墨则苍明遒丽，山水、花鸟、人物、蔬果皆能。惜对传统入而不出，于笔墨恪守陈式，我真惋惜他没能落实到其"狷叟"的"狷"字上。少时据家翁告我，彼时他的画价是高出吴缶翁的。然而历史是筛子，也是公正的试金石，百年后的今天，其价则较缶翁远逊矣。谁叫此翁当年只推陈不出新呢？需知，一部沉甸甸、光灿灿的美术史，说到底，只是少数创新有成者的史诗。

此德化白瓷大笔筒，为陆氏一八九四年仿陈老莲之白描人物《鹤梦图》，三年后为瓷画名家林大椿刻竣自用，线刻精劲，得陆氏用笔之精义。陆氏人物画少见，绘刻于瓷、两美合一者更罕有，值得藏弄。十年前以三万六千元得之，好者可去我们美术馆观赏。

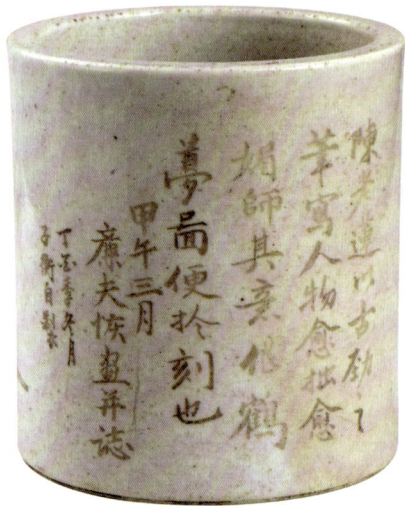

漳州魏丽华斋印泥

〈清〉

我自小喜欢杂件。杂件之妙在于杂，杂里的学问壮夫、文人多不为，也不屑为，但也由于忽略而不能为。

我在六十多年前就到文物商店收作为杂件的印泥缸，其中还装有黄金般贵重的漳州印泥，至多一二元钱。因此明清上好的影青、霁蓝、斗彩、粉彩、青花、青花釉里红等，收了一大堆。

年轻时兴致好，暇时，把几十件印缸往画案上一摆，自以为搬来了阳朔的整堆馒头山，那兴味远胜过漓江观山景。人痴了，心仪的小对象，美丽会被放大百千倍。古人云：境由心造，深以为然。

这里介绍的此魏丽华斋的印缸不稀奇，但有故事。印泥制作在汉代泥封淘汰后就有出现，但制作的精良当在明后期，不少书里记载了印泥的工艺，尽是摇笔者的臆断。谁会把能挣黄金般的配方公之于众？那时离共产主义的思想也太遥远了。直到如今，制印泥的秘诀都被捂着。精明的日本人，早就解密了做笔墨砚的技术，但是至今唯印泥做不了，空叹息。这福建魏丽华斋的印泥是康熙十二年（1673）由漳州药村店主魏长安研制出品，这缸里有中文和外文音译的花票，应是参加一九一五年巴拿马博览会得特等奖的那一品，当时一两最佳的八宝印泥，贵过一两黄金。品质奇好，力压群芳近三百年，可叹"文革"被砸，传人失传，就此人间消失。说到此，最哀叹的是印人，尤其是"文革"前还使用过这魂兮不归的精良印泥的我辈。唉，砸碎一只玻璃杯一秒钟，要拼凑起来谈何容易？况且这秘方工艺的失传，何处去找回它的尸骨？悲夫。

—〈现代〉—
王熙臣红泥紫砂壶

母亲生我时，已是家道中落的寒门，家中用茶多茶末，简而廉。用茶没想过有从陶壶到公道杯再到小盏的过几道弯，对茶壶雅俗的认识更是零。记得在一九七四年，宜兴来人嘱我为顾景舟刻方小印，我说不熟悉，不刻。又过了些时，沪上一位熟稔的老友找到我，说请你为老顾（当时除了刘海粟，没听到第二位称大师的）刻方按在壶上的印。过了两天，我将印交付，此友与顾老交情极好，说："叫老顾做把壶送侬。"我说，我不玩这东西，你的面子，算了。又过了些时，送来四元钱，推诿不了，收下。十七年后台湾来人找我书画陶壶，我才知道当初的无知和错失良机。长知识就好，吃懊悔药何用？

从拒壶、画壶、写壶到爱壶，从此也收了点名家的壶。此夺目的红泥筋纹壶即一品，王熙臣作。台湾尤多藏壶家，皆称此壶此泥少见，求售，不可。求拍照，可。至今搁置高阁，然其真妙在何处？我则不求甚解矣。

　　世界上有许多极平常的物事，因为文化，尤其是有大文化人的掺和，就产生出极不一般的效应。如南方满山遍野的竹，因为王子猷的"何可一日无此君"，成了文人高风亮节、节直心虚的象征；东坡说"宁可食无肉，不可居无竹"。而这位先生还是念念于兹，也因此有了添加文化元素而传之千秋的"东坡肉"，把竹和肉统一了起来。陶壶原本是生产于宜兴的泥巴茶具，平常物也，由于陈曼生的雅好，设计壶型、制辞书写，遂有了文人都竞相追逐的"曼生壶"……说到当代，唐云先生就费了九牛二虎之力，先后收得八件，复取斋号"八壶精舍"。药翁磊落人，八把壶换着用，这才叫不为藏物所奴，真正做了它们的主子。一日，女佣不慎敲碎一柄，苦恼到他两天滴米未进。心痛呗。他公子逸览兄曾不无侥幸地对我说：还好不是我敲的，否则，骂都被骂死了！

　　药翁爱壶，也好画壶。一天，将为他篆刻的"八壶精舍"大章送去，翁开心，问我：白相（玩）壶伐？我说勿白相。翁说：你勿白相？今朝就拨（给）一把你白相相。这小壶周身上下书画词塞得满满的，壶盖的空隙处还署有"大石翁自用之壶"的小款。

　　此乃三十年前事矣。我珍藏着，从未泡过茶，就怕有一天也会苦恼懊悔到滴米不进，我可不想步大石翁的后尘。

　　铜镜多是铜、锡、铅的合金制品，镜面加涂反光材料，故光可鉴人，足见先民的智慧。

　　铜镜的收藏以周汉至隋唐为贵。宋以后无论质地、工艺，与先前比较都等而下之了。你到博物馆去观摩，书画瓷砚都以正面示人，唯有铜镜例外，面朝下背朝上，说句打趣的话，镜面即使光照如新，看到的却是你自己。在古代这镜子，特别对有身份的人，是自鉴容仪少不得的必备实用装备。因此，有力者在其背面铸以文词、饰以图画，寓以吉祥，当是顺理成章的事。而后之藏家也非鉴其真容，而是为其背面的精美艺术所吸引、所陶醉。然对藏家言，除却图案、工艺、文词的特别，还要讲究尺寸的大小、品相的优劣，此外还得讲究翻模的精粗。

　　此镜为三国吴铸，作求心式神与兽图案，颇别致，又以反文铸有凤皇（凰）三年（274）五月……文字一周，镜有年号则可珍。记得是在一九九三年得于杭州岳王路古玩店，价七百元。那年代的那价格，是别再指望了。

一九七七年有绍兴之行，为筹拍《书法艺术》电影赴兰亭。"文革"摧残，加之多年失修，一片荒野里歪立的是残破的烂亭，决无一丝今天重建后宏伟兰亭景区的模样。

有缘入绍兴文物商店内库，见到一件满不在乎丢在墙角的东坡砚，石为大西洞佳品，且有文震孟长铭，知我识货，称不出售。又见此仅五点六厘米之鎏金如来铜佛，说可以卖。此佛像之珍贵处在底座间凿有蝇头小字五十余，为明初洪武三年所制。也许当时的店员多是心不在焉的外行。嗨，仅三元人民币。失石而得金，乃无遗憾矣。

在送旧迎新的二〇一七年的除夕，讲个十五年前从日本请回铜佛的故事。儿子无极在东京留学，对古玩颇钻研，有些见识，星期天一日，早出晚归，往往逛遍半个东京城的古玩店。在南青山见到这尊高三十二厘米的铜制菩萨，周身鎏金，品相甚佳，典型的明代宣德官造。店主见是老主顾，开价约合十五万元，立即成交。彼时的日本老古玩店不同于国内，对海内外的拍卖行情不屑在意，也不太在意，决不会放上一堆拍卖行的图录作参照。时髦话说"资讯是闭塞的"。

儿子留学七年，二〇〇五年海归，来年去扶桑，又逛此店，老板倏地取出一本苏富比拍卖行图录翻给无极看，说：韩先生，当时卖给你的就是这般的宣德佛呀，便宜了，便宜了。并点着本本上那一百多万的底价，一副吃了大亏、追悔不及的模样。

〈明〉
邓星铜鎏金南极仙翁

　　国人千百年的传统：祈福祈寿祈禄祈吉祥。生孩子，送句"长命百岁"；读书了，送句"状元及第"；生日了，祝你"寿比南山"……良辰美景，皆大欢喜。不仅是嘴上说说而已，且形成强大悠久的祈祝文化，书画乃至各类艺术品里，这类题材也比比皆是。

　　这件明代铜鎏金的正冠南极仙翁，即是祝寿题材的精品，高约三十厘米，背面署有"南丰县邓星造"，更是极具价值的史料。写到这里，不由想起二〇〇四年八月四日，发生在北京潭柘古寺的故事。那天大雨，又非假日，知道香客无多，随妻儿及学弟去礼佛，庙里极少人迹，确是无比清净。进庙拾级至毗卢大佛殿，上香之际，万籁俱寂，倏地听到一声巨响，不免一惊，学弟宋歌四处张望，才发现是大殿的顶上掉下了一块约有六七斤重的大瓦当（滴水）。从五六米的高空中坠在水泥地上，故有如此响声，他提起一看，居然完好无损，上书有一"寿"字。宋歌说：老师，菩萨给您送寿啦，倘使不是我陪你来，这等事是说给别人听都不信的呀。"寿"瓦当我携归上海，慎重地给寿字泥金，复在背面记其事。两年后有一居士告诉我，庙里的法物还是奉还为宜。时我在病中，即由儿子和学弟冬缘及友人李君专程赴京"完璧奉还"给寺庙。这已是十五年前的往事了。兼记之。

铜鎏金如来大佛

—〈明〉—

在丁酉将逝戊戌即至的时刻，说个请佛的故事。时在一九九八年冬，去日本东京探望女儿因之。她告我，明天起，有全日本的古董展销会。我是急性子，十点开场，我九点就等在门外，心想总有所获。站在寥萧的朔风里，居然心里还热乎乎的，精神的力量呗。

四个楼面，先旋风似地转一圈，在三楼的摊屋里见到了这尊明代的铜鎏金如来大佛，高二尺，制作精湛，既铸复剔，开相肃穆，一派庄严气象。店员忽然发声，女儿翻译说：韩教授，您来日本了？居然是南青山池田骨董店的小老板。老熟人，价公道，讲定翌日十点付钱。傍晚女儿提醒我，日本银行取钱如向它讨债，没有两个小时不成，要有思想准备。我特地叫她晚上打个电话给老板，请他转告儿子，要十一点才去付费。第二天十一点许到展会，小老板吐了口粗气，对我女儿说，亏得十点钟时他打了个电话给老爸，老爸说忘了告诉他，差点这尊佛被别人请走了。

原来，昨天我离摊屋才五分钟，来了两个香港客，坚持要此佛。说已卖出，此人说：加钱，教他让出。小老板说，人家是艺术家，不做生意的，加钱也不会让。香港客又追问：此人明天何时来付钱。答，十点。"那好，他十点不准时付钱，就得卖给我"，那香港客扔下狠话。"果然十点韩先生未来，而此人准时而至。好在我打了个电话给老爸，才知道您十一点到，差点就对不起韩教授了"。唉，真是佛缘呀。当然，我也赞赏、感谢他的周到细心。日本人往往心细如针。

　　景泰蓝是俗称，始于十九世纪前期，创制当在元代，至明代景泰年间益见盛行和精致，故名。标准的称谓是"铜胎掐丝填珐琅器"。古人也有称"鬼国窑""大食窑"的，在明初洪武二十一年曹昭的《格古要论》即有记载。由于工艺的多元复杂，亦有称"珐琅""珐蓝""景泰珐琅""景泰掐丝珐琅"。

　　乾隆是天下古今的大玩家，在他那时候，珐琅器的创作由庙堂大器到袖珍雅玩，可谓"只要想得到，没有做不到"，穷奢极侈、千奇百怪，精美绝伦。这是一对制作复杂的香薰奇品——诗经所称的仁兽麒麟。此器顾盼有致，鎏金纯厚，造型富美，工艺繁缛，雄浑大气，七彩流光，呈现一派皇家气象，也代表着珐琅彩的高端水平。北京历来是景泰蓝制作的重镇，绵延数百年，若要考证其年代，珐琅的某些釉色和鎏金的厚度都是鉴别时代的重要标准。

　　我以为在文玩的寻访和交易上，宁波人有着天生的前瞻性和特别灵敏的嗅觉。一些商贾在改革开放之初，即已在欧洲布局，组织收购华夏外流的文玩，辗转进入国内的佳品既多且佳，且彼时炒作之风也还未日炽。往往从他们的手里可以购藏到价廉物美而心仪的长物。如这对可人的香薰，在二〇〇〇年时，要价也仅三万多元，这在今天来说简直是收藏界的"白菜"价。可见，觉悟早点，眼光好点，不论是访古或收藏，"领先一步"这四个字可是足堪咀嚼的。

中国画篇

〈宋〉

林椿（款）《三鹤

倚松图》

　　我国的宋代绘画，无论是山水、花鸟、人物皆被视为历史上的高峰，呈现出前所未有的高度、广度、深度。故前人有谓，宋画一张抵得元画十纸，元画一纸抵得明画十纸。少，故然是一原因，艺术水平也是客观地放在那里的，宋之纨扇小品都是堪称国宝级的法物。因此联想到首都将九大博物馆馆藏国宝中的顶级品集中展示，称之"国宝展"，依拙之见当称为"国之重宝"展，也许更见确切。

　　此黑绢本《三鹤倚松图》尺寸颇大，一一六厘米高，八十六厘米宽。某君携来，称无款旧画，的确颇多残损处，品相较差。置寒舍数日，以绢及笔墨考察，应是宋画，再细审，有绳头小字款"林椿"，惜已损其半。考林氏作，今仅存册页两片，分别为故宫博物院和上海博物馆所藏。未见大件，一般小品与大幅笔墨、工写也欠缺可比性。退一步讲，至少作为林椿款的宋画当是成立的。

　　此君称，老东西，乌漆墨黑，越放越会破损，可惜了。不如换两件侬的新作品挂挂蛮好。得此画，知装池难度太大，不足以顿还旧观矣，为保护起见，即请友人潘君以红酸枝制一大镜框，置于其里。俗话说纸千年，绢八百，这也算是让它安度残暮之年了。

〈明〉 吴彬《晋阮修人物图》

一九八○年，"文革"中被抄没的物
资发还，外地友人携大堆旧书画请我辨其真
伪，多为大资本家、中华人民共和国成立后
任江苏省副省长的刘国钧旧藏。我从三十余
件中挑拣出十四件，告友，其余为不足存
之物，不妨处理给文物商店，换点小钱也
好。数日后拜谒稚柳师，师谓：小韩，你眼
力不错噢，那批东西，别人拿来看了，的是
如此。不几日此友又携画两件来沪出让，一
为明吴门四大家之一的精妙手卷，一即此明
末怪才吴彬的《晋阮修人物图》，诗塘为何
绍基楷书阮修传。两品俱妙，一呈师尊，此
则自留，并乞壮暮师鉴题。八十年代初对我
辈平民，是收藏书画最值得怀念的时段，真
东西多，价位极低，如张大千、吴昌硕的画
多在十百元之内。如师得之手卷价四百，此
轴价两百，今则溢价何止千百倍？

故我每告友人，在所有的消费品中，唯
艺术品是"费"而不"消"的，花钱买张好书
画，张之素壁，怡心养眼，日积月累，十年八
年过去，其值却出乎意料地涨了十百倍。此岂
非"费"而不"消"，稳赚不赔的买卖？！当
然被忽悠的赝品、普品，同样是"费"而不
"消"，但难有意外的惊喜。甚至会有太多的
懊丧。诚然，艺术品的价格也是随市场而波动
的，好在我玩艺术品素来"入而不出"，奉行
"藏品不做商品"的宗旨，不敏感于市场的行
情。所以在二○一一年将一千一百多件历代
艺术品捐赠国家时，记者总是追问我值多少
钱，我也实实在在地回答："我捐的是物，不
是钱。"

〈清〉

石涛兰花扇面

在明清绘画史上有几位特立独行的奇才，清初的八大山人和石涛称得上是其中白眉。说来也有趣，两人都有明皇室的血统。八大山人对推翻祖宗的清王朝不共戴天，有着强烈的反叛情结。而石涛则坦然得多，似乎他很开通，城头换了大王旗，只不过是调了个民族做皇帝，何必太较真。

这两位天才人物的对比意义还显现在绘事上。八大山人的画善于做减法，更妙于做除法，化万为一，惜墨如金；石涛上人善于做加法，更妙于做乘法，化一为万，泼墨似水。要之加减乘除，惜墨泼墨，均以撷取魂魄神采为旨归。

这是二十年前见于某画廊的石涛真笔，置于墙角，无人问津，足见它的冷寂落寞。一日，我审视再三，以一万元购得。然而世上事总有例外，此扇却是石涛做减法的作品。记得黄宾虹语录："画不贵于繁而贵于简。"但老爷子暮年的画往往很"繁"，也因为"繁"，反倒卖得更"贵"。想想也发噱。

李鱓号复堂,是扬州八怪之中坚,地道的扬州兴化人,然而,如今兴化被划归泰州管辖,他和郑板桥都得改籍贯了。地域的重组,可不会考虑什么七怪八怪的,两公有知,也无需抱怨责怪了。李氏是见过世面的,做过山东滕县的县太爷,为官清廉,为人耿正,敢跟上司叫板,在彼时当然以失败罢官为结局。好在有支画笔,又有文才,写得好诗,在繁华又嗜画的大扬州,饭总是不愁吃的。

他的画,初学正统的蒋廷锡,继攻豪放的高其佩,再则转益多师,形成了不拘绳墨、酣畅啸傲的画风。以拙之见,他的画是不足以称怪的。

此巨幅中堂,写参天老柏树一株,大雄鸡回首仰立其间,辅以顽石几座,顽石寓坚久意,柏树谐音百事,大鸡谐音大吉,故署题为"百事大吉"。此图作于李氏晚岁,故笔墨里少了些风华而多了些凝结。

画得于二〇〇三年,浙江人携来,以四万元购下。现在我们美术馆也长期陈列着。除旧迎新之际,兼颂诸君"百事大吉"。

〈清〉
郑板桥《墨竹》

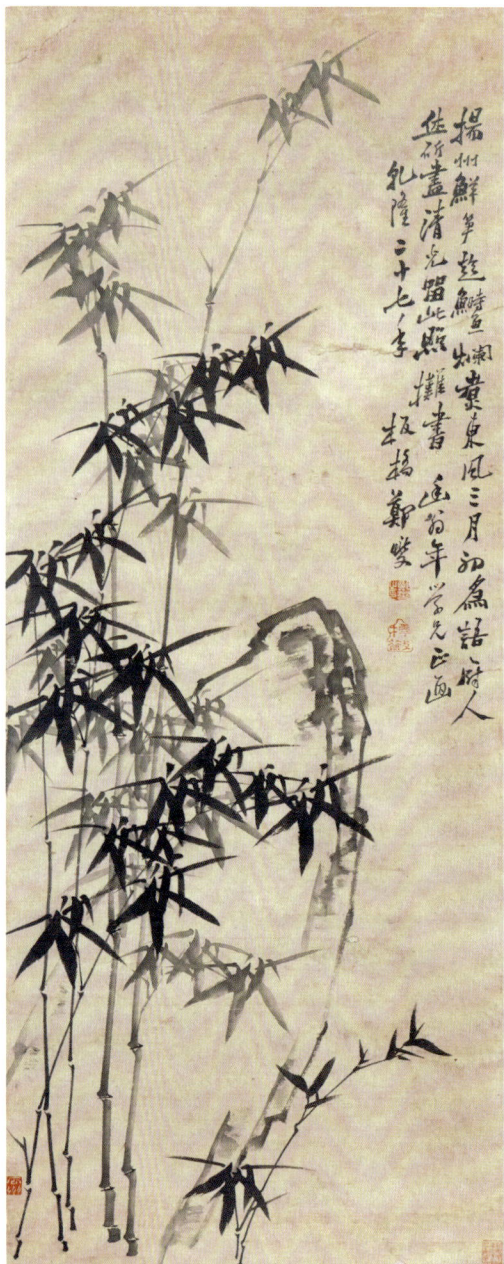

在民间，要是提到画墨竹，郑板桥也许是知名度最高的。

而以我对五代宋元明清以降，墨竹画家的浅薄认识，竹者，晴雨风雪、嫩枝老干，自有风情万种，若论笔墨与情调之高下，首推宋元，明居中游，清又次之。宋元文人写竹家既重笔墨，又重视对活生生琅玕的观察，目测心悟，讲究笔墨，生机勃发。明之文人画竹，也还有笔墨，但图式多为宋元所囿，后期更显因循守旧。清代文人则多不注重实物观察，往往游戏笔墨，即使怀才八斗，而在画里却不见深邃的表达，郑板桥的画竹，似也属于变变章法类的文人墨戏。

从运笔技法的层面分析，宋人写竹，调动的是从肩、臂、肘、腕的自如挥运，而郑氏写竹只见腕的运动，故无论是发枝杈、撇竹叶，技法单一，少了醇郁朴厚，丢失了他本具备的出众学养，也就是说，他那标新立异的清奇学养，并未能在他的竹画里得到应有的体现。

记得启功先生跟我说起过：郑氏晚年删节自作诗集，申言死后如有托名翻版，将平日无聊应酬之作窜入，吾必为厉鬼以击其脑。我对郑氏颇为自许的画竹多持批评之论，不知会被此公"击脑"否？

鸦片战争后，上海成为百业云集的商埠，海上画派也应运而生，盛况空前，一九一九年杨逸编著的《海上墨林》，就载录了七百余家。而首创期最有成就的领袖人物，当是虚谷、任伯年、吴昌硕。此三人都非上海籍，新兴的移民城市何以有着诸多领域的勃发优势，拙以为这也是大可研讨的有意义的课题。

虚谷，俗家姓朱，名怀仁。早年作为清军参将，曾浴血于太平天国军之役，出入生死，似有参悟，遂出家为僧。虽称和尚，却不茹素、不礼佛、不驻寺庙，纯是闲云野鹤的做派。自此弃刀挥笔，开始了绘画的生涯。他写字作画，用笔锋偏，施墨枯渴，敷色虚淡，造型独特，冷峭奇逸，非古非今，自成风格。老辈曾语我，他的画案置于一室中央，多围着桌子四向下笔，故兼记之。缶庐法眼，赞其画"一拳打破去来今"，深刻。

黄胄晚年，尤好虚谷，曾嘱我留意收集，而画缘未到。直至一九九八年终觅到此件，无奈他老已于上年在羊城驾鹤西去，交办的任务终未完成，自然也看不到他那展轴赏新品时，一面孔惊喜灿烂的笑容。此作也只得留以自赏了，梁先生在天有灵，知道就好。

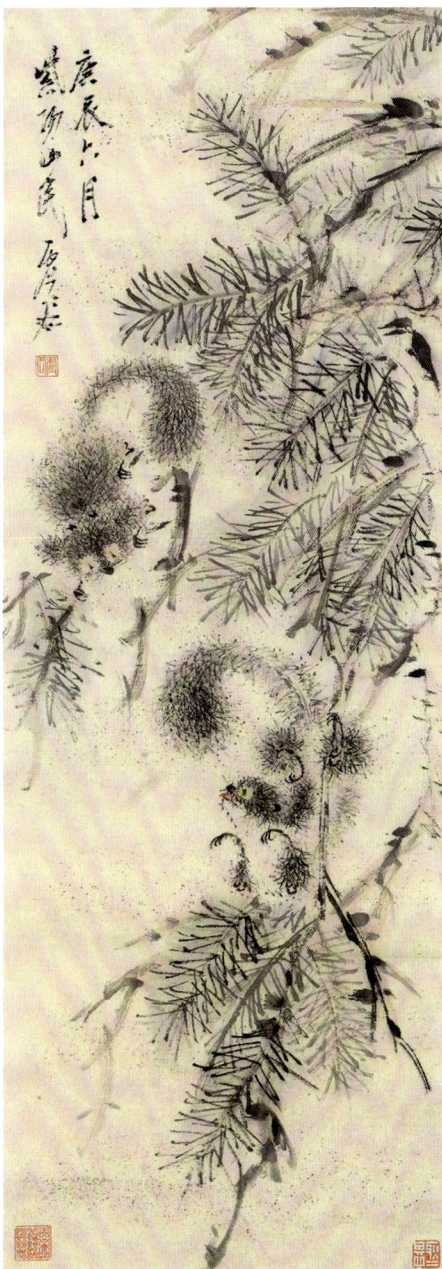

—〈清〉—

蒲作英《竹石图》

一九六二年春，部队委派我出差去舟山沈家门。彼时之沈家门渔港，除去港口里大如蜻蜓、小如蚁的渔舟，陆地上仅有一些不经风雨的短屋，稍一抬头，除了秃山就是无涯的天际，那个荒凉，与如今真有天壤之别。见一小店，称它为"店"似乎都太夸张奢华，五六平米里有一平板床，边上放几个大酒缸，几只售酒的大土碗，仅此而已。我好奇地朝黝暗的店里一扫，墙上居然挂着两张蒲作英画的六尺对开的竹石图。问店主卖否？曰：勿卖。我给侬两块人民币，对方想了一下，摇摇头："勿想卖。"结束。

别舟山时依旧念念不忘，催战友去搞定。不几日，战友来长途电话：事情解决，是用四包前门牌香烟换来的。怪哉，四包烟才一元二角八分噢，战友回我，买烟？侬有烟票伐？

海派绘画这种叫法有异议，似乎也难有更好的概括词。总之不以独造风格并影响深远的画人来个别定名，统括地称"海派"，总是"蹩脚"的。试想，崛起于十九世纪下半叶的海上三大家，虚谷、任伯年、吴昌硕，径畦独辟，风貌迥异，界限分明，一家一派，岂能以皆寓居沪渎，即以"海派"统括？同样，二十世纪中叶，上海涌现出一大批风格独特、自成一派的杰出画家，如今也多统称为"海派"，欠科学、欠合理。故我常答外地画友：海派，不是一个派，而是一个海，一个浩瀚的海。神仙千百，神通各显，不是以一个"派"字可统括的。当然，这是小可一家之言，纯属妄议。记得八十年代，上海举办虚任吴三大家展，一友问：任伯年跟吴昌硕比，谁好？我说：艺术可不是打乒乓，咋比？花好稻好，各具法宝，各有绝招。赏者也口味不同，各有所好。艺术只讲第一流，不宜评第一名。

任伯年是天才型画家，单说他的人物肖像，神形兼备、笔精墨妙、中西交融，就无人可比，一时无双。

这是任氏因定制所作的大幅《松鹤图》，当为达贵祝嘏之用，珊瑚红绢本，以金粉绘出，撇开润笔，这等纯净的朱砂和浓厚的纯金粉，就已是很可观的开销。朱地金绘，一百三十三年，至今依然堂皇绚灿。足见超好的材质，就是经得住时光的耗磨。以古论今，我等对当下的国画材质，尤其是颜料，的确是有着太多的期盼。

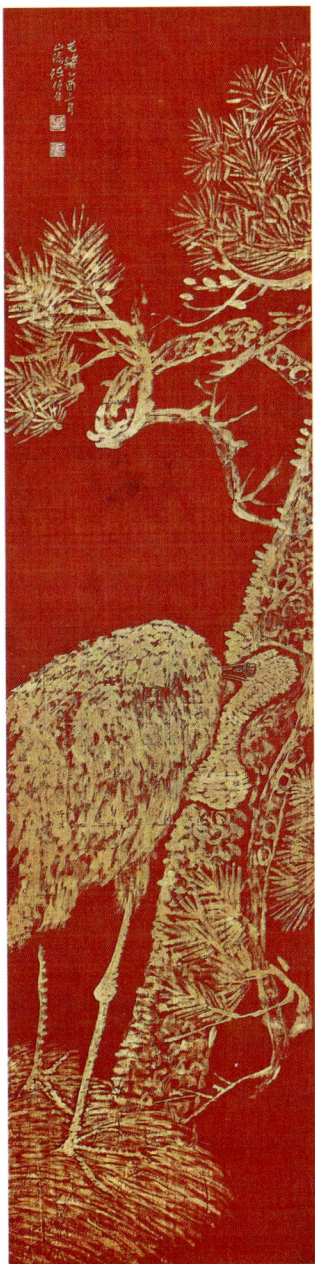

—〈清〉—
任颐麻雀牵牛花扇面

  任伯年是晚清海上画坛的巨星。少有绘画天赋，但既非官二代，也非富二代，又非艺二代，要在海上立身走红岂是易事，他遂在姓氏上动了小脑筋，称时已享有大名的任阜长是自己的叔父。果然，令人刮目相看，画也好卖起来。一日，"叔叔"任阜长真的出现在他的面前，这一照面，可把他吓到拉尿，以为是来找他算账的。好在这老任先生爱才，不仅不责怪，还在艺事上给予了热情的指导。这可真是任伯年的福份。诚然我们无需去考证这故事的真伪，而任伯年成就确实是青出于蓝、冰寒于水的。

  此扇是任氏成熟期的花鸟佳作，去文人画的以草草为逸品，去行家画的拟古而乏生机，去俗工画的求形似而失风韵，且借沪渎之便，吸纳消化了所见西洋绘画的色彩、造型、构图。中西融冶、风格清新、雅俗共赏，从而成为海派艺术初创期不二的先锋。此件得之于徐子鹤先生，一九七八年，他有批藏画要处理给文物商店，给了他一份估价单，此扇（包括背面褚德彝的书法）十二元。值趋其府上拜访，他说，喜欢就按这价格让你了。

  我研读任氏的绘画轨迹，总为他暮年的探索而抱憾。也就是说笔墨的醇凝简约和对其深处内义的储蓄，非其所长，而这恰恰成了他暮年的绘画趋向，不免令人扼腕叹息。诚然，这是我的一孔陋见而已。

　　我凭自己浅薄的经验，书画的鉴定最关键是品审一根线条。年轻时随稚柳师去浙博库房，王涌泉先生提调些书画请谢师审定。在未见署名时，师见到一枝一叶，或是一根线条，即已报出作者，十不离九，言无虚发，足见目光如炬。这也说明线条是一个书画家的指纹，或是人脸，因人而异，是牟利者最难伪造的一环。所以，从鉴定学的角度证明：在任何时候，书画的笔墨都不等于零，而且是重中之重。世上万物除了算术题一减一等于零，非正即负，非优即差，非进则退，决无等于零的事情。"笔墨等于零"是个伪命题。

　　诚然一个作家的笔墨线条，也有时段的嬗变。此外，也受材质的影响，如纸帛如生熟宣有差别，此外采用朱砂或金粉也会有所不同。这些在鉴别笔墨时，也需注意。

　　此墨扇为缶翁作，已被揭裱，出现在一九九四年的拍场上，人多言假，而不知金粉作书画，笔墨易粗润故，所作必小别于寻常，以三千元低价拿下。

—〈清〉—
吴昌硕《白玉兰图》

这是十来年前购入的画。别人都说太简单了，我十万元就买断了。此画考其用笔当是四十多岁时的创作。我欣赏此画，就在于他纯属以篆刻"计白当黑"的手段来处理画面，犹如他处理篆刻的印面。

其一，在狭长的尺幅里，他将主干及枝、花都完全画在左侧，右侧一大片空白，此谓"疏处走得马，密处不容针"，大胆的险招。

其二，在干、枝、花之间似信笔涂抹，却极尽推敲。这推敲非关用笔，而是在笔画间期求产生的空白（也称空间）。其实，书画印同例，一笔画出两块空白。高手用笔无碍，而苦于、囿于，乃至疏于对空白的巧妙分割，这与优美古园林的规划设计也同例。

其三，对于空白的理解、营造和圆满结局，我一直以为是紧要的环节。吴氏这张简笔画是一个成功的示范。我们不妨验证一番，那左旁的玉兰，其若多的空白，大小、敧侧、形态有雷同重复否？没有。这就叫精心而经得起咀嚼的写意。

其四，右边上下形成的大片空白，虽"计白"，但未能"当黑"，全幅似有左右割裂之嫌。睿智的老缶在其下方大书（字小压不住左侧的繁密）"苦铁"两字的署款，复钤以红印两枚。从而 "小小秤砣压千斤"，在极不平衡的画面上获得由险绝而复得平正的奇妙艺术效果。妙招。辩证法的一次胜利。

〈清〉吴昌硕《观世音菩萨像》

吴昌硕先生诗书画印，四绝一通，为二十世纪最有影响力的艺术家。他一生传世作品甚多，明的暗的，我粗略估算可近万件。其中画件似占五分之一。在他的画作里花卉最多，山水次之，而以走兽和人物为罕见。人物中我所得见之《观世音菩萨像》原作仅两件，此其一也。缶翁七十九岁作，寓去病祈福之意，作以自存，而非外来订件。

多年来，我曾对人物画家的开相作过些分析，除个别画人外，笔下人物都无意间近似自我的写真，读此图，当知我言之不谬。或疑为王一亭代笔，然画者最不易摹者，笔也。一根线条定乾坤，若稚柳师、邦达先生，鉴古画，无需见名款，画轴露出一草一木一枝干，即可报出作者。缘于一根线条里，蕴藏着每个书画家千差万别的排他讯息。由此，也足见"笔墨等于零"一说之不经。事实上悠悠万事，除却做算术题之一减一等于零，世间何来等于"零"之事？若此画，缶翁线条拙重涩，一亭线条巧俊畅，线质迥异，解人当可分辨之。

齐白石工笔菩提叶
草虫小品
—〈现代〉—

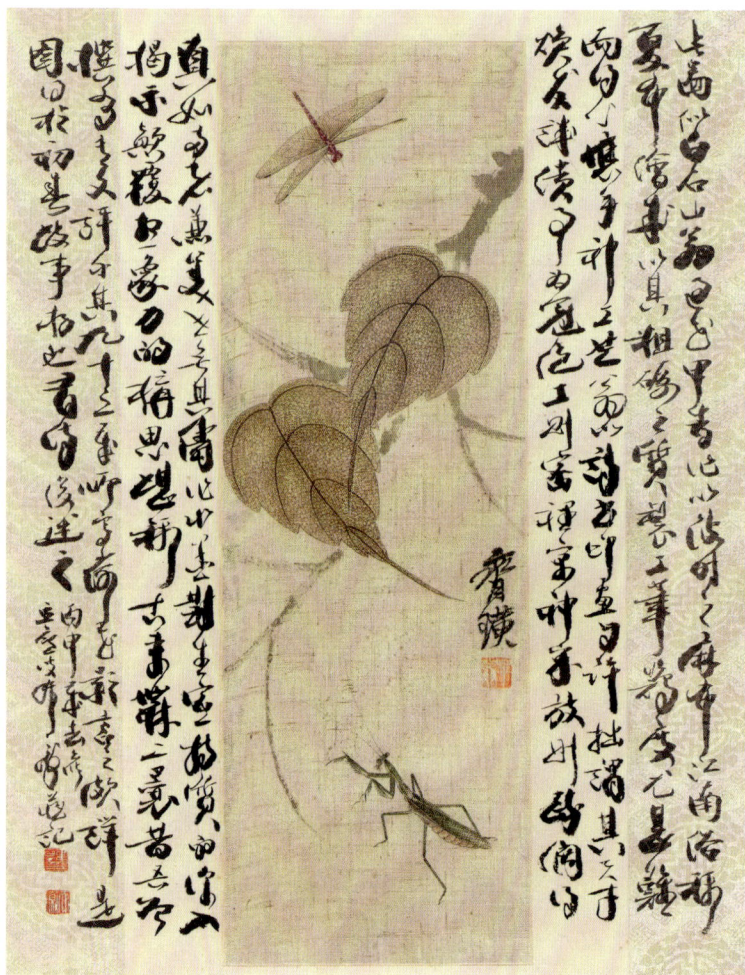

　　前两年，于拍场上见到一件齐白石的工笔小品，菩提叶两片，蜻蜓、螳螂各一，精微至于毫巅，尤其是画在粗砺的麻布(俗称夏布)上，尤显功力。请学生代拍，价高且相争者为其友俞君，遂放弃。不久在杭城小聚，此友知争者乃区区，隔日居然以是图相赠，真诚之极，推诿不得，付款遭拒，诚情可感。我思忖良久，曰：我将刻印以报。君笑称，印于他用处不多，可否作一五彩荷花以张居室。其实，我心底明白，这分明是用钻石换玻璃的交易，君之厚我，不可忘怀，不可不记。

齐白石工笔草虫纨扇

〈现代〉

对齐白石，我特敬佩。但我素来不喜欢用"崇拜"一词。对货真价值的大师可以"崇敬"而不宜"跪拜"，试想后来攻艺者都以跪拜的心态看先贤，哪里还有"推陈出新"，勇于承担新时代的繁荣、发展文化担当的豪气？白石的画艺里焕发的天赋，你妒忌也白搭。他擅大写意，楚王举鼎，不费气力；善作工笔，如顾娘绣锦，毫发毕现；更前无古人，将写意的花卉与精微的草虫置于一画，存心制造离奇的冲突，而后着手成春，妥帖到一无纠葛，姣好莫名。大有欣赏金少山、梅兰芳合演《霸王别姬》般的经典奇趣。

此纨扇四年前见于日本拍场，从画技及署款，可断为齐氏六十开外时作。《红楼梦》中有言：假作真时真亦假，人多疑其伪，遂归我豆庐。

—〈现代〉—
齐白石《老当益壮图》

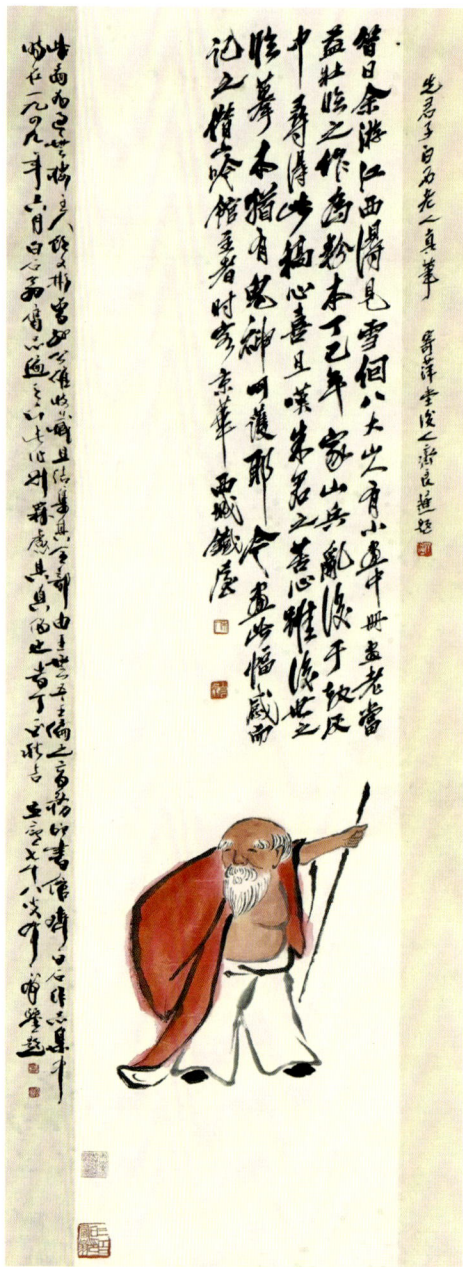

对齐白石的绘画我经过了一个复杂漫长的定位过程：儿童画、工匠画、民间画、巨匠画。从而玩味到：他那缓慢拙朴而堪咀嚼的笔墨，他那剔皮去骨直抵事物魂灵的朴拙造型，他那化繁褥为简括的洗练，他那浅白得出人意表的跋语，他那大师般运筹画面的能力，他那千百年来对生宣的特质最神妙的开挖能力，他那工写结合将昭君和李逵巧妙地捏在一起的本事，乃至他在个别画里反思维、背科学的古今未见的超浪漫的智慧演绎……要之，他的精品都令我叹为观止。

近得白石翁此作，称由八大山人稿脱出，实为自创。写一老者，白发银须，气色静好，态度从容，朱红挂袍，武生架势，拐杖高举，若擎丈八矛。似华严钟、似黄岳松，雪鬓髭、弥勒肚，眉开眼笑、心无挂碍，从骨子里诠释了画旨——老当益壮。

此佳作曾为苏州过云楼四代传人顾心雄收藏，出版于一九四九年六月王云五编辑的珂罗版画册。这应是国内个人藏画珂罗版印刷的收官之作了。

齐白石虾图轴

—〈现代〉—

　　记得是在一九八七年，美国大学博物馆系的一个代表团来上海，要我作书画印的三堂讲座，书画讲过后，带队的吴先生（华裔，是研究中国美术史的博士）提出篆刻要到孤山西泠印社观乐楼上去开课。当时买不到快车火车票，谁知慢车坐到杭州要六个半小时。我从小不好英语，至今廿六个字母都背不全，在车上唯有和吴先生闲聊。吴先生忽地发问：最近在香港《良友》杂志上，读到你写的近代美术家的品述文章，其他都认同，就是对齐白石的评价有拔高之嫌。我则说，齐的妙处很多人还没体悟到，接着就从构思、造型、笔墨、择纸、题跋等诸项作了具体的剖析。好在闷在车厢里有的是时间。如谈到画虾，前人也画，沈周也画过，但在宣纸与水墨的融冶上总还是被忽视的一环，即没将宣纸特有的渖渗特性体现出来。唯有齐氏敏锐地关注到这一点，如他画虾身的那五段，巧妙地把握宣纸渖渗的功能，用饶有变化的淡、清墨，巧妙地掌握火候，似接若离地下笔，一段复一段，从而将虾的半透明薄壳，乃至壳里的嫩肉，都神妙地表现了出来。仅他将宣纸与笔墨的互辅这一点，就是前人未有的独造。与吴先生畅谈了两个多小时，吴先生居然说："嗯，齐白石还真的了不起。"

　　齐白石不算饱学之士，但正如李可染先生跟我所说："齐老师是天才，他的绘画感特别好。"他画虾也是一绝。此轴得于一九九五年，价二万。有兴趣的朋友可以到我们美术馆看看，验证一下，我说的是否有些道理。

潘天寿《墨菊图》

—〈现代〉—

　　一九八七年，上海市政协的一位友人知我喜欢收集书画，向我及时通报了消息，称有一老太，年轻时是学美术的，有潘天寿、徐悲鸿等几件书画要让给香港客人。我托其捎话：这类东西出关就是"走私"噢，是要惹事的。当时，这类出事的案例不少，还是转售给国内的朋友稳妥，无后顾之忧。老人以为在理，遂以港人出的价格出让给我。

　　我八十年代初即经常有机会出国，或文化交流，或举办书画印个人展。见到古董店里的中国文物，每有自己的同胞流落街头的感慨，只要财力允许，总是要捎两件回来。那时候，国内的收藏还不时兴，交易清淡，甚至冷漠。海外尤其是日本，中国文物极多，且不乏妙品，惜囊中羞涩，往往千件仅能挑其一二，颇有望洋兴叹之慨。

〈现代〉 潘天寿《奇松竹石图》

　　此潘天寿先生所作《奇松竹石图》，为六尺整纸边裁一截者，更见高长，潘翁也许是出于体现松之矫拔而有意为之。天寿先生作品得"险"字决，如此图松石两不相依，而互呈平行向上势态，为画决之大忌。寿翁高妙，以下方丛竹破之。此为化险为夷，手段令人佩服。

　　作于四十七岁时，彼时长题诗跋多用宗法《爨宝子》一路的书风，又有赠叔方先生题记，的是真迹。割爱者乃其后人，时在二十世纪八十年代初，抄家物资落实政策发还时，价位不高，足可承受。画背还附有抄家入博物馆库房的编号，以及发还时清退的标签。本无足轻重，也无需保留。然如今为名家书画作伪之高峰突发期，从俗皆与保留，也算是为此画的是真迹，在有人信口雌黄时，多添两重证据也。

　　刘海粟先生自一九七四年嘱我治印，相交相知二十年，建立了深厚的感情。海老给我的印象真率、自信、大气、重名、轻利，此外，还透露出与他资历不相配的天真。例如"文革"结束不久，一位杂志记者给他拍了一组照片，说要发表的，海翁很兴奋，爽快地送了他一张画。谁知被折腾了半天，那相机里居然是不放胶卷的。一次，他取出一件临石涛的手卷，上题句，称是与石涛血战，问我谁画得好？海翁的画往往就好在线条凝涩厚重，这确不是石涛的强项，我说："您画得比他好，赢了。"海

翁追问好在何处？我想他是临石涛的，可比的也仅线条，答道："他的线条不及您！"他兴奋地说："哦，天衡，侬有真知灼见。"说实话，此时也顾不上石涛的感受了。我与海翁有情谊，却从未向他索求过画作。可憾。

二〇一一年，我和家属决定将收藏的一千一百三十五件古代及近当代书画、文房古玩捐给国家，觉得少了海翁的画总是缺憾。时有藏家愿出让他画的丈二匹梅花长卷，是纪念海老诞辰一百十五周年画册里出版的，遂购下，补捐给了美术馆。

—〈现代〉—
徐悲鸿《双雀鸣春图》

徐悲鸿先生是现代杰出的书画家、教育家，更是画坛的伯乐。他提携齐白石、傅抱石、吴作人的故事，人们都耳熟能详。黄胄先生曾告诉过我，在解放初期，他想进中央美术学院读书，徐院长说：你那样画就非常好，为啥还来读书，学什么？这善意婉拒，也正是伯乐的慧眼与慧心。

悲鸿先生的智慧也是超常的，谢师稚柳告诉我，他有句名言："老子天下第二。"若有同道问他："谁第一？"答曰："侬老兄。"看来是高傲到不行的天下第二，结果是谦虚到谁都比他高明。先扬后抑，的是傲其表而虚其心的隽永妙语。

悲鸿先生艺贯中西。于国画则人物、走兽、山水、花卉、禽鸟皆擅，趋于写实而蹊径独辟。此作无题，画于一九四八年五月的北平，也许是推窗间的即景之作。

　　王个簃先生是吴昌硕先生的高弟。能寓居在缶庐家里学本事，得其真传的仅此一人，凭这一点就足可傲人了。但自我从一九六二年相识，一九七八年入画院，被尊称为"个老"的他，素来慈眉善目，轻声细语，从未见过一丝的"傲"气。即使常趋他府上请益，他总是讲你作品的好处，即使有批评的意见，也是转了几个弯委婉地表达，不心细的常会把它错当作表扬呢，尽是慈母般的心肠。

　　记得"文革"乍起，师辈们胆颤心惊。我胆大，去画院探望他们，在桃江路上与他相遇，一顶压低的帽子，一片大口罩，低头缓行。我一眼认出，兴奋地叫了一声：个老！只见他眼神紧张，转瞬，他方始脱下口罩，漏出了一丝笑意，心定了下来。似乎知道我不是狭路相逢来揪斗他的。四十二年前的这一幕，至今清晰如昨。个老前后送过我几件佳作，皆为花卉，他的山水画的是罕见，尤其是画在瓷盘上，这是他与林风眠、唐云、朱屺瞻先生由上海友谊商店组织去景德镇采风时所作。约十五年前从此店内库购得。奇品。

王个簃先生与我初次见面在温州，时个老及朱屺瞻、张守成诸老自雁荡山写生归来。个老时年六十余，满头白发，脸色红润，应证了赞美老者的"鹤发童颜"。个老为人谦逊谨慎，古诗功力深厚，解放后诗写得明白如话，近乎打油。我想，经历过多次运动而皆能平安涉险的他，作诗而不至于让人产生歧义当是底线。晚年先生偶来画院，一次请来要求对青年画家的创作批评，他先是说了许多批评重要，一定要从严批评的话，声色俱厉。接着对每人的作品都一张张评定过去，一圈下来说的都是好话，没听到一句批评，足见此老宅心仁厚。

几十年间，个老对我多有栽培。记得"文革"间，一次我携文友造访，个老每每表扬我印刻得生动。告退后，文友询我何以如此？我答曰："除却老辈的厚爱，从中似可得一消息，艺术品评有两类，一是自觉缺啥则向往赞赏之；一是自己缺啥则百般贬低矮化之。"个老鼓励我印，属于前者，足见其宽厚谦恭、虚心纳物之高尚品格。友拍我肩膀曰："在理。"

林
风
眠
绣
球
花

〈现代〉

　　林风眠先生是公认的绘画大师。但在中国画坛上，西洋画家改习国画的颇多，而被承认、接受为真正意义上的中国画家则极少。我私忖对西画改行国画，造型、构图、色彩、章法，乃至理念都不是问题，关键是笔墨、是线条。没有经过长期训练，不能在宣纸上让笔墨得心应手的驰骋，也就是说，读中国画，没有中国画特质的线条，即少了筋骨脊梁，站不住、扶不起、不耐看，体会不到传统中国画区别于其他画种的特有滋味。天才的林先生，西中嫁接，转型是成功的，这成功正见证了笔墨在国画里无可替代的重要性。记得二〇〇〇年，我在画院与许江院长主持林老的百岁诞辰画展及学术研讨会，林老的学生苏天赐教授在会上回忆：他一九六四年去拜望林先生，林先生正在画画，手里执着毛笔，指了指画上的线条，对苏得意地说："唉，你看我的笔！"林先生的话，一语中的，笔墨绝对不是等于零的。事实上，世间万般事，包括画画，非成即败，非进则退，非真即伪，哪有一桩等于零的事？

　　此为林老一九六四年，画院组织老画家们去景德镇画瓷中的一件圆盘，作绣球花，雅逸曼妙，笔彩相映。二十年前得于上海友谊商店，价二万。我自忖应是稀罕之品。

这事要回溯到六十三年前，那时我才十五岁。写字刻印都横蛮，也颇自得。一位同学还把我的字压到他家的玻璃台下，算是一种展示。有天夜里，他叫我捎些习作去给他姨父戈湘岚先生看看。一进戈宅，满室的墨香，四壁的书画，令我目不暇接。我把习作递上，谁知老先生意外地火力猛发，把我的习作批得一无是处，最后那句结论，尤其吓到了我："看你的东西，就知道你寿命不长！"出了戈宅，我像伤兵撤出了满是硝烟的战场。同学安慰我："他算有点本事啰，这样对待你，不要上心。"可我还是胡思乱想了几夜，睡不着。后来，我想到老先生与我无怨无仇，批得那么狠，不留半点情面，还不是要我好？我当不言放弃，继续努力才是。

半年多后，我又主动叫同学陪去见戈老。也许他早忘了我曾去过，出乎意料地居然对我的习作多有表扬。之后，还嘱我刻过几方印，也送过我几张他的精品，此图即其一也。

我感恩这位比严父还严的戈老，同时，我也庆幸自己少小就有一种"抗击打能力"，视批评为良药，化批评为核能，让我排除万难，无怨无悔地与艺术为伴，走过了不算有成绩的而有意思的漫漫七十余年。

—〈现代〉—
陆维钊《墨竹图》

一九六三年，西泠印社多年后第一次恢复活动，方师介堪要我粘一创作了约三十方印的印屏，后来知道，是破例参加六十周年纪念书画展。真幸运，倒不是幼稚的习作忝列其中，关键是之后得到了诸多师辈的关爱和教诲。其中就有陆维钊老师，他主动写信表扬鼓励我，还附有他的一寸小相片，称在书法篆刻上有什么困难都可给予帮助。我至今还保存了他仔细、严格的批改我习作的部分信件。一九六四年，我抽调到东海舰队上海总部。一天，门卫通告，你外公来了。一看，居然是他老人家，顶着酷暑，走那么长的乡村道路来探视，真是感动五内。在七十年代，杭州的几位先生都相告："陆先生常跟我们讲，天衡是我的学生"。这话让我很温暖，也鞭策我要不忘师恩，勤勉攻艺。老师时而会赠我书画佳作，此即其一，为人慈祥斯文，作画解衣磅礴，适成反比。老师病重还说："待我好些，要画张山水给你。"不久，师仙逝，未如愿。好在之后从拍行购回一件他的山水精品，权当是老师的馈赠。

—〈现代〉—
于非闇《梅花双鸭》

于非闇先生为现代杰出的工笔花鸟画家，师法宋人，而能作大件，并世无多。先生中后期的书法，宗赵佶瘦金体，瘦峻见骨力，故即是作巨幅，不纤不弱，不蔓不枝，峭而俊，劲而畅，足见书艺对画艺强筋健体之功效。此其壮年所作，有古有己，特显高标。

民国中期，北平于氏（籍山东）与西蜀张大千、南粤黄君璧及江苏徐悲鸿，时多切磋，攻错涤非，挚之诤之，推心置腹，情谊非常，故时号"东西南北之人"，介堪师曾刻有印章。文人相轻，古已有之。然此四位先生能文人相亲、文人相敬，后皆成为画坛巨擘。一加一加一加一当大于四，有因也，堪我辈深思和学习。

此为于氏表现较少的题材，前些年见于拍场，人多疑其假。拙以二十五万元购入。

于非闇还擅篆刻，然传世作品不多。附及之。

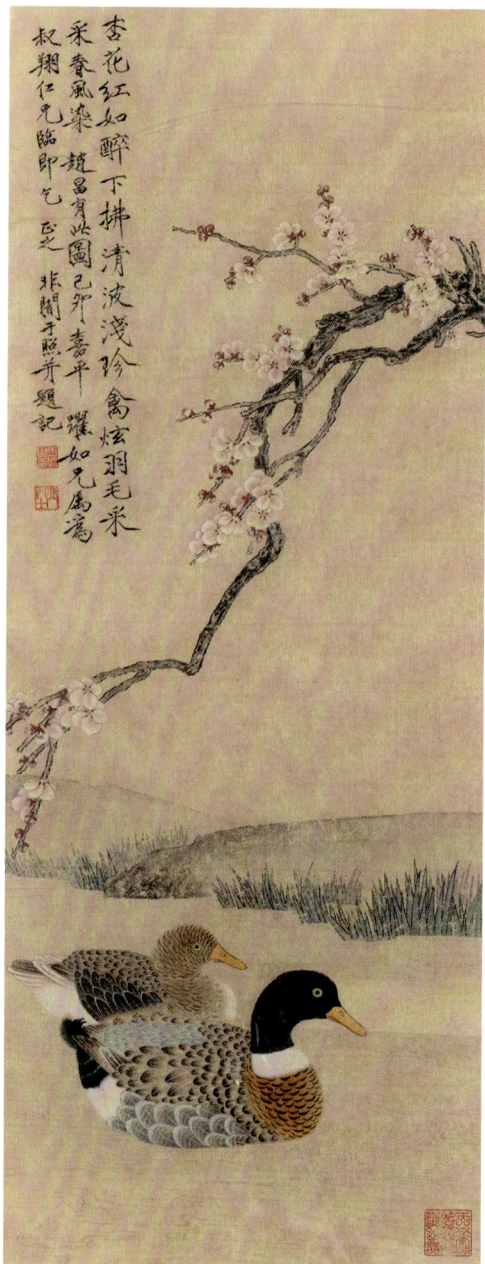

　　此陆俨少先生一九七五年（乙卯）为我所作雁荡山图，然署年则书为"乙巳"即一九六五年，非笔误，而是故意提早十年，彼时"文革"尚未开展，似可避祸。其实，十年前陆公之画风、书风皆有大差别，且用印也为二十世纪七十年代时我为其所刻。若非我亲历知其原委，后人必有对此图真伪无休止的争辩。

　　历史上也不乏画家不经意地错写干支的。如年轻时，曾见到明代陈道复花鸟图一，以干支考证，或时年方三岁，推后一甲子，则其已成故人。画虽佳，而必有无尽的争议。又如"文革"中，陆公嘱我刻"我是越人"，"我"字我择用缪篆中少见之式。今被学人释为"弗是越人"，且引申出诸多说辞。拈陆公此图说事，足见鉴定考证学问之复杂错综也。

〈现代〉
陆俨少《兰亭修禊图》

　　一九六六年秋，"文革"乍起，若惊弓之鸟的"问题"人群，尤其是"地富反坏右"家庭，都将古书画等"四旧"在宅外及弄堂里当众焚毁，以表白与"封、资、修"的决裂，故我有缘幸获董其昌书高头大卷《兰亭集序》。秘藏九年后，始请陆俨少先生续绘《兰亭修禊图》。"文革"中，陆公被批斗后，或疏于对其监管时，常会换乘三部公交车，耗时一个多钟点，来我远在杨浦的十平方豆庐小聚，老少两人，远离尘嚣，不设防，言无边际，心无隔膜，论古道今时，公多嘱我研墨以侍。此图即毕两日之功而成，属小青绿山水兼人物的横披，中绘王羲之亭下书写"兰亭集序"，一众人等流水曲觞罚酒的故事，人物共计二十九位，场面宏阔，春意四溢，情景交融，人姿各异，神畅气贯，写尽了一群散淡人春日远足集叙的雅趣。画里读到的是高古精到的笔墨，画外则寄托着画人对自由的想往，的是寄情寓意的平生妙构。值得一提者，陆公一生作画极勤勉，而绘《兰亭修禊图》仅此一帧，天下决无两本。

　　一九七八年冬，陆俨少先生应邀赴北京外交部作画，得暇游潭柘、戒台寺，值我探示，陆公作《两寺松桧图卷》见赠。我即乞李可染先生题写引首，李老极认真，书两纸供我选其一。陆公闻说，竟向李老索来另一纸，复作一卷自存。对于陆公而言，先得引首再创作收卷也平生仅有，足见陆公对李老的敬重和青睐。惜他的自存卷曾在拍卖行的图录中见到，惋惜。

　　近今在北京嘉德拍卖行又见一件书我的《两寺松桧图》引首待拍。知李先生当初至少是书写了三纸。由此，也可知其书画创作之谨严、慎重。作品不应酬，应酬不动笔，对得起自己，对得起受众，纯是高风亮节，此风在老辈中也属罕有。也更玩味到他告诫我"写意画要加精心"中"精心"两字的深义。

在当代山水画坛里，除去恩师谢
稚柳，我最敬仰的是李可染和陆俨少两
家。蒙两位仁丈的厚爱，为晚年李公
先后刻过五批印，二十余钮，陆公则
在十倍以上。一九七八年去北京，谢
师、佩秋先生，李、陆两公都寓外交部
台基厂接待处创作。拜谒留餐，饭后
至陆公住室，他倏地发问："我的画
与李先生比，如何？"问得突然，然
彼时年轻，我回答也快，遂举一例应
之："可染先生的山水画，是重量级的
举重冠军，您的画属于重量级的摔跤冠
军。"陆公深以为然。我心想，若赐我
两家之代表作，则全收。若仅能择其
一，我取陆公。此于市场经济无关。

此处所刊发陆俨少先生对图——《千
崖秋色》《万壑松风》，为一九七四年及
一九七五年作于我豆庐，凝重中尽显活泼
泼的神韵。当信我喻其为摔跤冠军，决非
虚言。

万壑松风
甲寅十月陆俨少画
北豆罗宝

〈现代〉

陆俨少《峡江图》

蜀山巫云，三峡险水，古往今来，不乏画者，而得其精气神者无过于宛翁。道理也简单，出生入死于三峡之船工，知其凶险，可感而不可笔；擅绘者，多坐山观景，得其貌而不能写其心。唯陆翁，抗战胜利，归心如箭，渝州直下，一家性命悬于简陋的木筏上，经月的涛崩浪骇，时刻的惊心动魄，有生活、有感悟、有笔墨、有才情，遂能融山峡险境、胸中块垒，化为丹青，成千古绝唱。此一九七五画于乾隆佳纸上的峡江图，精妙绝伦，无须赘述。

记得也就是在这年的秋天，李卓云先生请饭。先取出陆公先前为其所作斗方峡江图的裱轴，就在陆公称赞裱得好时，我眼尖，脱口而出："这画是假的。连落款、印章皆伪。"三人细审，果然。李寻思对陆公说："怪了，我是托您的学生去裱的，怎会有这等事？嘿，记住啰，宛翁出现的第一张伪作，就在字画还不卖钱的这一年。"

　　周昌谷兄是五十年代浙江美术学院冒出的画坛新星，他一九五五年创作的《两个羊羔》获得第五届世界青年联欢节金质奖章，从此腾声国内外。一九六六年"文革"乍起，被揪斗，帽子是"反动学术权威""修正主义培植的黑标兵"。他当时的抵触情绪很强烈。自订交后，他多次忿忿然地向我吐诉："天衡，你想想看，人家反动学术权威，还享受过二三百元的高工资。我才拿七十来元的工资么，这冤不冤。""文革"中暴风骤雨、电闪雷鸣般的揪斗，肝病突发，身心俱损。"文革"后，他以独特的人物画格而被邀赴京作画，稍累，肝病遽发，被急送到京城远郊的丰台县的传染病医院。我摸了大半天方始找到了他，因为属传染病，按规矩隔窗对话，他那浮肿的脸庞、消极的神情和悲观的谈吐，至今还深深地印刻在我的脑海里。

　　一九七四年中秋节前，他有了些喘息的机会，来上海瑞金路岳父家小住。陆俨少先生说："在杭州借调美院教画时，昌谷对我最厚，这次来了，我要让你俩订交。"这中秋节的前一天，下着雨，我是打着伞，搀着陆公步行去的。吃顿饭，就算订交了。饭后，依旧秋雨沥沥，陆公兴起，说："你俩订交，不可无记。"就这样引纸濡笔，昌谷兄画一少女，陆公补蕉竹，我刻昌谷名印。当时昌谷不想署年月，说"文革"中无一画落过年款，恐留隐患，被抓辫子批斗。我说订交岂可缺了日期，此画决不示人。他在写"甲寅中秋前一日"时还胆怯地说："这是我'文革'以来，唯一一张落年款的画呀。"

　　昌谷兄长我十一岁，天厚其才，而吝其寿，下世三十三年矣。悲哉。

—〈现代〉—
谢稚柳《萱蝶图》

　　鱼饮夫子是学者、诗人、鉴定家，早年书画堪称其余事。解放前，包括五十年代，颠沛流离，杂事纷呈，画多为求者得，自存无多。一九七八年，我思忖，若能觅得师之少作，将会为即将到来的八秩书画展有所充实。先从某老处见二十七岁作花卉四屏，师以为欠佳，未取。后又转辗见此水墨《萱蝶图》横披，清逸、古雅，直逼两宋，置于李迪、赵昌间，当仁不让。借出，师过目称可与藏家商谈，以近作重彩山水交换。

　　过一旬，谒巨鹿园，师将画好的山水一幅交我履约。隔日兴冲冲地去将此《萱蝶图》取来呈夫子。师展卷毕，往我面前一推，说："送你了。"太意外了，我推诿说："这是为您的展事特地换来的，万万不可。"师加重口气说："唉，叫你拿，你就拿去！"天哪，谁知忙活了多日，竟然是为了我自己，惊喜里不免有些愧疚，师恩浩荡啊！

　　稚柳师的慷慨何止是对学生如我，受其恩惠的人太多太多。"文革"抄家时，一个造反派私吞了一批稚师六十年代自留的佳作，"文革"后此人事发，画被抄出，如数发还，这时段，凡是去壮暮堂的友人和学生都能分配到一张。我就挑选到一张画在康熙茧纸上的山水佳作。

　　师辈们在一个甲子里贻我的书画多多，是情谊，是缘分，捐国家无妨，若去换钱，则是对师恩和情谊的亵渎，我坚守这条底线。

谢稚柳落墨法山水图

〈现代〉

恩师稚柳谢公，是现代杰出的美术史论家、学者、诗人、鉴定家、画家、书法家。当今真够得上同时具备这些身份的可谓凤毛麟角。的确，能在其中一项实至名归都谈何容易。师多次跟我聊过他对五代徐熙"落墨法"的研究。难度在于徐氏无明确的画作传世，且也无这一脉的传人。老师从徐熙自述"落墨之际，未尝以傅色晕淡细碎为工"；以及宋徐铉"落墨为格，杂彩副之，迹与色不相映隐"等只字片语里，凭借他深邃的感悟和多年的研求实践，以水墨打地，有机而和谐地施以色彩，以最接近的手段，力求呈现出徐氏的落墨画格。其实，这中间显然包含了托古开新的"谢家样"。千载之下，要对落墨法在画坛取得一致的认同，很难也不必。故而在老师的一首诗里即有"辛苦苏州吴倩庵，劝我莫题徐处士"，就点出了吴湖帆先生与他有歧义。但其间也玩味到谢公满满的自信。

一九七五年，我幸得乾隆佳纸，遂请师以落墨法作此图，墨彩映隐，气格高华，迥别于张爱的泼墨泼彩法。落款之际，师下笔即署丁卯，我提醒为乙卯，遂改。若丁卯则为一九二七年，师年方十八，后人必疑此作为赝品矣，顺及之。

　　一九八六年初夏，当时新加坡还未与我国建交，应新加坡美术学校之邀，赴新举办个人书画印展及讲学。为此，特地将前十年的篆刻选辑了一部《十年铁笔生涯册》，扉页乞稚柳师画，又请启功先生题诗以壮声色。记得彼时，启功先生放下毛笔，说了句："你是拿破仑。"未求详解，至今成谜。

　　在新展览，得到初识的潘受先生和广洽法师的青睐，号召朋友们、学生们都去看看展览，听听讲座，对弘扬中华文化倒是取得了不错的效应。

　　其间，曾有位彼国政府官员单独请饭，一对一。称"新加坡不接受移民，但韩先生这样的人才是可以留下的"。话出突然，我到也警觉，告曰：我是搞中国传统艺术的，离不开中国，确如黄岩蜜橘之离不开黄岩的土壤……对方称："韩先生真爱国。"我曰："也是，但更是钟爱我追逐的传统艺术。"新加坡当时已是花园般的国家，的是洁净美丽，有吸引力。可是，我读不到想往的"未见之书"（诸如之后访读到的两千种古印谱），接触不到朝夕探讨艺事的良师益友，"留下"何为？三十一年过去，白驹过隙，往事如昨，我庆幸当年做对了选择题。

〈现代〉

谢稚柳山水・湘妃
扇骨

还是讲述扇骨的旧事。"文革"中的一九七四年，有"旧货鬼"（当时上海人对私下买卖艺术品者的称谓，无贬意）向我兜售阔大的湘妃扇骨，小骨也为双面合青湘妃竹，红花蜡地，底纹清晰，的是尤物，要价十元。我说这么贵？彼称这等品相的扇骨，解放前都是要换"小黄鱼"（指金条）的。当时张大千的精品扇面，私下也只值十元，然稀罕为贵，心为之动，发狠出手购下，后乞稚柳师绘高秋晴色及书新作诗一首，珠联璧合，我也的是视若宝贝。前些年，见某拍行有一似可比肩的湘妃扇骨，唯色稍黯，想配对，谁知为有力者以难以置信的三十二万拍去。平民百姓如我，也只能望而兴叹哉。好在我自慰：天下事，端得起，放得下，云卷云舒，得失在缘，则释然矣。

—〈现代〉—
谢稚柳袖珍花卉册

在我读过的鱼饮夫子的画册里，这应该是最小的一本了，仅巴掌般大。"文革"闹到一九七三年，此时"造反派"抓不到他的把柄，斗批时久，毕竟是假冒的革命派，也缺乏不弃不厌的坚韧不拔精神，稚师也就有了重拾笔墨的机缘。这就是此年九月开始的练笔，一本小册子计十二页，兴来为之，时断时续，结束于年底。每纸都署以月日，这在稚师的册页乃至书画上也是不多的，似可窥见他探索"落墨法"的行迹。

册子是一九七六年春赠我的，彼时习画的资料奇缺，成了我习画时必备的粉本。此册中还蕴藏着一个秘密：稚师的签署，就是在此时将"柳"字，写成了自创的上下结构。这可是分水岭噢。

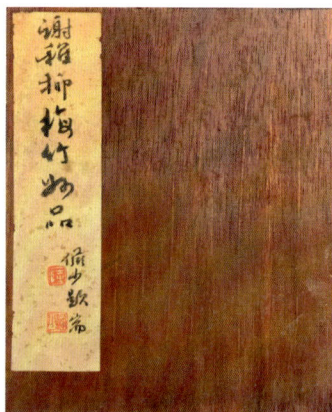

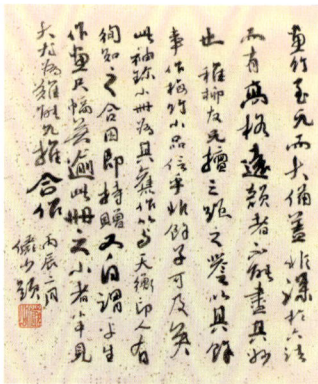

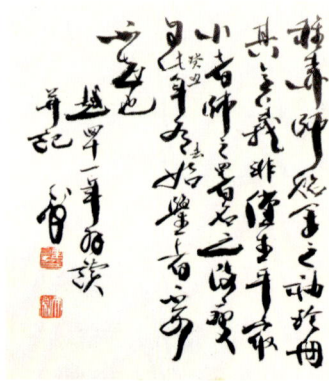

—〈现代〉—
大石斋法绘旧藏
《汉史晨碑》

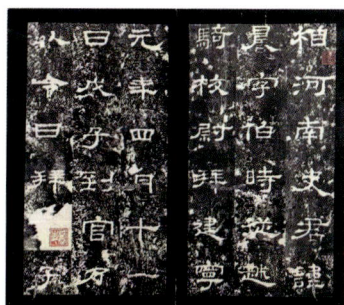

　　汉代是隶书的天下，我们习汉碑，就是学习汉代社会通用的隶书体以及百碑百相的隶书风格。诚然，刻于碑的隶书与书写在竹木简上的是有大差别的，这就像如今的印刷体和手写的不同。在七十多年前，当时能见到的简牍太少，都以临碑为主。父训：临《曹全碑》易弱，《张迁碑》易板，《礼器碑》则生动而洒脱。写过蛮长一个阶段，有点开窍了，发现真生动洒脱的是碑阴，可以搭到书者的心跳，乃至窥见他解衣磅礴般的飞扬神采。

　　汉代四百年的隶体，被冷落了悠长的一千六百年，清初郑簠首先涉猎，直到嘉庆时才普遍地被奉为圭臬、经典，并涌现了遥接两汉的一批大家。继而个别极端的"造反派"，甚至把以王羲之为至尊的千年帖学，行将打倒，还得踩上一只脚。过犹不及，书史一部，碑帖本不对立，也无须人为对垒，还是心平气和、辩证地去品骘为好。

　　此为《汉鲁相史晨飨孔庙碑》唐云先生旧藏本，先生在末页写兰竹两开，喜其别致，拍场购归。依样画葫芦，尾续松竹两开，恨技拙不及先生百一，药翁勿责小可则安矣。

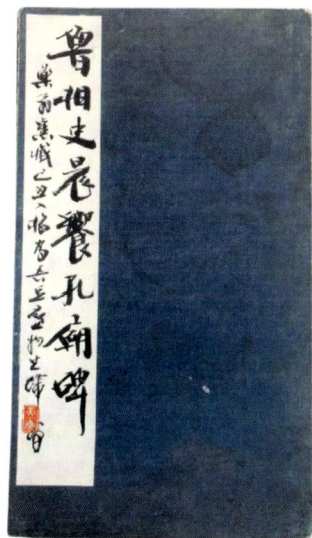

—〈现代〉—
黄胄《少女赶集图》

这是黄胄先生一九六六年春天的作品，是我请他为当时的女友所绘。我这人少本事，一辈子就谈过一个女友。在离开他羊房店宿舍时，我匆匆提出请求，他原想叫我从墙上的镜框里卸张下来，我有点迟疑，他即改口说，还是画一张吧。一边说，笔已在纸上龙蛇走。大约刻把钟的时间，两位美艳的维吾尔族少女和一匹鲜活的狗已绘就，画面生动，墨彩映辉，洋溢着青春的曼妙气息。老梁作画，极神速，似不经意，而风韵悠长。也就是这一年的秋天，他噩梦降临，成了艺术界里第一个被打入十八层地狱的"驴贩子"。组织上要我揭发，我揭发他"从来不跟我谈政治"。说这不算揭发，要我和他划清界限，只得将他送我的一些精品画作，及叫我刻的印石全数上缴，就此石沉大海，有去无还，心痛至今。此画因在女友处，故成漏网之鱼。不幸之幸，可记。

黄胄画猫

〈现代〉

　　黄胄先生画画的痛快淋漓是不用说的，古人云"欲速则不达"，在他身上则是根本没有的事。我亲眼见他半小时画十二张册页，都是可圈可点的人物画。有次看他画张四尺整纸的人物画，由于迅捷，张臂蘸墨时，在画上滴了一串墨点，我心想这下可惜了，一张即将完工的佳作。谁知他不假思索地用支小笔濡墨补笔，瞬间就出现了一行白鹭上青天，姿式各别，浓淡相宜，境界高远。嘿！这就叫化腐朽为神奇。记得一九八二年我撰写《艺苑掇英》国画专题片，预设了这个画面，居然取得了令人惊叹的艺术效果，实缘于那次梁先生的即兴发挥。

　　这是他送我的为猫写照的两张册页，尤其是赠我此图一时，还自诩地说："小韩，这张是我很得意的。"在我的印象里，别人看到他神奇的挥毫，讲赞扬话的，到了见多不怪的地步，而他表扬自己的画，仅听到过这一回。可染先生说他的狗画得好，我以为他画的猫同样高妙。

　　天才人物真是无所不能啊。国画里的黄胄，诗文里的苏轼，生前都坎坷多难，然而那身后的荣光，却是千秋万岁的。

图一

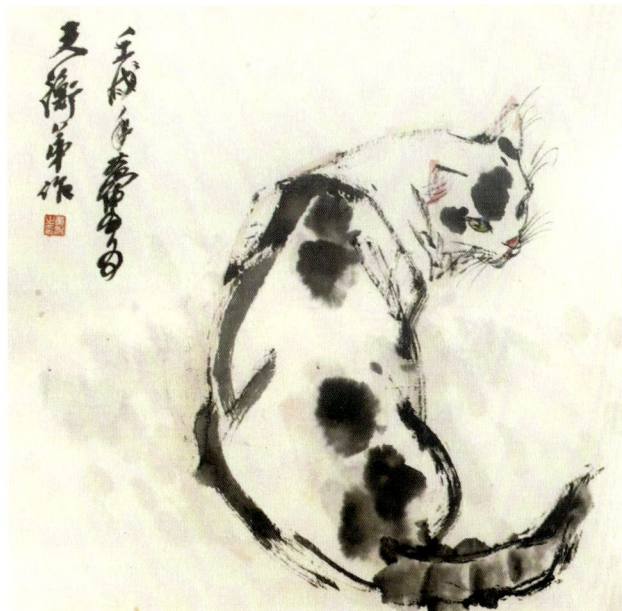

图二

〈现代〉
陆抑非临《壶中
富贵图》

　　陆抑非先生是吴湖帆的早年弟子，之前是师从常熟陈摩的。早先他多画工笔，涉宋人趣，明艳而雅驯，在吴翁的弟子中为佼佼者。二十世纪中叶，海上有以花鸟画驰名的四家：江寒汀、张大壮、唐云及陆氏，时称"四大花旦"，而以工笔论陆氏当为白眉。二十世纪五十年代画山水的陆一飞兄也拜吴翁为师，沪语抑非与一飞两同音，故冠老、小以区别之。"文革"中陆氏即善养生，冬日去拜见，皆终日拥被静卧，自谓"冬眠"。

　　此为庚寅（一九五〇年）临明宣宗《壶中富贵图》而稍参己意，写牡丹显精神，绘铜器见色质，画猫咪有情趣，都抵善处。棋高一着，还是把皇帝老官拉下了马。近年以自作土产（画件）换来，欢喜无量。

张大壮《墨荷》
〈现代〉

张大壮先生人清瘦入骨，而两耳足可垂肩，异相，是很有趣的人，也是真正淡泊名利的人。谚曰"英雄不问出处"，他是"英雄不诩出处"，他从来不说自己是大学问家章太炎的外甥，也从未听他去炫耀在大藏家庞莱臣家鉴画的往事，纯粹一个寡言孤语的邻家老伯伯。"文革"将结束，画家恢复了稿费，他这类的名画家是八元一方尺。有位老师接到约稿，好心地叫我去通知张先生也画几张，此时张先生用剪刀把民国时泰康公司的铁皮饼干盒翘开，点了一下，里面还有七百多块，就叫我回话："勿画哉。"惹得那位老师不悦地说：好心勿识驴肝肺。

淡泊之士，画也如之。他画彩墨艳得淡雅，惜色如金，了无俗情；画水墨则逸笔草草，更是不食烟火，清气漫溢。此图即是"文革"中他赠我的一帧。与那锣鼓喧天、标语遍地、革命无罪、造反有理的激烈氛围相比，读来大有无上宁静的隔世之感。

—〈现代〉—
谢之光山水册页

　　这是一九七六年谢之光先生患不治之症，行将离世前画的山水册页。从那奇崛的构图、豪放的笔墨、空灵的境界里，你哪能看出这是一位病入膏肓、苦痛不堪的老者的图画？其实画如其人，正突显出此公乐天、真率、爽迈的性格。

　　他早年以中西结合的手法，创格画时兴的月份广告牌，漂亮的人见人爱的大头美女，是赚过大钱的。但在十里洋场的花花世界里，他也是出手阔绰的。一手来，一手去，空荡荡到家无长物。一九六〇年初，自然灾害那三年，他可真是熬不下去了——饥寒交迫。家边上有个菜场，他三天两头地在卖鸡蛋的摊子旁转悠。不几日，卖蛋的阿姨有些奇怪，这人要干嘛？问："老先生，侬是做啥的？"谢答道："我是画家。"阿姨讲："看有啥看头，买几只去吃吃。"谢说："没铜钿。"阿姨开恩："侬拿两张画来，跟侬调（交换）两只蛋。"谢老飞奔回去，拿来两张画。那阿姨懂勿懂画不知道，反正接过画来，大方地给了他四个蛋。这可是他后来常当作笑话讲的故事。

　　之光先生前后给过我五六张画，朋友要，送了，捐了。这是五年前见到的，画也讨我喜欢。老辈的手迹总是要留一张的，见画如面故人，有缅怀的意思在噢。

谢之光《祖父肖像》

〈现代〉

此为我画院老画师谢之光为其祖父少泉公所绘肖像，精工至微，与其暮年所作放浪形骸的大写意，南辕北辙，判若云泥。

一九七四年访先生于大田路宅，翁爽快人，说今朝侬要画点啥？曰荷花如何？未等我回过神来，翁旋将一砚的浓墨连同砚台合扑于宣纸上，任其渗开来，遂自成莲叶一片，继而以曙红色从锡管中挤出之条状，直接作红花一朵，如高耸于纸面的焊条。游戏笔墨及色彩到这种份上，我算是见所未见。画毕，半响不见收燥，已至晚饭时光，赏画岂能再赏饭？急中生智，将画置于室内一旁的煤球炉上烘多时，稍干，衬以厚厚的几张报纸，小心翼翼地捎回家，即将此图挂于壁上两周，依旧湿腻不干，自觉不可收拾。时有友人来访，奇此作，遂贻之。今则不知所终矣。趣事。

　　上次说到一九七九年西泠印社"文革"后恢复活动，笔会上徐邦达先生厚爱，主动拉我一起画过一张松竹图，西泠印社的朋友居然从库房里找了出来，喜不自胜。这可是我俩一辈子唯一的合作噢。

　　其实比与徐公合作更令我感动的，是发生在前一年的纠葛。当时，我应科影厂之邀，撰写了《书法艺术》的剧本，去北京征求启功老及徐公的批评。谁知，对传为张旭所书的《古诗四帖》我竟然与他发生了争辩，互不相让，且是那种激烈得有点火药味的。告别徐公，我好后悔，直怪自己太不冷静，对一贯敬重的师长如此地鲁莽和失礼，不由心如铅重。再一想，事已如此，熟饭变不回生米，由它去吧。

　　谁知来年的西泠相会，徐公竟尽弃前嫌，还热情主动地邀我合作此画，事过境迁，热络如初，这等宽大胸襟，令我感动敬佩，更值得我终生师而效之。

　　越六年，徐公又得见我所辑印谱，说也要为我写上几句。期盼多日，收到挂号信，打开竟是精心绘制的一帧《百乐斋治印图》，蝶叟殷殷盛情，暖暖温温皆在这醇郁氤氲的笔墨里。

石鲁先生，我并不熟悉。他原名冯亚珩，因崇拜石涛和鲁迅，遂更名。看过报道，也听他的朋友多次说起，由于"文革"的摧残，一个天才人物被整成了精神失常者，很残酷，很悲惨。他以领袖毛泽东为题材的《转战陕北》，一个伟人的崇高形象，屹立在气势磅礴的万山千壑间。几十年过去了，这张不朽的杰作过目不忘，始终印刻在我的脑海里。那深邃的艺心、奇崛的构图、雄浑的笔墨，以一颗赤胆和满腔热情，饱蘸笔墨创作的这件力作，堪称是我党革命题材里，思想与技法融冶得最好的一件国画杰作。石鲁发自内心的歌颂，殚精竭虑的创作，这等人会反党反社会主义？！石鲁冤屈、凄苦的厄运，雄辩地例证了"文化大革命"的荒谬绝伦。

从风格推断，此画作是石鲁"文革"前夕的一件小品，入木三分的劲厉笔触，小中见大的精妙构图，五色纷呈的天成水墨，令我叹服。一九八九年在友人处读到，经百般缠绕，终以李瑞清一画加拙画一张易得。

附带地说一句，赵望云先生功德无量，为我们也为这个时代的画坛，培养了石鲁和黄胄两位名垂千秋的英才。

—〈现代〉—
许麟庐《花果双虫图》

　　许麟庐先生为齐白石门弟，作画豪放旷达，快人快语，一如其人。一九七八年为唐云翁捎物去其府上。北京的胡同有很多古怪的名字，尤其是我普通话蹩脚，读起来拗口，也就更懒得记了。只记得大门进去是个园子，种了各类树木花果，颇似一个姹紫嫣红、生机盎然的园林。我想这也许跟他画花鸟画是相关的，所谓日变日新的天然粉本。先生引我入屋，已放好盛了白酒的小杯，递我一杯，称进来者都得先喝一杯方能入室。我告因酒精过敏严重，滴酒不沾，故得破例过关。时见其画室的吊绳上已挂着这张别致的新作，款也是预先书写的，说："天衡，送你的。"又侧视我良久，蹦出一句山东腔的普通话："天衡不喝酒？没劲！"

　　书为心画，书画同源，其义如也。一张画，无声无息，看一眼，就能钓到你的心灵，方始可称"心有灵犀一点通"啊。诚然，这心灵的契合，也跟读画人的审美趣向、文化修为攸关。仁者乐山，智者乐水，缺失点仁智者，也许山水皆不足以乐也。

　　程十发先生是极有艺术想象力和变通力的天才画家。诚然，这也是植根于他不教一日闲过的勤勉和深厚广博的学养。所以他的画不为陈法所囿，善变擅化，法外生法，信手拈来，迭出新意，足以巧攫人心。恕举一例。

　　一九八五年盛夏，普陀山普济寺方丈妙禅法师诚邀发老一家三代及我家四口避暑。彼时全岛无一宾馆，我等十数人，居然是住在了方丈室的楼上，待遇无上。辞别前，不可无记。发老作四屏一堂，我侍于侧。他说给庙里画画得有禅意。不多时，四张画就一挥而就，笔简境邃，尽显方外禅意。此时发老见砚有余墨，说：侬要啥？我喜曰：达摩如何，越简越佳。此时，只见他以阔笔作似"c""b"两笔，复在其下方拉一横杠，你还坠于五里雾中时，他迅捷地运细毫，画左右直笔，随后在"b"之右上端，稍涉碎笔，三分钟、十来笔，精气神十足的达摩即呈现纸楮，的是神来之笔。而"大觉大悟"的款题，何尝不是他艺入化境的自况？记得一九九四年，发老在上海美术馆办个展，多位人物画家在此画作前，不乏叫绝的赞叹。

—〈现代〉—
程十发《边寨之节日》

　　这是程十发先生"文革"期间创作的大画《边寨之节日》，是他基于先前深入云南少数民族地区写生的升华。在二米多高的尺幅上，以生动的"S"的线型构图，画了八位少女骑着自行车，装挂采摘于各自林园里的蔬果花卉，兴冲冲地结群赶集的场景。记录和表达了二十世纪六十年代，边寨集市充满乡土气息的盛况。

　　这是"文革"期间装点在汾阳路上上海画院的布置画（他还画过几张略小的同一题材的画作）。那时的画院就一座不算宽敞的二层楼房，这也难怪，原先白崇禧的私家别墅，成了单位几十人的办公创作场所，当然有"螺丝壳里做道场"的狭迫。

　　因为是"文革"中期的布置画，正是斗私批修、反对个人主义的年代，谁画画都不能也不敢署自己的名字。这张挂在一楼上二楼墙上的画，署"一九七二年上海中国画院制"。这类单位署名的画作还有一批，流传至今，非专家，往往不能考订出真正的作者。这也许是画史上未见的特例。

　　画院一九七三年，搬到了岳阳路，画还是物归原主。发老才加上了个人的署名和印记。一九八六年我觅得一张恽南田的小画，发老喜欢，从壁橱拿出一卷托过的大画，说：由你挑一张。我就心仪这张，说：太大了吧？发老说无妨。我又说，下次依开画展，要，我就借出来。所以回我豆庐时，即以草篆记录了这件事。时光飞逝，三十年前的往事，那双赢互利的一幕还犹如昨天。

　　吾庚辰以降（一九四〇年），居然多日不睁眼睛。父母惊愕，恐生盲儿，慈母请相士求卜，说了些此子将来如何如何之类的好话，称决非盲人，做两件事即可：一在耳朵上戳洞，谓之破相；二是要去城隍庙拜"将军剑菩萨"为干爹。半月后，居然眼睛睁开。小时候，我每年都去庙里拜香。参军入党，成了唯物主义者，"文革"中，加之庙被封，神被砸，俱往事矣，毫不上心。

　　人上了一定的年岁，少年事常缭绕于胸。几次外游遍访，不见"干爹"影踪，乃请发老画张像纪念。发老说："我可不知道他长啥样呀？"我告曰："武将装束，三只眼，但非二郎神杨戬也。"不日召我："侬干爹画好了。"喜甚。发老幽默，题曰："豆庐主人乞福，急急如令，勅。"此一九九四年趣事也。后悔的是，当时发老还给我看他画在白纸上的稿本，惜未同时求来。说明我本粗妄人也。

—〈现代〉—
程十发《三羊图》

四十年前蒙师辈谬赏，多嘱吾刻印钤于书画。李可染先生先后嘱刻约十余钮，刘海粟刻印二十钮，稚柳师及程十发先生大致百钮，以陆俨少先生为最，所刻印在三百钮以上，最巨者为"是人寰"，十五厘米见方。十发先生每得佳石，多以画弃之废楮包裹后付我镌刻，此即一例。回家打开，乃一长方完整的三羊图，笔墨、造型、色彩俱佳，几块若即若离的彩墨斑块，似乎更平添出些许的混沌奇趣。吾不忍弃之，故存之多年，至前些年画艺稍进，始放胆在发老所绘的羊背上着以两鸟，从而废纸不废，遂凑上去成了两人合作。发老当不以我之画顽拙而忤之也。

陈佩秋《柳下鸳鸯图》

—〈现代〉—

　　在如今对画家的品介中，对男性画家是不注性别的，而对女性画家则多加注一个"女"字。以拙之见，若为尊重女性则有必要，若是出于"照顾"或"点缀"，反有些贬义在内。艺术不同于运动，不分男女，只讲高下。记得二十多年前，上海为陈佩秋先生举办画展，研讨会上，我就发表过上述的意见。其实在超一流的画家中女性更显难能可贵，养育子女，操劳家务，料理杂碎，艰辛之至，在我国的传统观念里，这都应是女性的担子。试想，双倍的艰辛，双倍的奋发，双倍的付出，像佩秋先生这等杰出的女性画家，怎不让人敬畏有加，更得高看一眼。

　　陈先生是我赞佩的画家（不分男女），对古画独具慧眼的鉴赏力，也是使她成为超一流的一个内因。此图是她一九七七年赠我，简括的树石，工笔而淡雅的鸳鸯，与白石翁的粗放花卉里的工笔草虫相类，而同中不同的是她的气格，直入宋人堂奥。

　　一次她办画展前，跟我提到这张她惦记的作品，但我藏得太好，翻箱倒柜，遍寻无着，心里歉疚与失落兼有。近日，居然从一只红木镜框背后冒了出来。阔别四十年，欣喜自不胜表。

—〈现代〉—
陈佩秋《蕉阴小憩图》

一九八六年在广州集雅斋，见到陈佩秋老师的一张《蕉阴小憩图》。蕉叶大写意而水禽作工笔，的是真且精的佳作，为之双眸生光。时价一千五百元，惜署款而未钤印，购归沪上，示陈先生，知为借学生临摹，故未钤印，却被卖出。后我刻一印钤于画，印则径直送陈先生矣。

我素好佩秋先生画作，出入宋人，气局宏大，格古韵新。记得一九八七年前后，要在国内取消海外人士使用之"外汇券"。闻讯，我即以所存之二千六百元，在上海文物商店选购了陈先生的佳作六件。经理薛老说："侬还要买？老先生都会送侬的。"我说："都早恢复稿费，哪有索画之理。"事实上，以前及当时见书画家面，尤其在画展开幕时，说声"唉，你还欠我一张画"的"讨债"声常常此起彼伏，张口伸手索要书画也还是常事。今则君子自爱，"讨债风"基本平息了。

王学仲《双鱼图》

—〈现代〉—

与王学仲先生相识于一九八二年的中国书协成立大会上，先生人随和，无架子，有学识，此后就多了交往。记得是一九八八年，他在家乡山东滕县的美术馆举办落成典礼，先生电我，能否带几位学生去参与活动。那是必须的。山东朋友能豪饮，在临沂午间友人们以三两杯白酒敬我，还得连三杯，说是规矩，车轮大战，酒风威武。我的日本留学生出口芳治过来，说：老师从来不喝酒，我代表了。本地七人他一一对饮，随后，他又主动举杯，向七人回敬。大约已有二斤下肚，而出口君还在邀饮，太白遗风、豪气干云。对手们已微醺，招架不住，问"您有多大酒量？"出口谦逊地说"不大，一般喝四斤。"就此搁盏，彼此只管夹菜吃饭，一桌人寂静到鸦雀无声。夜宴，主人说，不敬酒了，诸位听便。就此，我们一行人，就雄起起地带着余勇参加了王先生开馆活动。

一九九○年我在天津艺术博物馆举办个展，先生又主持、又讲话，鼓励有加，感动五内。其间与先生欢晤多次，还合作过画。此双鱼图也是先生的馈赠。先生仙逝多年，每多怀思。

—〈现代〉—
黄胄《松鹰图》

看黄胄先生作画，提起笔来，不容蹙眉思索，信笔挥运，心手双畅，举重若轻，触处成春，龙跃虎扑，豪情万丈，丈二匹纸如若册页一张。那种酣畅漫溢的笔墨，灵妙得趣的造型，淋漓融洽的彩墨，豪迈宏阔的画面，敞心激肺的痛快，天助天得天才，直叫你佩服得不行！我们常称艺术享受，这才叫奇妙的艺术享受！

诚然，"文革"十年由肉体到心灵的锤打，铁锻钢就，他的画风也由天成的豪迈，演绎为豪迈中愈显辛辣、强刚，而那振翅冲天的浩然之气，一如既往。

此四尺整纸松鹰图，是一九七八年为赠当时的"欧洲雄鹰"——阿尔巴尼亚创作。正值我去京探访时观其所画，乃初稿。三年前为我所得，奇缘。见画如见挥毫时的先生，虽已天人相隔，人隔心不隔，隔不断的是浓得化不开的缅怀。

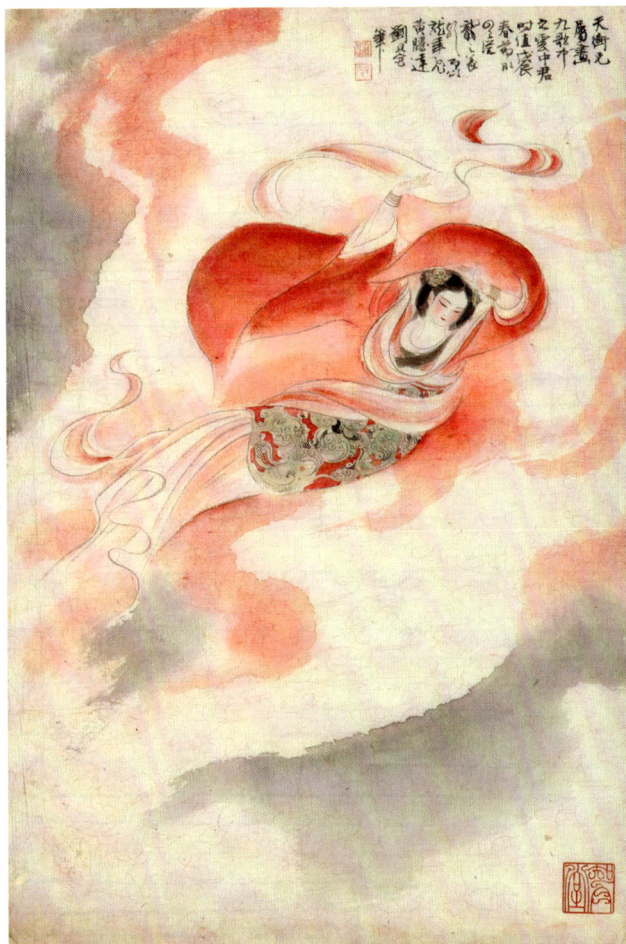

刘旦宅先生长我九岁，相识于"文革"，他那时住在瑞金路，时而夜访，对时见时闻，因相知非宵小之辈，没后患地相互发点牢骚，倒也释放掉不少忧郁。

别看旦宅大兄笔下的女子柔雅可人，可与他的性格反差太大。他耿直刚正，喜怒哀乐，不藏不掖，无城府，无畏惧，有少见的与世俗社会脱钩的大丈夫本色。九十年代他有个纠纷，他认为是市里某领导有偏心，我知道内情，跟他如实解释过。不久为庆香港回归，画院搞笔会，那领导来现场，我把几位大画家遂一介绍，介绍到他，领导手伸了出来，跟他握手，他面无表情，还把手抽到了身后。过些天，我又去他安亭路府上，与他说：你真的弄错了，事情真并非你所想象。他一贯对我也是信任，表示相信。过了年，又是画院的笔会，那位领导又来看望画师们，我先跟他报过信，说这次可得尽释前嫌。当这位市领导和他握手，他面带微笑地把手伸了出去。真实不虚，这就是我敬佩且可爱的刘大兄。

戊辰年他要我刻"知白堂"印，送印石去的时候，他将这画好的精品馈赠予我。弹指一挥，整三十年矣。画犹新，人已逝，悲夫。

刘旦宅《天马行空图》
—〈现代〉—

　　一九七三年某晚间，去刘旦宅先生府上。那天他兴致颇好，说："你天衡嘛，就给你画张天马行空吧。"老哥落笔如飞，约莫七八分钟，一匹神采奕奕的龙驹即跃于纸上。谁知道，一九七四年"四人帮"又发动"批林批孔批黑画"的运动。他单位的工宣队领导来调查，说刘旦宅为你画了张"天马行空"，跟林彪是一丘之貉（林书房里就挂有"天马行空"的书轴），要我积极配合把这张黑画交出来，此情报也不知工宣队是从何处获得。情急之下，我应答打上门来的工宣队："知道此画画意不妥，怕惹祸，前几天我已烧毁了。"我是"头上没辫子，屁股上没尾巴"的革命群众，他们也奈何不了我。来者只能悻悻然打道回府，然我也惊出一身冷汗。若此画交给了工宣队和造反派头头，那可是"苦了刘旦宅，臭了韩天衡"啊！险哉！

韩天衡指画《红梅图》
白瓷笔筒

〈现代〉

二〇〇〇年夏有瓷都景德镇之旅，游婺源访何雪渔故居无果，转去到婺源博物馆赏古，詹馆长示我馆藏南宋墓出土红色手镯，称上方来的专家皆不明其质，我断其为寿山高山朱砂冻石所制。这也是我见过的材质好、年份早的一件稀罕之物，算是意外的发现和收获。

由婺源折回景德镇，才修了一年的路已满是坑坑洼洼，颠簸了近一小时。我戏称是比"豆腐渣"还不如的"豆腐衣"工程。

在瓷器研究所参观，技痒，取来两件白瓷笔筒，见桌上有玫瑰色釉，遂以中指蘸釉，按出此《红梅图》。我素来未作过指画，入炉烧出，有初为人父生了"头胎"般的自诩，这也就如我们上海人俚语讲的"癫痫头儿子自家好"。要之，搞艺术的可以有三分钟的得意，但也只宜三分钟，久久自鸣得意的人心躁气浮，恃才傲物，艺术一定是搞不好的。艺路漫漫，诱惑多多，真要做到持久的虚怀纳物，砥砺攀行，还真不那么容易哩。

书法篇

〈秦〉

赵之谦等四家审定
《琅玡台刻石全拓》

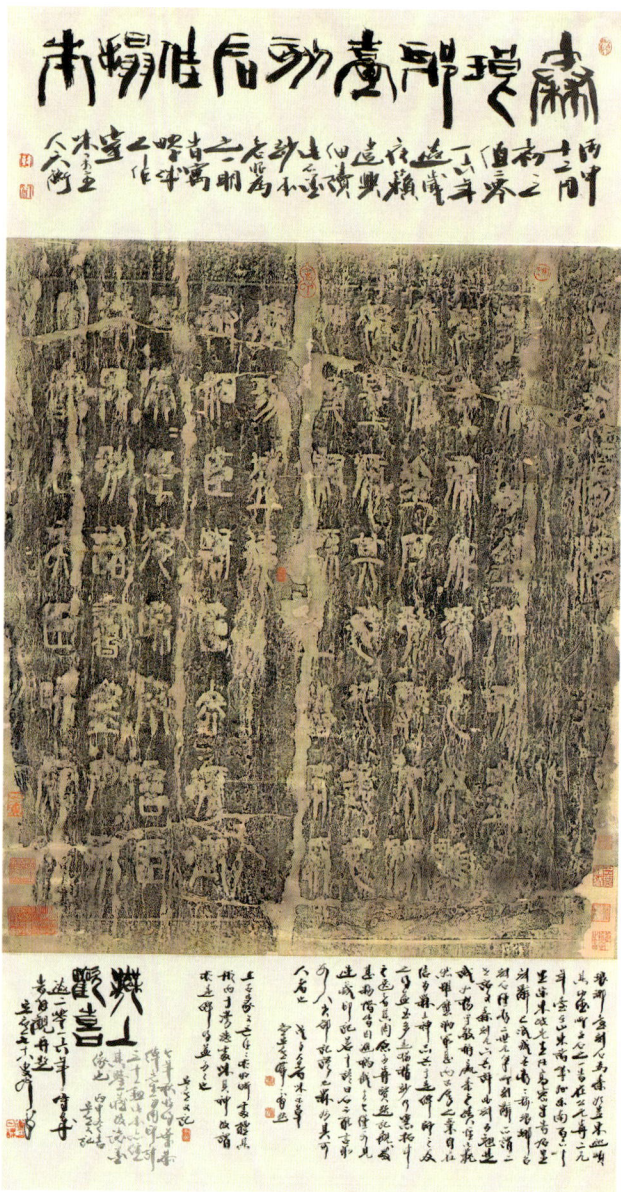

秦王朝镌制了四块以秦小篆书写的大碑，芝罘刻石、峄山碑已早毁，今之所见《峄山碑》为宋代翻刻，生硬板结，气息差得太远，不足取法。《泰山刻石》今仅存九字，一九七八年在泰安的一个中学里读过。而今存较为完整的还数《琅玡台刻石》，一九七八年因撰写《书法艺术》电影脚本，准在中国历史博物馆的库房里得以一睹真容，因石已风化并遍身开裂，横竖都被铁条层叠固定，一如见到被五花大绑的秦时巨人，岁月的无情令人怆然。

此为清中期所拓琅玡台本，尚存十一行，字近漫漶，而意趣尤存，识篆者仍可作经典范本临习，较之翻刻本，自有西施、东施之别。此拓之尤可珍处，一为淡墨蝉翼拓，少见；二则曾经胡澍、沈均初、魏稼孙、赵之谦四家鉴赏，并钤有赵氏所刻四家共赏印。继有民国时期蒋祖诒、叶恭绰等鉴赏印，物因人贵，遂增身价，故非彼时同类拓本可比。叹，师辈多作古，求题乏人，于其天地处作题名及跋题五则，多不足观，仅为虚张声势而已。

〈唐〉

黄胄赠《唐人写经》

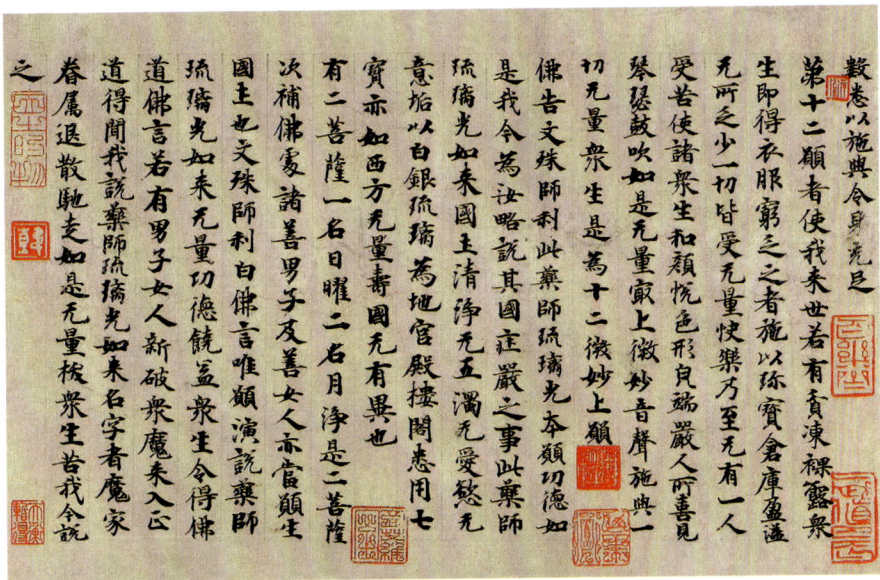

由于一九〇〇年甘肃敦煌莫高窟的藏经洞被发现，原先稀如凤毛麟角、黄金难易的唐人墨迹，像发洪水般地泻了出来。物以稀为贵是永恒的法则，这经卷的价值也一落千丈。我少不更事，一九五六年，蒙师郑竹友拉开红木橱的抽屉，里面尽是比唐经还早的晋人写经，说："老东西，喜欢就挑两张。"我一看，这手卷似的长条纸，两面都写满了一行行不算漂亮的字，不能裱，也不能挂，竟婉拒了老师的美意。过了几年，才知道这无论从学术、艺术上讲都极有价值时，黄鹤已不知何处去了，懊悔自己的年少无知。

一九六三年，在北京羊坊店黄胄先生家，他正在把一件不完整的唐人写经裁出一段送友人，问我："要吗？唐人的写经，对你写字有参考价值的噢。"我当然求之不得，他爽快地裁下这一段二十行送我。捎回上海的军营里，隔三差五地拿出来观摩，获益良多。

一九七一年，女儿因之出生，为她刻了两方小印，信手就钤在这经卷的空隙处，装在了一个老红木镜框里，依旧经常观摩，这一挂就是四十七年。保存良好，风神依旧。一日，女儿说，这可是她的收藏了。一思忖，也在理，上面早已钤了她的印章，这产权在四十七前就已是归她的了。这也算是依法治家吧。一笑。

——〈唐〉——
《唐人写经卷》
谢题陆画本

唐人写经，先前说过，在一九○○年甘肃敦煌莫高窟藏经洞未发现之前，唐人的一小段写经都寥若晨星，视同拱璧。藏经洞发现后，唐前后之墨迹开始涌出。西东方歹人的盗运，上下不少官吏的私吞，终究还是珍稀之物。以出洞墨迹论，残蚀的居多，首尾贯一完整者毕竟少数。

此卷为唐人书《大智度经》二段，《卷八十二》的完整件。卷长十八尺，稚柳师审定为初唐人书。后有张运一九三○年题记，知为徐作哲、李眉公递藏。

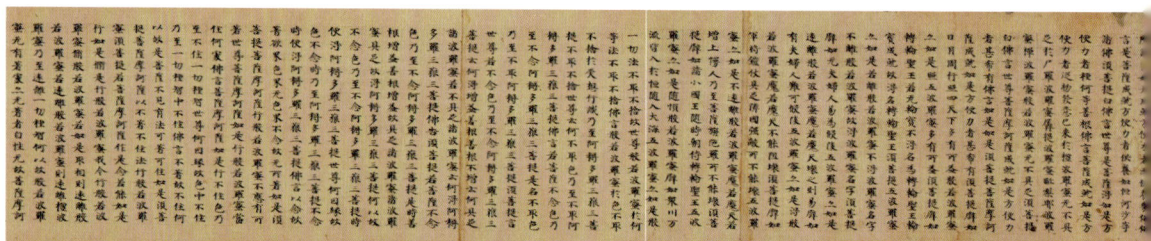

世间事，往往踏破铁鞋无觅处，得来全不费功夫。友人告我，其亲属有此物，送文物商店求售，只得了三个字"不收购"。的确，这唐代的长卷是不可外销牟利的。旋来问我：依一直喜欢这类旧东西，要哦？我说要啊。第二天即取来，见其上还有隐显的几只鞋底脚印，知是"文革"劫后余生之物，索价二十元。迅速付款。后遂请稚柳师题引首，又请陆宛翁于卷末拖尾处作水墨读卷图。这是发生在一九七八年的旧事，也是那年最值得庆幸且不可去怀的一件乐事。

唐人写经五段

—〈唐〉—

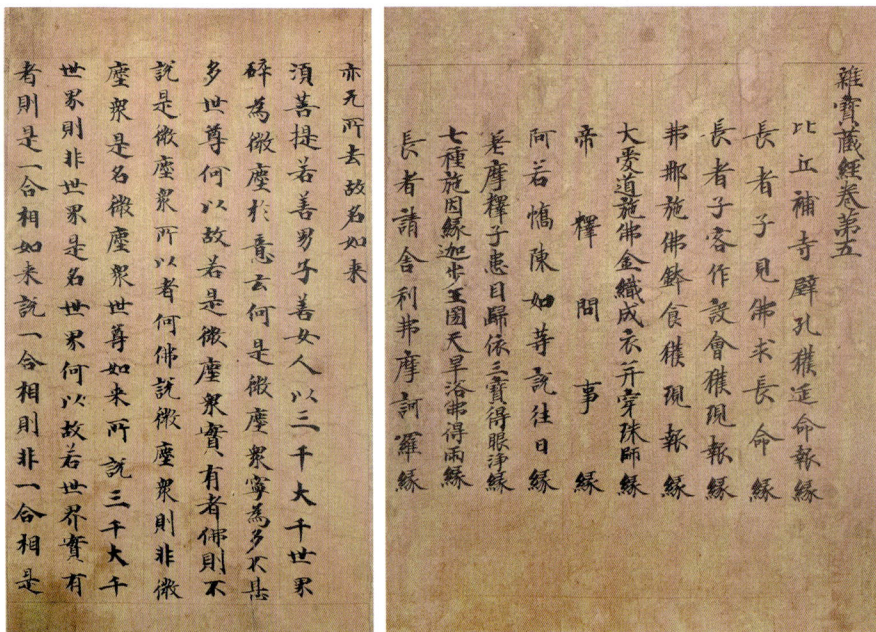

　　唐人写经是唐代专门从事书写的经生留下的佛典墨迹。它的珍贵度，以约一九〇〇年莫高窟藏经洞的被发现为一道界线。在此之前，如有一截唐人写经，可是稀奇到令人咋舌。如历史上流传到清末的一页残片写经，藏家皆视为珍宝，赵之谦一众大家在其前后又是画又是题，羡慕加妒忌，两情交织，赞不绝口，恨不能为己所得。这段经后来到了温州方节庵手里，遂取堂号为"唐经室"，因得到宝贝理当炫耀。

　　但自藏经洞打开，数万件唐及更早的经卷涌出，不乏整卷的，更有署以年号的，这先前视为拱璧的也变得相对平凡起来。前几年见到唐经室这本册页的拍卖，拍到好几千万，说来有趣，真值钱的并非是那段唱主角的经页，而是贵在原先作为配角，在前后书画题记的那群人物身上了。这也许是唐经室主人，乃至那些"啦啦队"人员都匪夷所思的。

　　此处的唐人写经（共五段残经），一九九五年自拍卖行得来，价三千三百元。诚然，收藏写经得小心，日本人在唐代即学用毛笔书写经文，若对中国的唐经书写缺乏认识，那么就难免买鹿当马骑了。

　　颜真卿是中国书法史上德艺双馨的大书法家。我窃以为，千载下，他和昏君宋徽宗赵佶的楷书，是从用笔、结体乃至气格，都是最具个性和典范性的孤例，然颜书雄崛如松，赵字劲峭若兰，各具极鲜活的特质。在传世的颜字里，《大唐中兴颂》是字写得最大也最具壮伟正大气象的一篇。原石在湖南郴州，而宋时之翻刻则在四川之剑阁。吾尝摩挲竟日。

　　此拓本为明王铎收藏并署签。一九八一年夏，慰祖仁弟携来，称其友询价上海古籍书店，出价五十元。我请慰祖传话，给一百元可否？就此没了下文。翌年冬，我自扶桑文化交流返沪，慰祖臂夹布包来舍，我谓何物，称是我去年想要的东西。打开，即去年所见拓本，喜甚。慰祖笑告："去年他不卖，也许是兜售许久，没有人肯出到一百元，又找到我，我说，现在只能给你九十元了，彼则爽然应允。"呜呼，年余相思，立时消解，妙迹炫目，墨香沁脾，百元不卖，九十成交。可谓潮落潮起，墨缘非浅。诚然，慰祖弟之功不可不记也。

—〈唐〉—
沈子昌袖珍墓志

此袖珍墓志。一九九三年，在郑州有全国美术三百家的评比活动，暇时，雄志仁弟陪我逛郑州古玩城时所见。碑大不盈尺，书字极精妙，气局宏阔而呈内敛之势，惜未署书者名，疑与同时代之徐季海为一家眷属。时值一千四百元。

以我的回顾，在这之前，各地古玩城的杂件都不贵。放在今天说事，都像是在侃传奇。记得那次雄志弟还介绍我购得玉印两方，还送了我一方。价位也都低廉。

对此唐代袖珍墓志，还可说些后续的故事。约购归三年后，在文物出版社《书法丛刊》上，读到研究此墓志的文章，还附印有拓片。至今我都还闹不清，如此有价位的墓志，怎么留张（也许数张）拓片就廉价将原碑出售了呢？这谜看来是解不开了。

文徵明是明代吴门画坛的盟主，与沈周、唐寅、仇十洲合称吴门四大家。与祝枝山、唐寅、沈祯卿合称吴中四才子，双料人物，足见声名显赫。文氏寿九十，一生中取了许多的斋馆名号，总以为玉兰堂里屋宇无数，自谓其室是多造于印石上，并无其实。这也是文人的一种摆阔的嬉戏。

文氏长寿且创作勤奋，又有学生的代笔，对背后的作伪也不在意，故存世量也是吴门四家中最多者。然而己作、代作、伪作，蛛丝马迹也还是可以辨识的。

此千字文册，绢本，保存状态尚好，是他八十一岁时的墨迹。一九九九年得于上海友谊商店，价两万，也许是人多疑其不真故也。儿子无极时值留学日本，专攻书道鉴古，遂贻之作范本浏览。

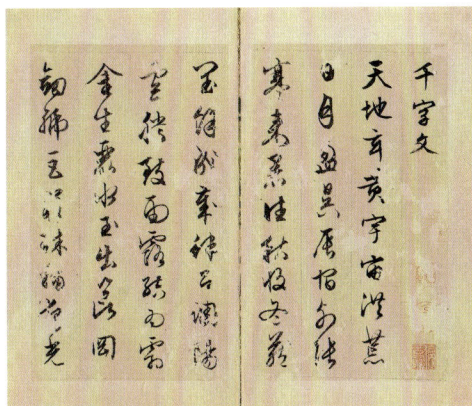

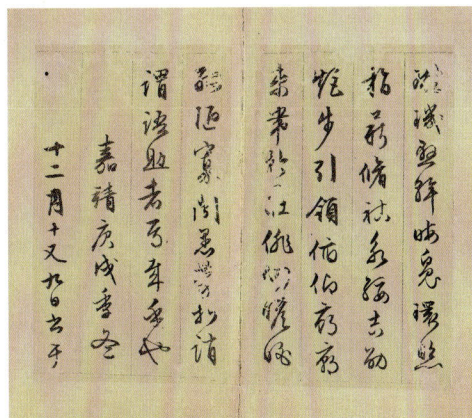

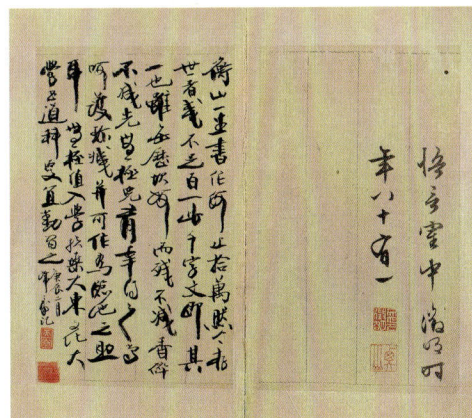

〈明〉
祝枝山临锺繇
《荐季直表》册

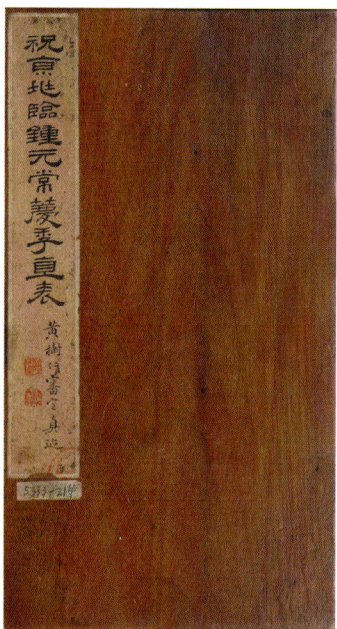

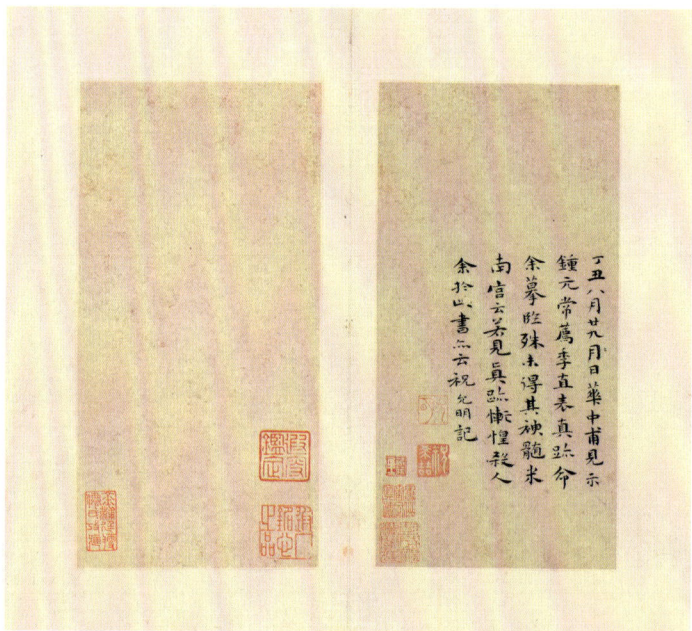

祝枝山与唐寅、徐文长一样，由于以往在江南民间口头文学中的广泛传播，在艺术圈之外有着家喻户晓的名声。这与名人生前的"炒作"当是有差别的。

祝枝山是被文徵明称为前辈的书家。生来大拇指多长一根，自号"枝指生"，他五岁能写榜书，气势磅礴，视为神童。他善书，但不轻易鬻书，也吝于贻人，然性好酒色，狡黠而嗜其书者，每伺其狎游，其间书兴大发，笔走龙蛇，从而暗渡陈仓，轻易地可获得整捆的书作。

他的书法曾被誉为"国朝第一"。这似乎也维持了一个阶段，而到晚明董其昌、邢侗、张瑞图、黄道周、倪元璐等大家迭出，他"第一"的位置也显然被动摇了。其实艺术不是竞技，本无"第一"的权衡标尺，但称其为一流的书家还是公允的。

祝氏的书法出入魏晋，兼及唐宋，功力深厚。草书风骨烂漫，体态奇纵，然间有"酒驾"般的蛮横任性习气。而其小楷书得魏晋正脉，不落唐宋窠臼，道逸清朗，神韵漫溢，且有善变的多个面目。

此为其五十八岁时临魏锺繇书《荐季直表》，着笔成趣，得不似之似的，的是佳构。此册经名藏家金望乔、叶恭绰递藏。吾一九九八年所得，时值三万元。今亦为我们美术馆之长期陈列品。

臣繇言臣自遭遇先帝忝列
腹心爰自建安之初王師破賊
關東時手荒穀貴郡縣殘
毀三軍餒饑朝不及夕先帝
神略奇計委任得人深山窮谷

民獻米豆道路不絶遂使強
敵喪膽我衆作氣旬月之間廓
清蟻聚當時實用故山陽太守
關內侯季直之策赳期成事
不差豪髮先帝賞以封爵授

以劇郡今直罷任旅食計下
素為廉吏衣食不充臣愚欲
望聖德錄其舊勳於其老
困頓俾一州俾圖報効直
力氣尚壯必能夙夜保養人

民臣受國家異恩不敢雷同見
事不言干犯宸嚴臣餘皇
恐頓首頓首謹言

〈明〉

文徵明《迎春朝贺诗
手卷》

古时搞艺术的仕途多舛，也许有感性基因的往往写不好八股文。明代的文徵明算是一个。七次赴应天（南京）科举考试均落第，其悲可知。此外，清高而不屑巴结奉迎权贵也是原因。到了五十多岁，还是怜才而有力的人物把他引荐到京城，封了个低薪无权的翰林院待诏，寄人篱下、味如嚼蜡。过了把短暂的官瘾，即辞官返回故乡苏州。

这手卷里的两首诗即是当时奉上即景的产物。二十四五年前，嘱托一个学生去拍卖行举牌，也许是他走了神没举牌，竟流标了。遂急速请另一同学去周旋，以底价一万四千元取回。想当年，少炒作之风，识者寥寥，价不离谱。此等好事恐一去不复返了。

　　王世贞在《艺苑卮言》中称"待诏（文徵明）以小楷名海内"，他的小楷独具斯文的雅气。然稚柳师告诉我"沈尹默先生尝谓：我的小楷比文徵明总还要高明些"，这也近乎事实。行书也是文氏的拿手活，这是世有公论的。

—〈明〉—

文徵明《后赤壁赋》

　　文徵明在明代吴门四大家中，是最长寿的一位，活了九十岁，这在当时是少有的。唐伯虎与他同庚，比他少活了三十四岁，年龄这东西，你再羡慕妒忌恨都白搭。试想，这三十四年对一个书画家来说，能创作出多少的作品噢！若近世的齐白石、黄宾虹高举"衰年变法"的大旗，而天不假年，都将是一句空话。变法而得大成，老天厚爱呗。

　　文氏性静宁，心无旁骛，寄情艺事，据较权威的统计，《赤

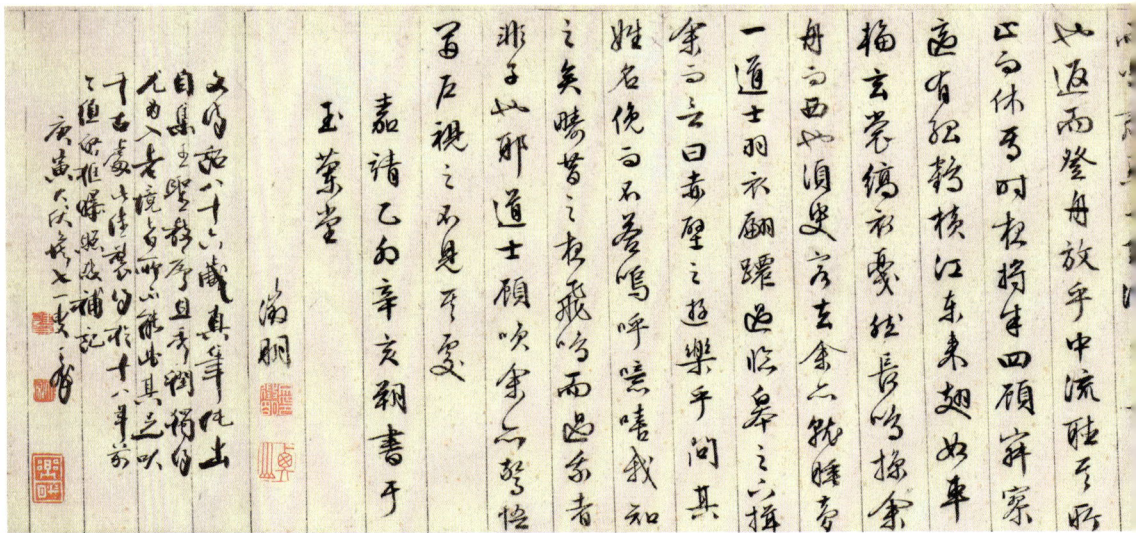

壁赋》他先后写过十七件。此应是之外的一件，书于嘉靖乙卯年，是文氏八十又六所作，眼目清明，腕指皆实，秀润如故，为步入老境者多不能。宁静致远，良有以也。据考，在明代的吴门圈中，已经出现了对付老花眼的"叆叇"，也就是眼镜。文氏高龄而能作精到小楷，或赖此神器乎？

此于一九九六年购自上海工艺品进出口公司，价八千。有兴趣的可到咱们美术馆去观赏。

—〈明〉—
董其昌临《兰亭集序》

　　这是长十公尺高一尺半的高头大卷，作者为明末杰出的书画家董其昌。一九六六年秋深，"文革"突发，上海街头有很多扎堆烧四旧的景象。所谓"四旧"，泛义地讲是"封资修"的书画文玩，乃至不符合无产阶级革命思想的东西都可视为"四旧"。烧"四旧"，表示拥有者与"封资修"的决裂了断，是革命的表现。我父亲的藏品也已付之一炬。一天，我经过成都路，见到一位老者在向火堆里扔书画，观察到他有一大手卷要扔，我上前说，能看下否？老者见我一身海军装，不像造反派，也非"卧底"的，遂打开一看，竟是董其昌书在早他二百年"宣德内府监造"的乌丝栏上的《兰亭集序》，哇，极品啊！我随即提出给他五十元，可否让给我。这钱当时不算少，烧了则一文不名。老者慨然同意，我又说，一下子付不出，先给十五元如何，我三天里来付钱。他也应允，但表示这东西窝着不好，你早点来取走。因平时一直在收些书画文物，手无余钱，只得买掉些心爱的物

事去换此手卷。记得当时公家收购文物的是工艺品公司，两方大红袍鸡血章给十元，一本十二开的张子祥大册页给二元，两只清代的玉笔筒给二元，共计十四元，还差一元。无奈又取了两部明版书，让给古籍书店收购处得五元。凑得了十九元。这可是我一生中唯一一次拆东墙补西壁的尴尬事。赶紧找到老者，他见我守信用，还多交付了四元钱，就将手卷先给了我。我又跟他说明，平时手头钱不多，尚欠的三十一元，在接下的十个月里付清。一切妥帖，抱着手卷回家，像抱了个大元宝似的高兴。

此卷曾给启功、邦达先生寓目，皆称稀有。稚柳师更是称：董氏代笔、伪作太多，此卷当是鉴定董其昌书法作品真赝的标准件。一九七五年，则请陆俨少先生在拖尾处绘《兰亭修禊图》。今此卷长期陈列在我们美术馆，也算是镇馆重器之一噢。

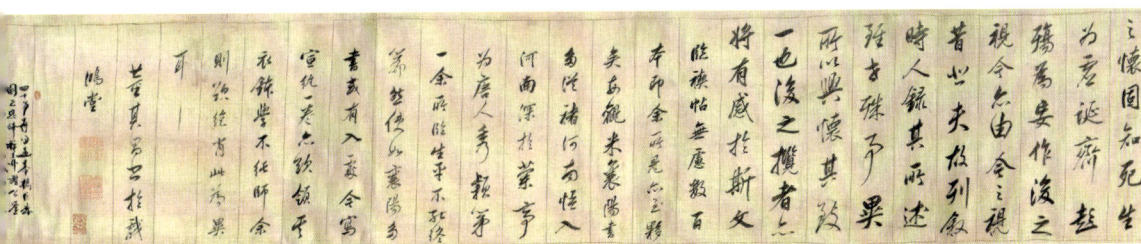

—〈明〉—
董其昌楷书扇面

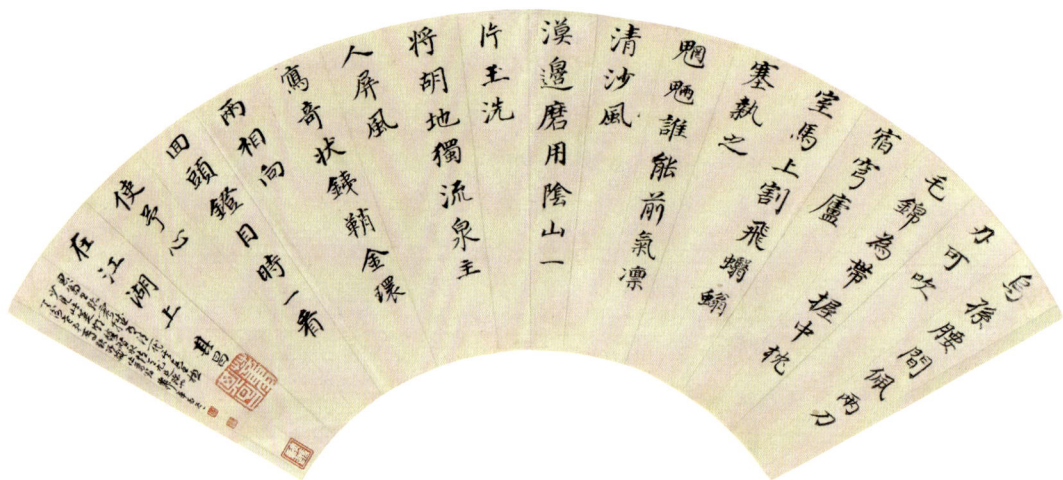

古今上下两"文敏"者：元代有赵子昂，明代则有董其昌，两子皆以异常杰出的书画诗文乃至鉴赏、理论全方面的成就，使古人其他谥"文敏"者皆黯然失色，近乎淘汰。而董氏对赵某也不太在乎，大有"唯我独尊的自恃"。当然，有底气方能自恃，自别于骄狂狷介之辈。排除董氏品行上的某些不可抹去的不端，得承认他真是有大本事的。扳扳指头，以书法论，彼时使尽家数写字的有张瑞图、陈道复、黄道周、倪元璐、王铎等骁将，董氏看透了这支队伍多雄遒开张，以一贯娟秀文嫩的书风，独树一帜，拉开距离，撇清关系，你举鼎，我绣花，反显得独具魅力。

董字中楷书少见，此等静谧的心画更难觅，独得颜氏法乳。当年稚柳师读来也赞叹有加，故有蝇头般的小字鉴题，足见高明。

〈明〉

黄道周《庚子乐府卷》

　　黄道周为晚明大书家。史载他与王铎、倪元璐为同科进士，相互约定攻研书艺，以期大成，后三人皆为风貌独标且影响后世之大家。字如其人，是古人颇有识见的总结。黄道周字冷眼向天，倪元璐拗执紧结，王觉斯手腕灵变。这似乎也昭示着国变之际，黄、倪皆重名节而殉国，而王氏则降清被列入《贰臣传》。近人潘天寿、来楚生皆法乳黄道周。潘氏得其险峻，来氏得其圆融，足见黄氏乃无尽矿藏。

　　此绫本小卷，书庚开府乐府诗一则，署款乙丑，黄氏三十九岁，即荣登进士之年，书风尚欠成熟，然已能窥出其大家气象。吾尝遍访黄氏法书，考定此卷为其传世之最早墨迹。万物生于一，自有其特殊的意义在。此卷出自其家乡漳州，为学生筱白为我觅得，时价一万四千元。这价格对于工薪阶层来说，贵煞。而对如今的土豪也仅是一席饭局的价钿。算啥？

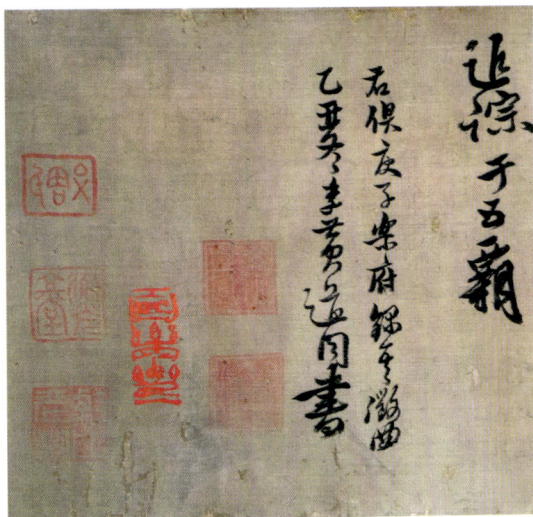

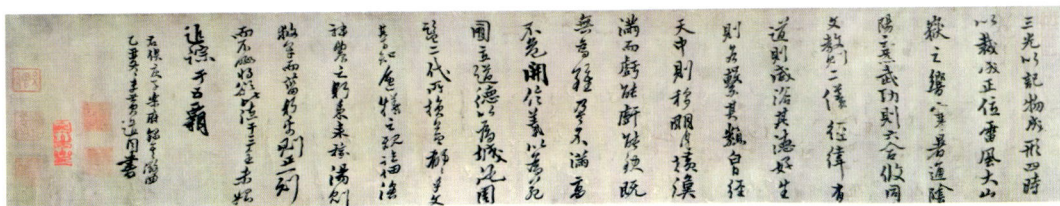

—〈明〉—
黄道周诗卷

此黄道周先生六十岁在家乡漳浦建成明诚堂时所书诗十首。官场屡屡失意而痴心不改的他，半年后，为南明所召，决意复明抗清，结果以卵击石，为清兵掳获而被杀。吾以为尽忠南明事小，而为后人平白少贡献了法书，则其憾大矣。此图为卷末一截，所书沉重冷刚、遒丽峻峭，翻新晋贤书格，是成熟期的代表作，曾被多家出版社出版。

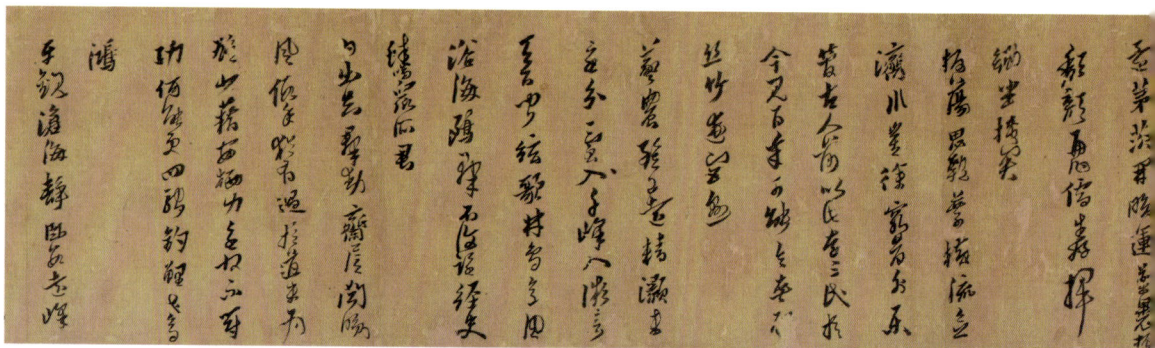

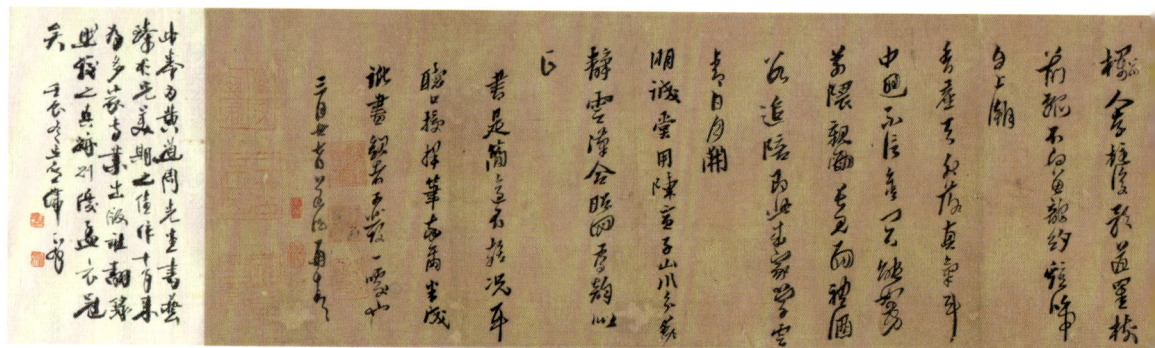

购入此卷当在一九九五年，时其故里一画商携卷及一梁同书字轴示我，要价七万五千元。因梁轴为伪作，我称只要黄氏手卷，询价，商人果然精明，说黄卷七万五千元，梁轴是搭送你的。故只能两件均归豆庐。由此推及民清一些知名藏家，珍藏里也颇有一些赝品，人参搭配萝卜，姑且作资料入库，想必也是一种原因。

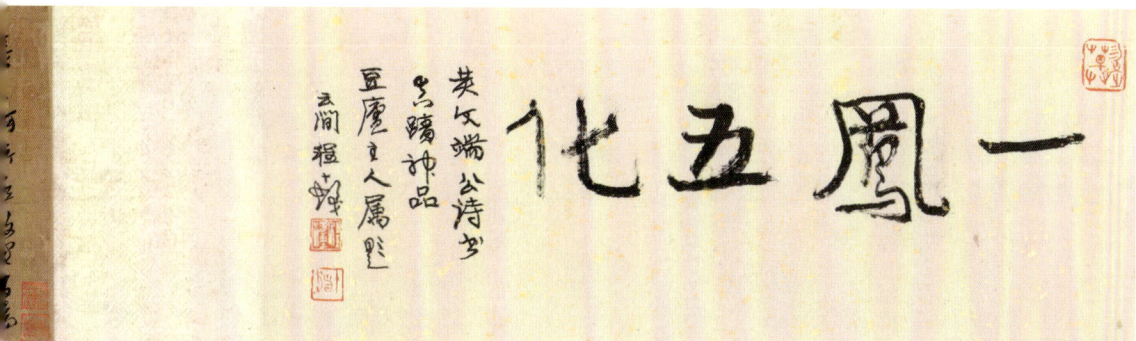

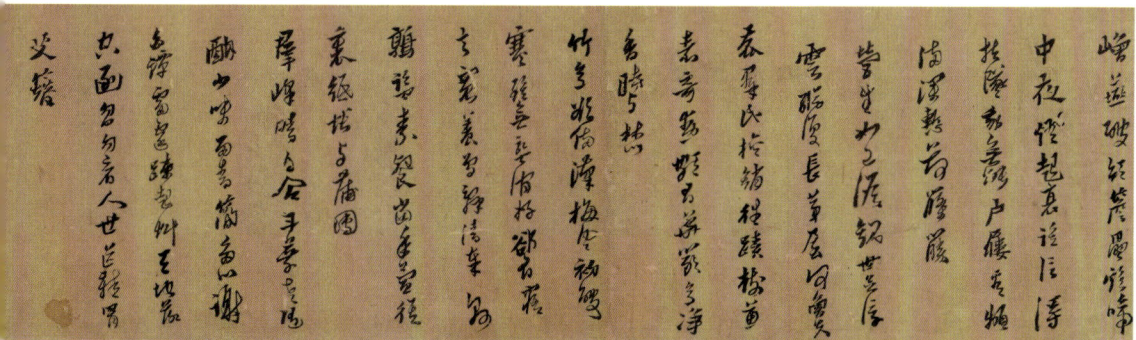

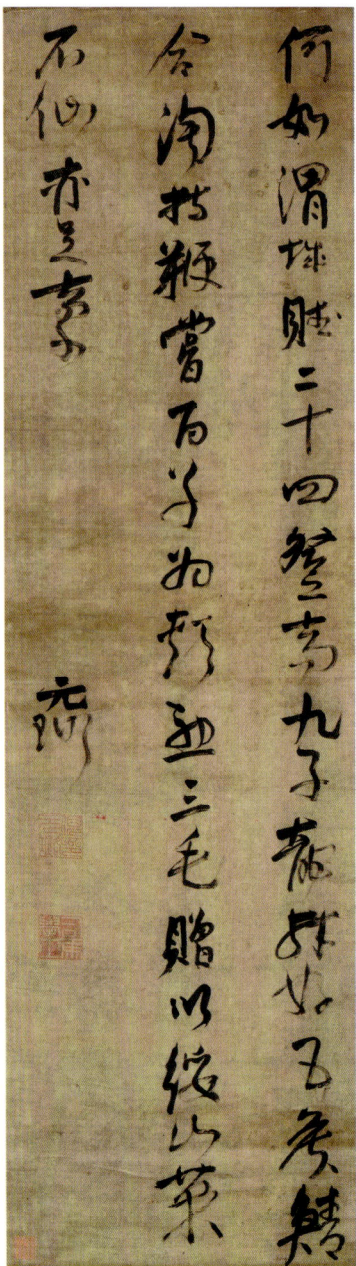

绍兴这城市，不算大，但这城市对中国文学艺术的奉献则是太大了。我思来想去，一时还真举不出可以把它比下去的城市。不需用脑，就可以罗列古越的一批名人：王羲之、王献之、贺知章、杨维桢、王阳明、徐青藤、陈老莲、倪元璐、徐三庚、赵之谦、任伯年、鲁迅……都是如雷贯耳、开宗立派、一以当百、光耀千秋的巨匠。

明末绍兴上虞籍的大书家倪元璐，自小即是文艺天才，五岁上幼儿园的年纪读《诗经》就能过目不忘。据说七岁乘船即赋诗"凭栏看舟月，观月何须仰，水底有青天，舟行月之上"，这想象力不知李太白这小年纪有不？

天启二年（1622），他与黄道周、王铎同登进士，相约攻书，希求以书名传世。有志者事竟成，三人都兑现了。倪氏的书法我尤喜好，运笔、结字、行气、神采都另有风情，特别是行笔奇肆，飞动而有执拗的涩滞，我年轻时就是从他的运笔里，悟到了积点成线和屋漏痕的妙谛。所以尖锐刻薄的康有为对倪氏亦有极高的评价："新理异态尤多"，这是公正的。

倪氏耿直忠君，一六四四年，崇祯皇帝在一棵树上结束了一个王朝，他则随之，以一根白帛终结了自己的生命。

倪氏一生作品无多，此书轴得于一九九四年，时价两万一千元。如今也是我们美术馆陈列出的一件妙品。

张瑞图是晚明开派的大书家。本为福建晋江的农家子，少时饥不果腹，凭着一股韧劲，终于在壮岁中了进士，还是探花（第三名）。官运亨通，入了内阁，官至建极殿大学士加少师。此时，朝中出了权倾一时的太监魏忠贤，张氏趋炎附势，迎合"阉党"，虽非"阉党帮"，也属"帮阉党"。崇祯元年戊辰（1628）清洗阉党，张氏有所株连，主要罪名：一是为魏奸书丹过纪功碑，二是还为其生祠书写过肉麻吹捧的"擎天一柱"大匾。骨头软、跟错人、书法好，可以说是他倒霉的三个原因。好在大罪未见，被革职为民回了晋江，据考在闽南的诏安也逗留过几年。以卖字画度过了十六年的算是不太悲凉的余生。

张瑞图的书法用笔方折中寓跳荡，盘搏里见奇峭，虽称不上龙跳天门，也当得起生机勃发。此联字大如斗，联句为"一丘一壑，为圃为农"，写于刚被发配回闽的时段，内容灰溜溜地切题，字的气局有些木讷而欠生意，应证了"境由心造"的道理。此联曾经翁方纲、陈半丁收藏。藏印颇小且不着题记，似乎有些"保持距离"的味道。

—〈明〉—
张瑞图《赤壁赋》

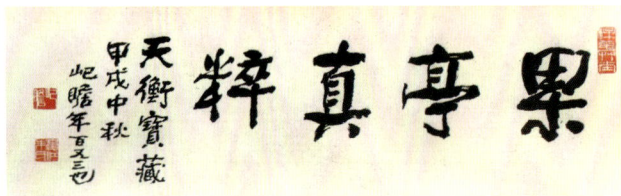

　　张瑞图号二水，明末福建籍的大书法家。号二水者，我予以新解：彼时俯从奸雄魏忠贤，喝过不少糖水；魏宦被除，张牵连削职为民，就此吞下的是没完的苦水，故号"二水"，说笑了。

　　张氏返乡唯终日以笔砚为伴，留下的书作多多，可谓一时无双。

　　此《赤壁赋》书于明代颇流行的镜面笺册上，后改接为十米长卷，书风若骏马入阵，骄纵飘忽，用笔正侧灵变，颇见性灵。二十世纪九十年代初，拍卖行乍出，人丁似不兴旺，有收藏观念者也寥寥。请学生拍归，时价一万元。

　　后请屺瞻朱翁赐书引首——果亭真粹，款署"天衡宝藏，甲戌中秋，屺瞻时年百又三也"。只活了七十多的张氏，若是得见屺老这般天成老成的墨妙，抑或是仰慕之余还会添以一份唏嘘噢。

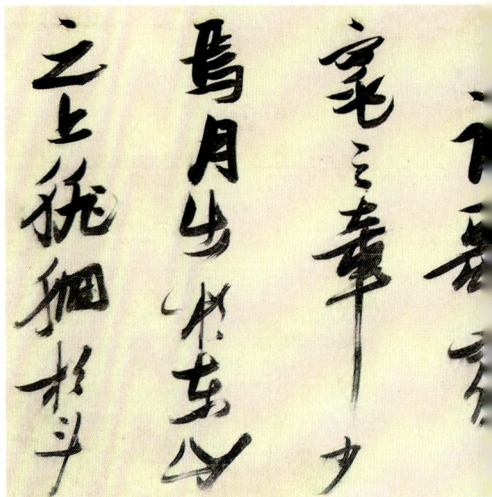

前赤壁赋

壬戌之秋七月
既望苏子与
客泛舟游于
赤壁之下清
风徐来水波
不兴举酒
属客诵明月
之诗

用之不竭是造
物者之无尽藏
而吾与子之所共
適焉客喜而笑洗
盏更酌肴核既
尽杯盘狼籍
相与枕藉乎舟
中不知东方之

名贤尺牍

—〈明末清初〉—

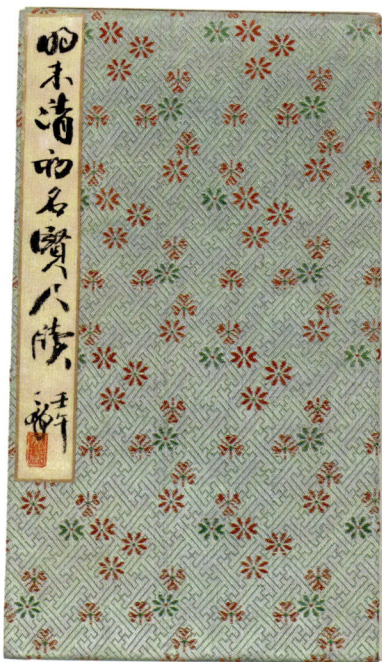

古人对往来书信有多种的称谓，最早称尺牍，缘于上古在无纸张前，以一尺高的竹木简书信。此后如书札、信札、信函、书翰等称谓，皆因时因地因习俗而生。不同于文人的书画作品，一般不带有拿腔拿调的成份，自在写来，具真性情，而且说事论艺具不足为外人道的私密性。此外除了存心作伪，古人的书札中时事笃实，多可补史料之失、讹，自有他种文体不可替代的重要价值。所以历来收藏信札的多是文人学者，非尽作书画挂壁观赏也。

蒙师郑竹友先生二十世纪五十年代即告我：如今信札不值钱了，解放前比书画贵，一页可卖四元钱。还告我，曾见到过明代大书法家祝枝山向人赊账的借条，今则不知去向了。

这是二十一世纪初叶，在拍场里见到的两部清初名人的书札，计近四十页，存五十余家书信札，足可举办一个小型的展览。其中有黄宗羲及其父素尊、其弟宗炎的，有方以智及其叔方文的，有方拱干及其子亨咸的，此外还有傅山、李渔、娄坚、何白、陈元素、薛明益、侯岐曾、陈之遴，等等，都是一时之选。惜我杂事缠身，又非做学问的料，对其中一些个性化的署款尚未细究，对其内容也只是草草过目，深感惭愧。

此册得于二十一世纪初，收藏的热点还未热到信札这块，故以极廉之价购入。此尺牍曾经魏稼孙等多人递藏，这也是必须提及的。近些年古人信札价昂，宋贤曾巩的一通信札价格上亿，令人咋舌。值钱了，作伪品亦多，这更是值得提醒的。

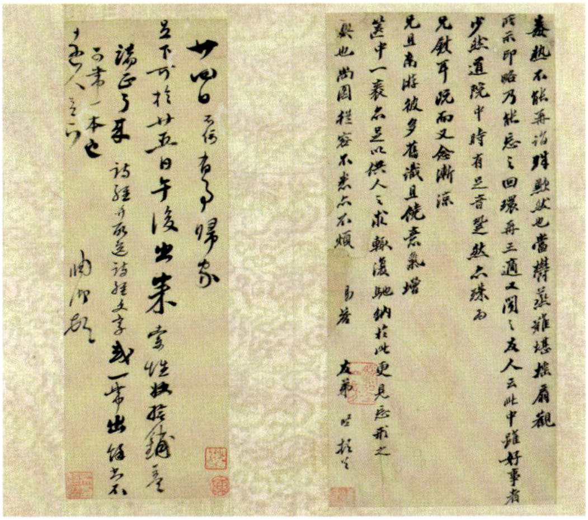

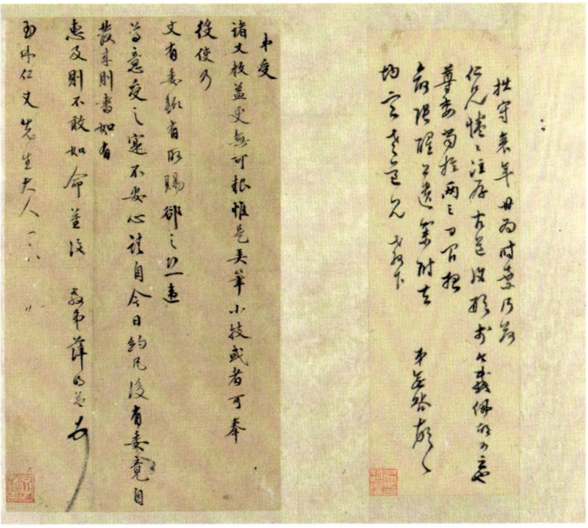

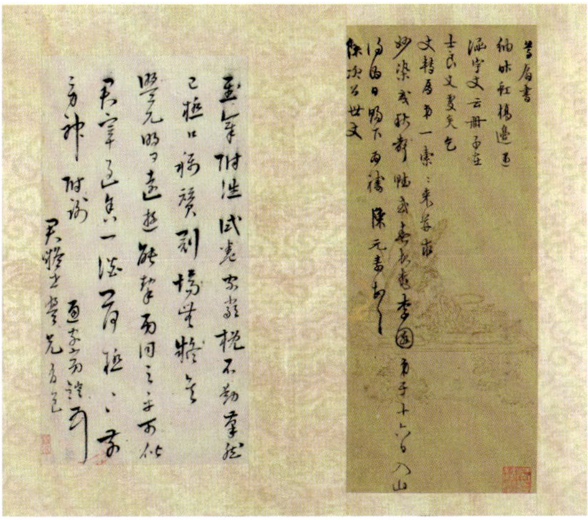

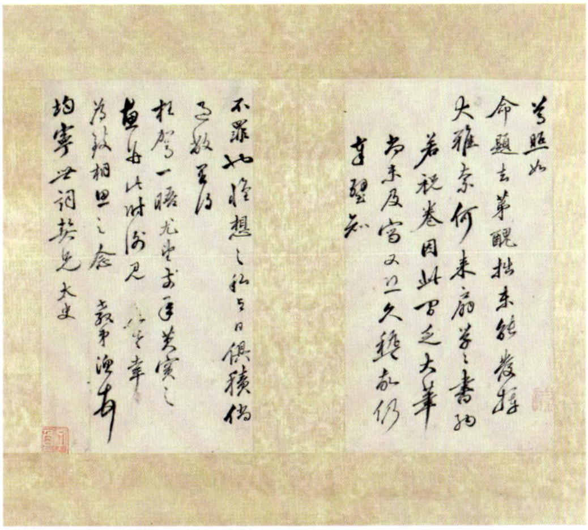

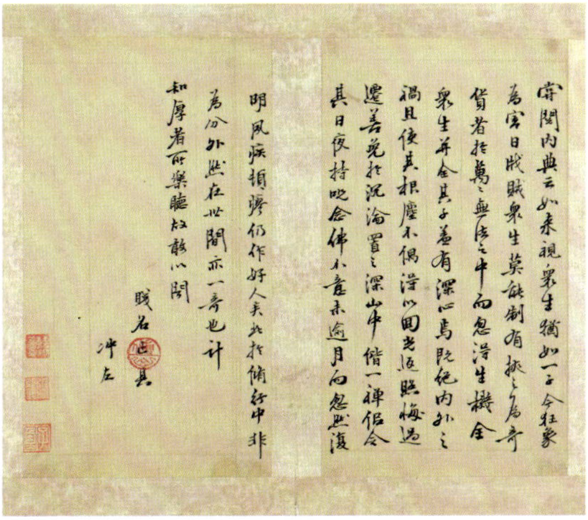

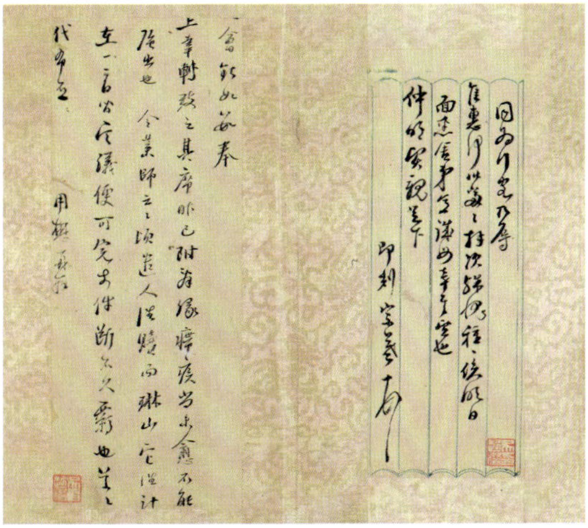

傅山小楷《心经》册

—〈清〉—

　　傅山是清初的书坛大家，时人就有称其国朝第一的。书画诗文、医卜星相皆擅，奇人一个。与亭林顾炎武善，坚称顾氏命中注定尚有一子，顾氏信其言，纳妾，结果无果，足见其占卜算卦的本事有限。

　　傅山真正得以传世的首选为书艺。书法擅四体，作楷古醇，作篆古怪，作草则缭绕飘忽，动感十足，体现了性情的磊落狂狷。过去读到过一些文字，引用傅氏"宁拙毋巧、宁丑毋媚，宁支离毋轻滑，宁真率毋安排"的四宁四毋之说，认定这是其书艺已经达到的高度。而以敝人的识见，这应是他对自我预设的理当追求的目标。因为他的不少作品与这目标是存在着一定差距的，尤其是以中堂、条幅考察，缭绕圆转间，未能沈涤一个"滑"字，线条若绫带舞风，而少了些古藤盘旋时劲峭的骨力。

　　这件小楷《般若波罗蜜多心经》是其书艺成熟期的力作。息心静气、古拙生拙，洞达而见风骨，且有多家的观赏印鉴，可珍。记得是在二〇〇一年以三万六千元购得，若放到时下，世人当以"捡漏"视之矣。

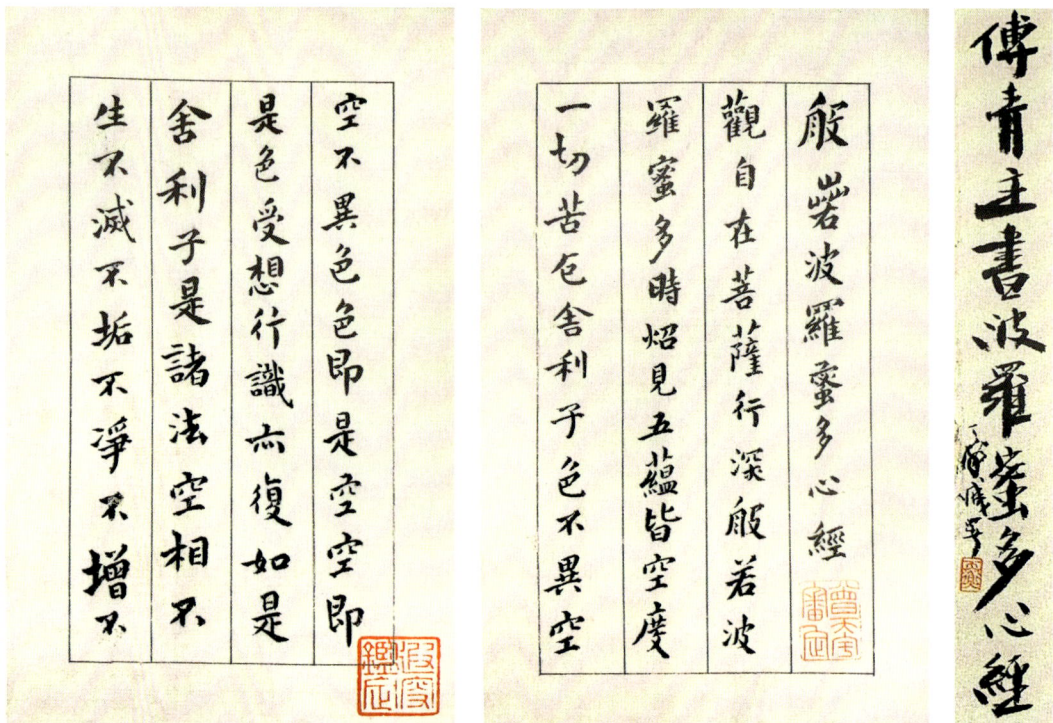

般若波羅蜜多心経

減是故空中無色無受想
行識無眼耳鼻舌身意
無色聲香味觸法無眼
界乃至無意識界無無

明六無無明盡乃至無
老死亦無老死盡無苦
集滅道無智六無得以
無所得故菩提薩埵依

般若波羅蜜多故心無罣
礙無罣礙故無有恐怖
遠離顛倒夢想究竟涅
槃三世諸佛依般若波

羅蜜多故得阿耨多羅
三藐三菩提故知般若
波羅蜜多是大神咒是
大明咒是無上咒是無等

等咒能除一切苦真實不
虛故說般若波羅蜜多咒
即說咒曰　揭帝揭帝
波羅揭帝　波羅僧揭帝

菩提薩婆訶
庚寅春書奉
景僕居士歛心持誦
濁衛人不夜山

金农漆书轴

〈清〉

扬州八怪是指乾隆时期在繁华扬州以卖画为生的艺术群体。"怪"字稍有贬义，时人泛指非正统的，出于偏门的画风和画人。八怪，一般指汪士慎、黄慎、金农、高翔、李鱓、郑燮、李方膺、罗聘八家，也有认定高凤翰、闵贞、陈撰、杨法、边寿民等为八家的。旧时的习性，喜以三、四、六、八之数框定人事，其实是无需较真的。在这群书画家里，经过二三百年岁月的选筛，高下、文野是有定论。而金农无论是绘画、书法，因其深邃的学养，使其所作以拙、静、奇、逸的高品味区别于前贤，亦大区别于时人，清新醇厚、久视不厌的独创风格，使其成了扬州诸怪中的巨星，且对后世产生了重要的影响。

此为金农的"漆书"轴，漆书非指以漆作书，而是喻其之用笔技法，强调横笔粗且密，如漆刷之横刮，直笔则是如漆刷之直下，极细劲，有着强烈的反差和幽默的意趣。的是自我作古、奇趣盎然的创新。文为"烹大羹，进明堂，圣人上寿安且康，千万年，颂无疆"。郑燮誉己书为"六分半书"，而真正非隶非篆、非草非楷而熔冶一家的，倒是这位不吹不擂的金冬心。

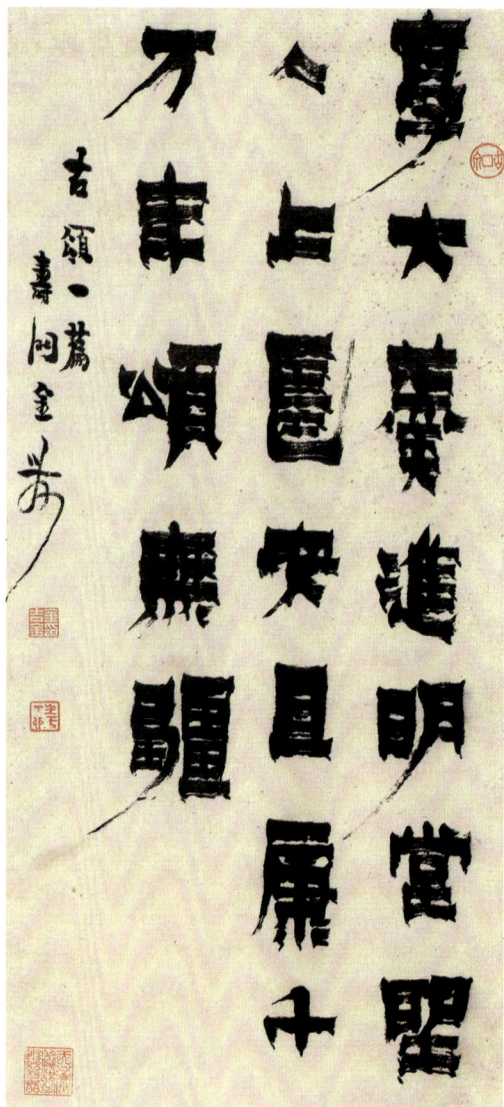

汪士慎是扬州八怪里年长的一位，本为安徽籍人，流寓并终老扬州。他的书画都一无怪诞离奇处，如他最长于画梅，千花万蕊，管领冷香；抑或疏枝横插，骨清神腴。其书法与画同格。拙以为，人们把"扬州八怪"叫得震天响，其实大有风马牛不相干处。把一个地区、一个时期的一群艺术家，不讲艺术观念和个性，硬性地用地域名捆绑在一起，想来，他们未必就范、认同，后之史家也未必首肯，这不能不说是以往旧时代的一种普遍、草率、粗暴而不科学的陋习。汪氏是修养全面的艺术家，印也刻得雅致。"文革"中方师去疾发配在朵云轩站柜台，有人来出售"七峰草堂"印，方师断为汪氏之自刻自用印，廉价收下，转归上海博物馆收藏。这件往事，这种功德，是有必要记一笔的。

汪氏留传下来的印章与书法皆妙，一九九八年见此对联于某拍场，以三千三百元拍得。气息宁谧而无怪态，也了无烟火气，佳作。有兴趣的可以来我们美术馆观赏。

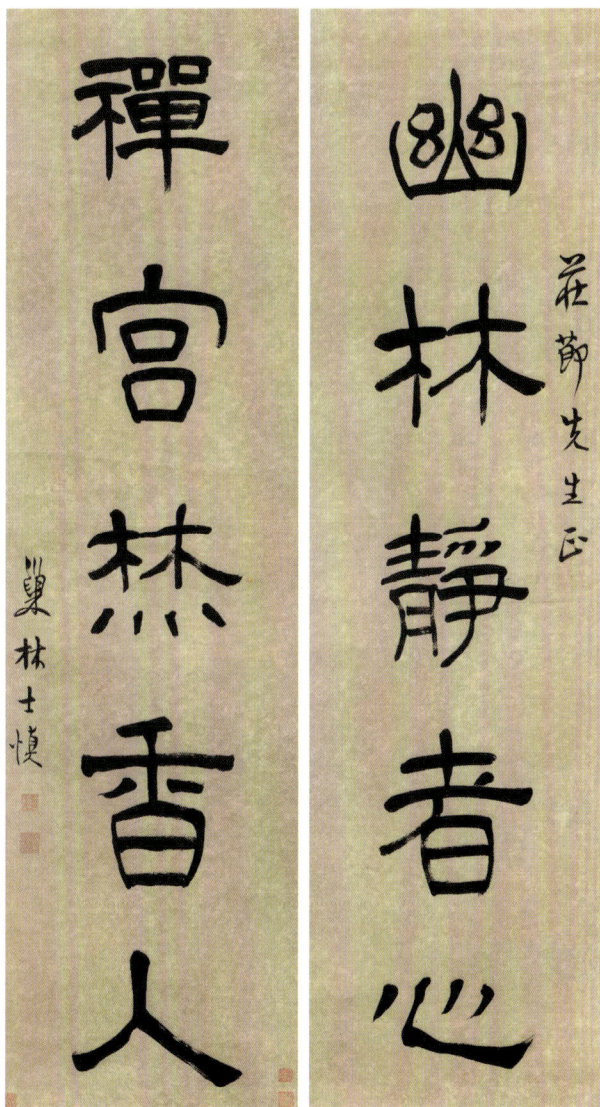

禅宫爇香人

幽林静者心

庄节先生正

巢林士慎

〈清〉

郑板桥自书填词
《满江红》轴

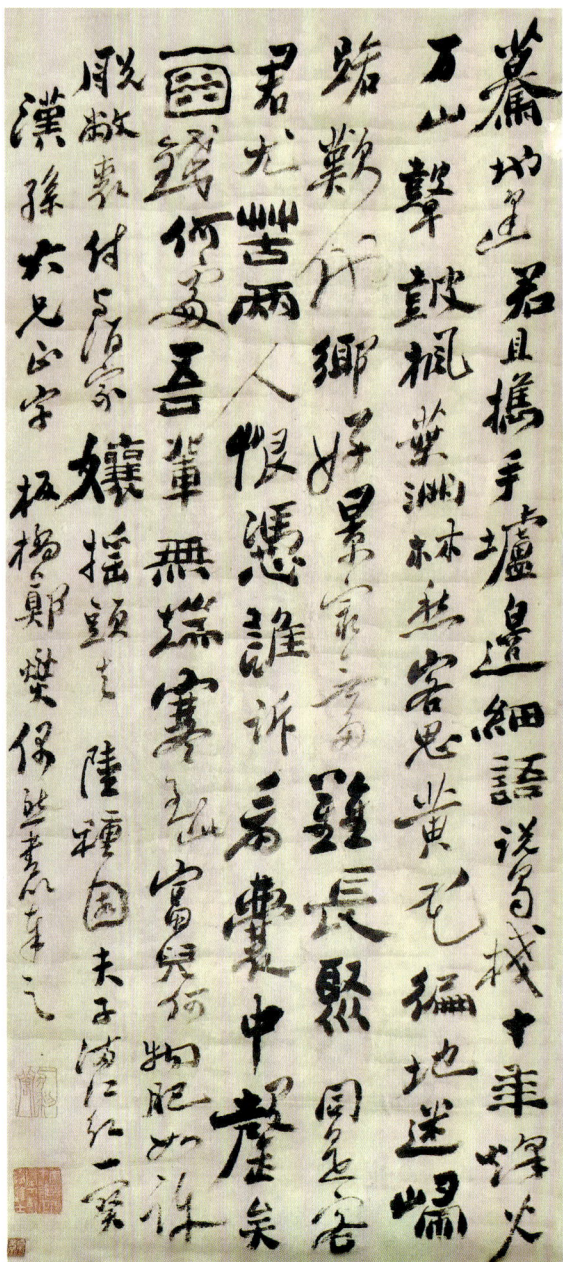

郑板桥的六分半书，正如其自撰对联所示"删繁就简三秋树，标新立异二月花"，在书画艺术上旨在"标新立异"。事实上，标新立异得是好是孬、是优是劣，总得让后来的历史评定，这也是最客观的经过沉淀的结论。今天在圈内喜欢和购藏郑氏的书法，也许是多有字外的因素在，而并非出于欣赏其书艺的标新立异的本心。

为怪而怪，生吞活剥，缺乏高屋建瓴的理念支撑，缺乏令人玩味的字形背后所赋予的"诗心文胆"，最终决定了他这书风能流行于一时，而最终不足以成为经典传世，乃至广而大之。较唐之怀素、元之杨维桢，郑氏的标新立异而终未能立，不免有惭，我辈也自能从中获得某种启示。以我而言，收入郑氏此作，也的确是多由于字外的种种因素。郑居士当勿责我之自白也。

　　奚冈，字铁生，原籍安徽歙县，寓杭州，其实同时的印人如海盐的张燕昌，绍兴的董小池，印艺也宗丁敬，水准也高，却因非杭州籍人，而被排除在西泠诸子之外，这显然是有失公允的。如果从名利性估量，奚冈称得上是有福之人。只有他，却被后人列为西泠前四家之一。初好治印，深获时誉，与同时浙派大家黄小松，史称奚黄。奚氏性聪慧多才艺，是诗书画印兼工的通才。中岁耽于绘事，少挥刀，擅山水，风格近于董其昌，清润潇洒，花卉、兰竹亦佳，在彼时可是浙中少见的高手。这也许是其后来疏为篆刻的一个缘故。

　　奚氏的隶书高古大气，存世不多。此横披书"花巢"两大字，一九九四年得于云南之昆明，价一千六百元。春城四季，处处花海，历来是真正意义上的花都。惜未署上款，受者则不可考，遗憾。

〈清〉

刘墉书法册

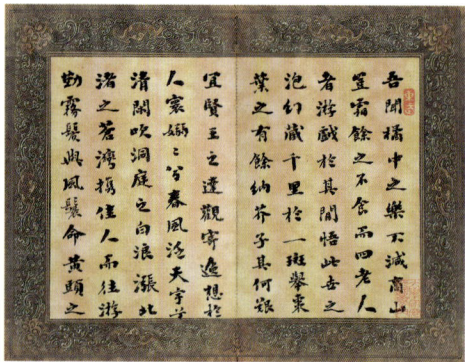

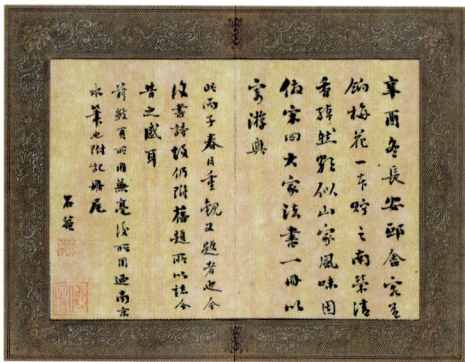

刘墉号石庵。在清乾嘉时期以书法名于世。史有翁（方纲）、刘（石庵）、梁（山舟）、王（文治）四大家之称。这四家，如今市民都只知道这刘罗锅，可见民间文学、电视媒体的力量之大。遥想在明代，吴门几大家沈周、祝枝山、文徵明、仇十洲都是实至名归的大家，唐寅单凭苏州说书先生捏造了一段"唐伯虎点秋香"，便闹到家喻户晓，名扬四海，把其他名家给挤兑了几百年。

但话得说回来，刘氏的法书在那四家中，是最具个性和风貌的，也是创新的。历来书法忌点画肥厚，常被讥为"墨猪"，而刘氏偏朝这路上走。然而，他妙在粗壮圆润、墨丰且黑，而不虚脱臃肿，读他的字，无论大小，都像推铅球的结实运动健将，绝不会错认作精神萎靡的肥胖症患者。知难而为，把握适度，卓然而立，这可是常人学不了也学不到的本事。

在明清的书法史上，八闽福建是涌现了一些杰出书法家的。代表性的明末大家，有张瑞图、黄道周，对后世乃至如今都还有很大的影响力。而嘉庆时汀州伊秉绶的异军突起更堪称誉，尤其是他那憨拙、古渊、博大、静穆、诙谐的无古有我、自成一格的隶书，依拙见是上起八代之衰，扭转了一千五百年颓势的人物。以往有些论家，称晋唐之下书艺日衰，此说偏激，若以正草隶篆四体书鉴之，说它是"一叶遮目，泰山不见"也不为过。试想汉魏六朝以降，有过高妙雄道如伊秉绶的隶书否？可见九斤老太以偏概全的思维是不符合史实的。此横披书"视己成事斋"句出《汉书》，原为"视已成事"，改已为己，点石成金，饶有外因通过内心始能成功的哲理。斋额长约六尺对开，伊氏隶书多粗劲者，此书则相对细峻，较为少见。受者"古馀"，为张敦仁是伊氏任扬州太守的前任。曾见上海博物馆有一联，也有同类意趣。此作有叶恭绰先生藏印，尤是珍贵。二十五年前以四百元购入。二〇一四年某大拍卖行拍伊氏隶书"遂性草堂"斋额，较现在我馆展厅陈列的此书尺幅小近半，竟以二千三百万成交，一字约值六百万，足可证明伊秉绶的威武。

228 | 229

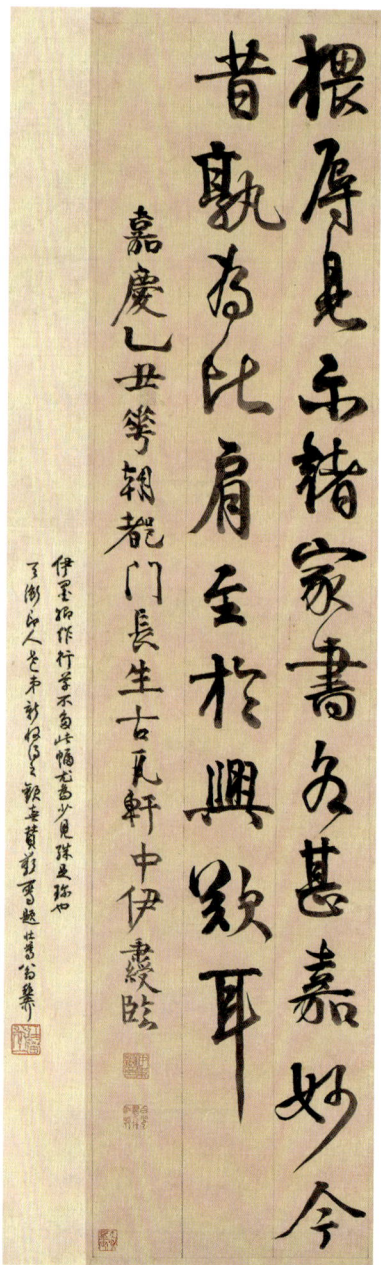

前面谈到伊秉绶书起十代之衰的隶体，续写了书艺在晋唐后决非日薄西山的一段辉煌。我从他那近乎不可思议，奇瑰别致到极至的隶体里，似乎感悟到他出人意想的理念和得天独厚的禀赋。也许是我的一种私爱，在隶书方面，他当得千古一人。

但对他的行楷书，我则缺乏歌颂的激情，缘于他少了隶体上那种出类拔萃的独创性，明显地有着步趋明代李东阳书风的痕迹。听说他的行楷书也很值钱，可我总认为，在隶书上他是不折不扣的"人以书贵"，在行书上则多少掺杂了"书以人贵"。诚然，他的行书也还是高明的，这仅是相对他的隶书比较而言。至于那些低层次的千奇百怪的"书以人贵"，则跟伊氏是不可同日而语的。

这件行书轴写得还是相当的精彩，一九九一年以一千五百元购得，稚柳师曾寓目，称"尤为少见，殊足珍也"。写到这里，自忖是实话实说，不知伊公会否因我的褒隶贬行而翻我的白眼呢？权当我"童言无忌"，如何？

邓石如是被誉为国朝（清代）第一的大书法家，开皖派的篆刻大师。早于他的丁敬身开创的浙派，把上自周秦汉魏，下至六朝唐宋元的印内的营养都吃了个遍，也走绝了印内求印的路径。天才的邓石如以崭新的理念，印外求印，以书入印，遂开新境，对后世篆刻家的贡献无人可敌，堪称百世宗师。邓善四体书，篆隶雄豪，正楷谨严，草书则近荒率，故我一直以为草书对邓氏而言是功课外的休闲，同时也见证了一个出色艺术家风貌乃至性情和气格的多元。他书写楷书时的恭正矜持，与他磅礴开张的篆隶相比，这心态、这情绪、这机窍的转换，至今都令我琢磨不尽。这让你持久不解的内质，恰如谜底揭晓不了，心里老痒痒的，这似乎更证明了邓氏擅长变化的伟大。

此上联咏春秋山水之美，下联则揭示作篆的法则，至言。我曾先后见到拍场有相似之联，皆是此联的仿品，形可似，而笔不可得，直令作伪者气短。

春輝耀明海澂嶽静

潍平繩亘規圜矩方

完白鄧石如

〈清〉
邓石如隶书诗册

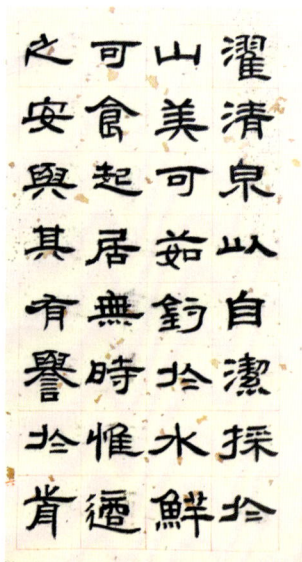

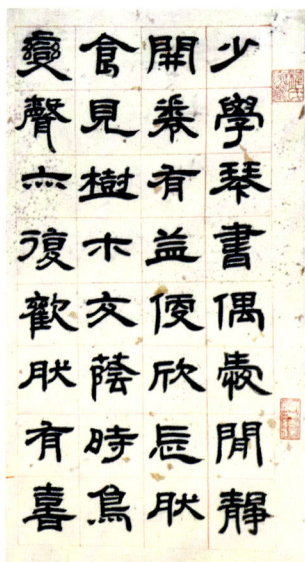

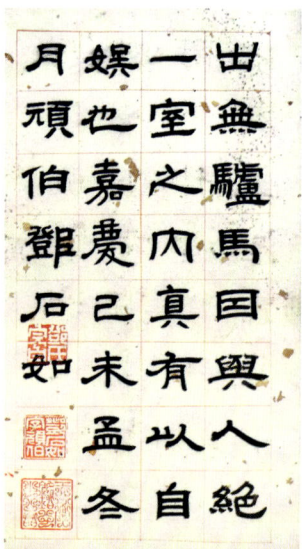

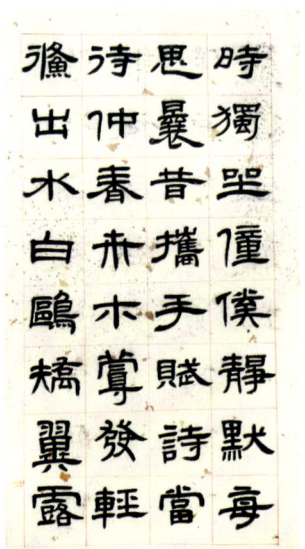

邓石如，我将他和伊秉绶及稍晚的何绍基称为清中期复兴隶书的三座大山，而彼时的书隶名家颇多，在这三座大山的周边，至多也只是丘陵而已。单就邓氏对后世的影响，即使不论他篆刻开宗的皖派，在隶书方面也是极深广的，名家吴让之、赵之谦皆是法乳于邓氏的，这是不争的事实。

此册作于嘉庆四年，他五十六岁时的佳作，已呈自家风貌，然清穆严谨，与后期的恣肆严重则有明鲜的差别。历史上，超凡出群的大师，多有蝉蜕龙变的本事。

一九九九年，有人携册来售。我指出册中邓氏两印与《印鉴》一书有出入（其实"印鉴"中所刊之两印蜕是伪品），故以低价购入。此也是"尽信书不如无书"之又一例。

附言：翁闿运先生曾告我，他曾为稚柳师觅得名贤册页一部。后有邓氏长题。师说："侬喜欢，就拨（给）侬。"立马揭下就给了他。这等的慷慨大气，如今似成传奇了。

道州何绍基是清代书法史上名声显赫、绕不开的人物。以往不少老辈书家及论家，都称书法自晋唐以降水准日下，颇多悲哀。拙以为，至少在篆隶领域并非如此。嘉道后邓、伊、何、赵的继起，在这一方面，包括晋唐在内的书家皆当颔首称臣。论帖学，何氏之行楷自成一家；论碑学，他的篆隶也别开径畦。那入木三分、墨透纸背的强崛拗劲，特立无双，此隶书联即是典型一例。故高傲桀骜、仰仗灵气的赵之谦，对大他三十岁的这倔老头，也往往退避三舍。

何氏写字用回腕法，后之论者多谓其谬，依我的剖析，自称"猿叟"的他，臂特长，非回腕则下笔不在善处。法因人异，当不可以常人之法评骘优劣，合适即好。遥想身后挨批却回不了嘴的何公，当引我为知己。

　　"文革"里破"四旧"，顶风去买旧书画、古玩可是千载不遇的好机会，而且机会多多，看你喜不喜欢，觉悟不觉悟。当然，一不小心也会被扣上"封资修"余孽的帽子，所以得像地下工作者般静悄悄地躲着玩，蛮紧张的。

　　这是一九七四年串街走巷收旧货的向我兜售的四屏条。此人不识字，更不识篆字，要价十元，我笑问：买来几多？说，二元。讲真话我喜欢，照付。

　　"文革"结束，习书画印人群骤增，而这方面的书籍奇缺。上海书店出版社要借去出版，为需要，我花了几天时间长衫改短袄，做成册页，以便制版出书。出版后果然畅销，至今还在再版，而且见到过几家不同出版社的版本，天女散花似的。

　　几十年的不打招呼不送样书，当然更谈不上版税，我也并不在意。但也不时看到荧屏上，明星为了私登她一张照片，动辄打官司，赚它上百万银子的案例，虽也羡慕，但我没有这冲动，更甭说始终没有过这种念想。给人看看，讨人家喜欢又何妨？懂法的一定会跟我较真：依法律观念太差啰！差就差呗，手里要做的事多多，我不好折腾。

杨见山是清末的书法家。今天我们能见到的多是他骨多肉少、瘦劲矫峭的隶书和大别于馆阁路数的自在放纵的行书，以字相人，即知是位放浪形骸的人物，看不出是中过举人、做过常州知府的达官。他较早就在称为天堂的苏州做了寓公。吴昌硕从安吉鄣吴村，作为一村夫迈出大山游学苏州，在老辈里最有情感和最热络的，给予指导扶持的当数杨见山。吴昌硕执意要拜杨氏为师，而杨氏始终以挚友相待。从如今能读到的两人颇多的书札里，可以测定到推心置腹、心心相印的温度。从某种意义上讲，杨见山是长辈里早岁厚他的贵人；王一亭则是后期晚辈里厚他的贵人。由于吴氏生性淳厚谦逊，性格决定命运，所以给予他艺事上帮助的贵人，远非仅此两位。

这是以汉礼器碑为宗而稍加颠摆的杨氏典型作风的隶书联。一九八九年购得，价三百。无论是当时还是今朝，吴昌硕的价格当数倍于他心目中的恩师。我家退之公谓："弟子不必不如师，师不必贤于弟子。"杨氏地下有知，是当击额以庆的。

—〈清〉—

徐三庚篆书《圣主
得贤臣颂》

　　在印坛，吴让之、徐三庚、赵之谦、胡匊邻、吴昌硕、黄牧甫被后世并称为晚清六大家。比起明末的文彭、何震等五大家，以及浙派丁敬为首的西泠八家，晚清六家的共同特点是，除胡氏外，都写得一手精到别致、极具个性的篆书。这异常重要，个性特具的篆书为其篆刻风格的卓尔不群，自成畦径，有着相辅相成的作用。他们无论是取法金文、小篆、吴神谶、周石鼓，皆能化古为今。若让之的谨严，三庚的鲜灵，之谦的婀娜，缶庐的遒厚，牧甫的沉静，不撞脸、不依附，泾渭分明，形外攫神，气象自成。这当给我们后学以宝贵的启示，至少使我们懂得：篆是刻的基石，刻是篆的升华，合则双美，离则两伤。

　　此徐三庚的篆书四屏条，也是他的招牌面貌，取法于吴《天发神谶碑》。虽丢了些许雄博气格，却平添了不少妍秀消息。很无奈，性灵、修为和审美取向决定结局，这也只得任由后人评说了。

下有冲流上有飞瀑

逸人空山高人画中

集诗如赵之谦

林人仁兄大人属

此赵之谦所书对联，以魏碑运行书法出之，是他的出新处。十五年前，偶去拍场溜达，见此联凝重而少跳滑，乃赵书精品，遂教弟子去为我拍下。弟子来电告我，有些鉴家称此为伪作，理由是所钤印章大于某权威出版社《印鉴》一书上所载。我告其别人说假，没人抬杠，更能以低价拿下。弟子好心告诫买假了咋办，我笑曰不用你赔钱。果然以一口价拍得送我豆庐。我先取出那本权威印鉴书，比勘对联上所钤印，果然大出一圈。继而，我取出赵之谦原钤印谱中此两印，则大小与对联之印蜕一致。故我不无得意地告白弟子：古训莫忘，"尽信书不如无书"。

—〈清〉—
赵之谦篆书联

赵之谦的篆书远宗《峄山》等秦碑，复师法邓石如，才气横溢，风动云游，自成一格。

此篆联"及时能开大义石，今年始诵古孝经"，二十世纪九十年代中见于某拍场，我知此联在民国时曾出版于《悲庵剩墨》。时拍行老板来访，拍胸脯称三万元一定给你搞定。此联我甚看重，怕生差池，遂又请一弟子赴场代拍，并将心理价位提升到六万。在叫至三万后(我已出局)，拍行老板居然为自己竞拍，他却不知我恐有诈，另委人竞拍，见图利不多，放弃。联为我所拍得。后得知是另有海外藏家委托于他，定价在四万五千，先前对我拍胸脯乃噱头也。拍得此联，探得内幕，自忖拍场是战场，多有人娴熟地运用"三十六计"，学点孙子兵法，提高警惕，多个心眼，还是必需的。

细看好山无獻詩

宋人詩句 赵之謙

忽聞帝鳥不知雰

少浦仁先先生大人 属

对联作为书法的一种形式，要早于立
轴。据记载，宋代的陈抟就书写过"开张
天岸马，奇逸人中龙"的对联，这算得上是
开山鼻祖了。但是纸本对联的隆兴当在明
中期，这与纸张生产的大幅化及明式房屋
的厅堂设计和陈式有关。厅堂主座的背壁
上，务必要张挂大画轴，左右两侧则张挂
对联的上下联，甚至有分挂二三副者。字
画的主题及珍贵，往往是要与其地位身份
相称，而且是时常要更换的，这可是主人
的门脸。客人来了，先瞻观书画，有文
化，也有了话题。所以到民国营造的中式
房屋里，还保留了这种格局。以往的对联
存世量多多，而现今则近式微，艺术的装
帧形式，都还是跟实用相关。

这是清代诗书画印皆擅的大师赵之谦
的佳作，去些娆桃，多些涩重，魏碑里能
读到颜真卿法书的风骨。佳作。

记得是一九九九年由拍场竞得，当时
炒作之风未炽，三万二拍得，加百分之十
佣金，总计三万五千二百元。如今的佣金
也涨了许多，水涨船更高了，一笑。

〈清〉

吴昌硕撰书《元盖
寓庐诗存》册

238 | 239

吴昌硕是诗、书、画、印四绝一通的艺
术大师。他不同于某些大师，好把自己的"四
项全能"去排列先后，弄出许多近似炒作的动
静来，体现了清醒、清淡的传统文人的本色。

缶翁在诗学上是下过苦功的，杨见山
评："诗学摩诘能神肖，至粗豪处又肖韩苏不
止摩诘矣。近日吾乡诗人推君首出。佩服之
至。"于诗他一贯谦恭好学，不耻下问，若拥
有他一百二十方砚铭的沈公周就是切磋推敲的
小诗友。我曾藏有他催促沈氏把他的诗润色好
后速寄回的信笺，惜二十世纪八十年代搬家时
丢了。

对缶翁的诗稿，我见到过西泠印社藏的
暮年稿两本，他文孙长邺先生的残稿，刘汉麟
原藏的几开，日本青山杉雨先生及梅舒适藏的
残页。此是缶翁壬午至甲申三年里所作，全册
八十四页，存诗一百二十四首，不同于未定草
的稿本，故署《元盖寓庐诗存》。元盖寓庐是
他中年时寄寓苏州时的一个斋号。其小字法书
宗魏锺繇，洒脱而古茂。册前有杨岘序及徐康
观款等，后有方还、吴旸、韩熙等跋记。一百
多年里多次倒手转卖，"文革"时幸运地被
发配到上海图书馆，故有馆藏印蜕两，"文
革"结束后，落实政策退返藏家，身世曲
折。一九九六年得于拍场，当时真不算贵，庆
幸。缶翁与我大有缘，他当初使用的晚清香槟
式大画案、高背藤椅（今藏孤山观乐楼）与我
如今使用着的也正巧是一对呢。巧伐！

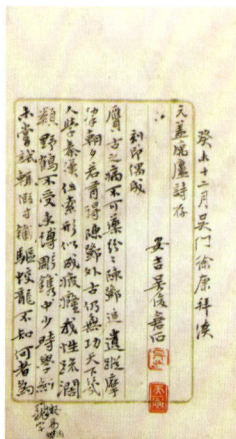

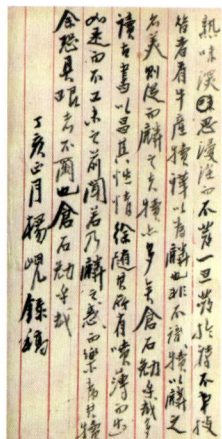

〈清〉

吴昌硕篆书联

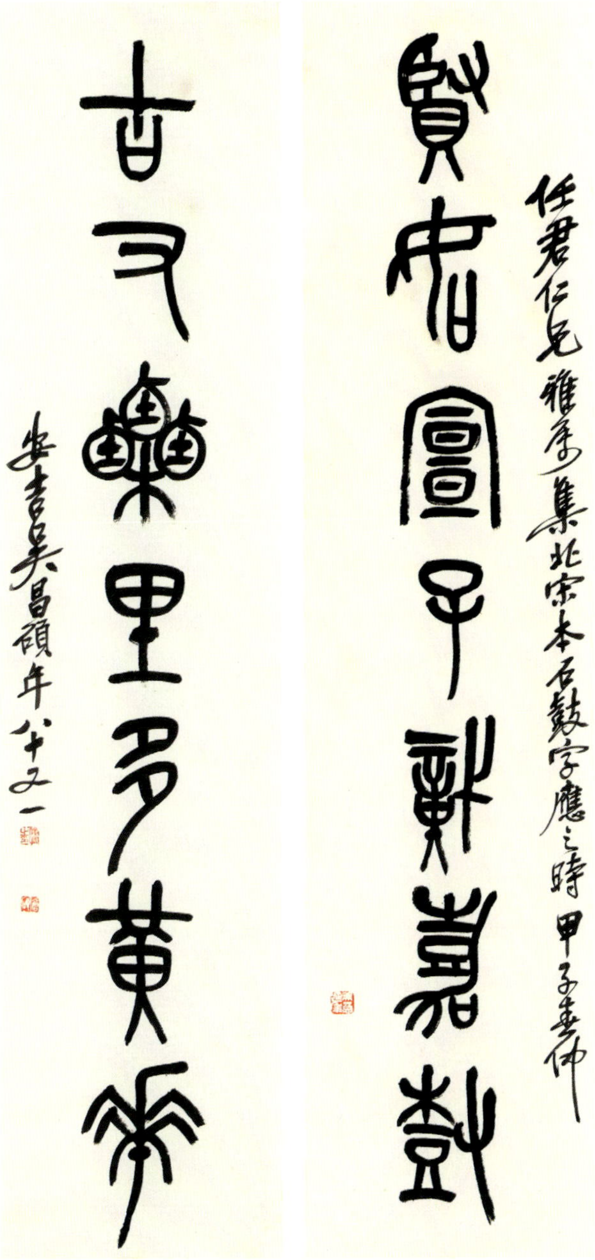

一九九五年，上海友谊商店办书画展销会，友人邀我看看，我说已是最后一天，不会有好东西了，友执意拖我一观，不妨聊作散步。进展场，迎面就是这副缶翁的对联，且是颇佳之作，标价一千五百元。彼时他的楹联应在二万五千元左右，也许是标价太低，恐作品有诈，故无人敢于购买，我促友人购下。店里员工与我面熟，一见是我看中的，怕是标价出错，进去翻了账本，见明明白白地写着四位数，才放心地开票给货。回家告妻：今天捡漏了，妻问东西呐，我称让友人拿了。几月后友人称用钱，能否出手，要价二万二千元，我几天后付款，说是给别的朋友，其实是我自留了。不久，这副对子幸运地被中国书协的百年展借去，先去法国，又赴日本，远游了吴昌硕先生生前都没机会去过的外国，堪称幸运。

—〈清〉—
吴昌硕散氏盘大楹联

艺术家除了有真本事，遇到"贵人"是异常地重要。父亲在我小时候就告诫："人啊，可以七分本事三分捧，切不可三分本事七分捧。"捧过了头拿今天的话说，叫炒作，炒作的往往会昙花一现，事与愿违，这方面的故事是多之又多的。

吴昌硕是真才实学的天才人物，回顾历史，不能不承认王一亭是他的贵人。尤其是二十世纪初叶，书画印艺术能走出闭关锁国的国门，尤其是对日本，产生深远巨大影响的无过于缶翁，绝无仅有，天下一人。妒忌不得，心悦诚服。其间，谦恭真诚的"中介"人物王氏是功不可没的。

一九一九年，王一亭的新居梓园落成，吴昌硕研吴大澂赠其的藏墨，用喜庆红彤的珊瑚飞金蜡笺，并以有别于往常石鼓文的散氏盘书风，撰写了这副八尺大楹联，这在缶庐的对子里堪称是巨幛了，这背后我们能悟到两心相悦、无需明言的四个字——知遇之恩。

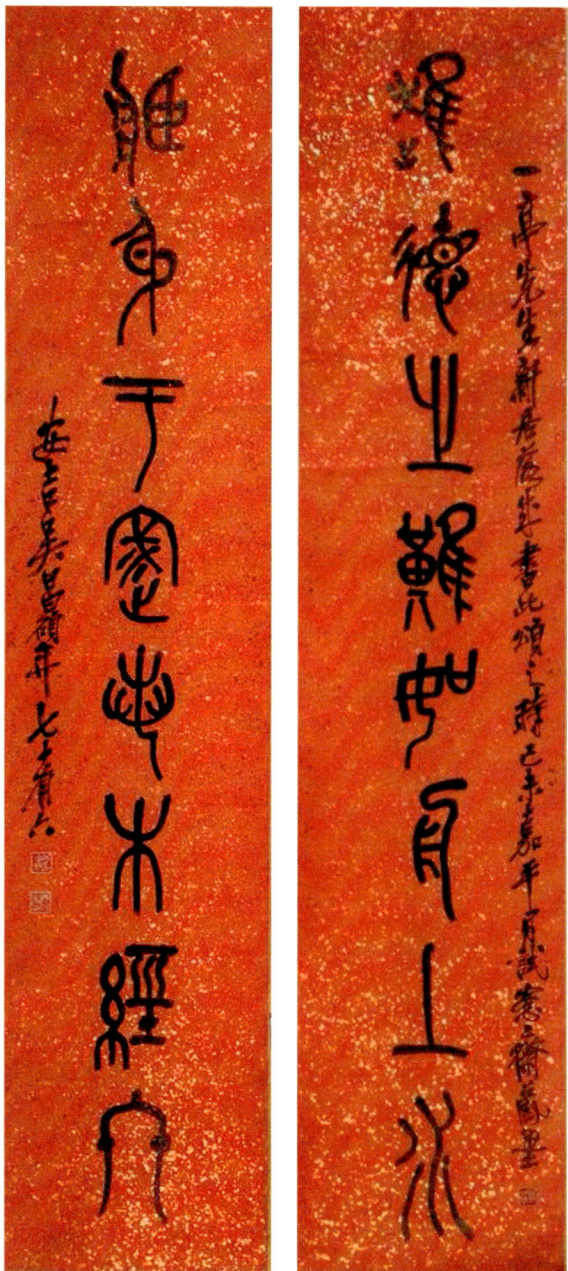

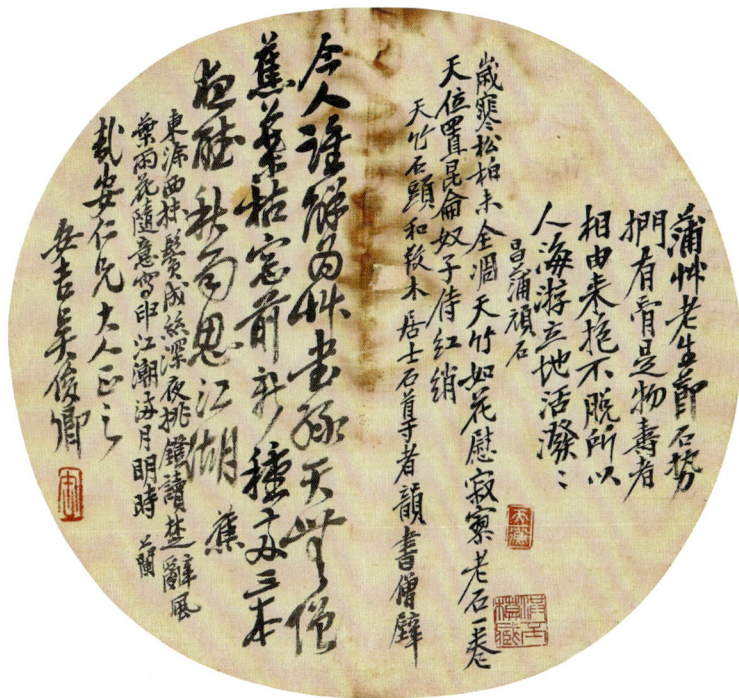

　　洪丕谟兄与我同庚，精医术、擅书法、通易学、好收藏，博学多才，年轻时我俩也有交际。记得是在二十世纪八十年代中期上海书法展，他的一件作品落选，写了一封信给我，辞颇激愤，还祝愿我能"飞黄腾达"。明人不做暗事，我电话询其何出此言，他也爽快，听人说是我执意将他作品拉下马的。其实那天我并不在场，心结顿解，释嫌。足见天下事真诚相待，讲开了拨云见日，比窝在心里好。中国人多，视角更多，舌头本就是用来说话的，好事者信口雌黄，无事生非，是见怪不怪的。若信奉王阳明的"我心光明"，做人清白，坦荡直面，则往往可化"生事"为无事矣。此后我俩反倒多了交流、信任。他新夫人说喜欢我的《月下游鸭》，画了随即寄去，皆大欢喜。

　　时他已调入华东政法学院任教授，一日，相约去他府上，出示了不少藏品览赏，其中就有这件吴氏的纨扇。录自撰诗四首，且楷、行、草兼用，章法也变幻有致。赞叹之际，他善解人意，说：四千元刚买来，喜欢就拿去。我也就领情易来。记得那天是和儿子无极骑自行车去的，知他好古，还取了一件战国绳纹小陶罐送他。这是一九九八年的往事了。不几年，学生告我，他忽地走了，花甲年华，太意外了。我知道这位饱学之士抄录积累了几大箱书画印、医卜星、文史哲的卡片，他有着庞大宏伟的写作计划，凤愿未竟，于他于社稷，都是颇大的损失。古人悼念那些才人，总说"丰其才而吝其寿"，丕谟兄怎地就进了这行列呢？真的惋惜哉。

吴昌硕篆书挂轴

—〈清〉—

　　这是缶翁八十一岁时所书的挂轴。自缶庐与王一亭相识，由于王氏兼日本洋行买办的关系，尤其是王氏对他的敬仰和推介，日本对缶翁的书画艺术的认知和需求也急遽上升。这挂幅"蚊子咬铁牛"应是日本谚语，装裱也是日本式的，是日本人挂在"床"的中壁的。

　　恐君不明白，发一张图纸，了解一下一般日本家庭里"榻榻米"一室兼客厅、茶室乃至卧房的布局。图一、茶道口；二、床柱；三、横梁；四、挂轴；五、床框；六、主人席。这挂轴是唯一的陈设，郑重而显著，体现了主人的品味、意趣。室内沃尽桌子、板凳等杂物，空无一物，饶有禅意。不过我等坐惯椅子的，盘腿蹲它五分钟，还能惬意地品茗，也算是颇见耐力和功力的了。

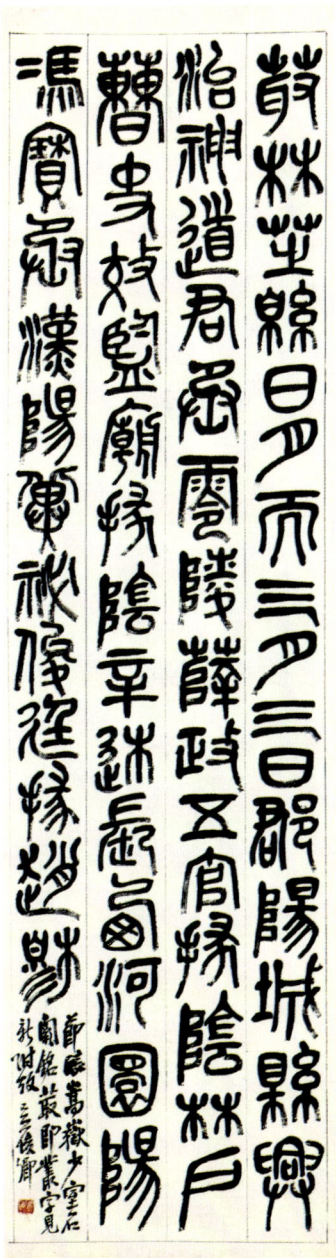

吴昌硕的书艺以篆书尤为世所重。其篆以周石鼓入，变其形而撄其神，自出机杼，妙在左右揖让，取势盘礴，折股屈铁，笔厚墨醇，纯属借古开今，戛戛独造者。借古则不取皮相，开新则古意在骨，真正的大师必具此特征。

缶翁平生作汉篆不多见，抑或是见佳拓兴起偶为。汉篆虽呈圆势，而多趋方整，缶翁称节临，而不为所缚，参以己意，纵笔为之，金铁烟云，风致在周汉之间。兼带说一小秘密，缶翁书篆之笔为羊毫，书后墨积却不洗，笔颖干后上端石硬，每作篆前，多以牙嚼复手掰，令锋颖部分松软始濡笔。故所书篆，笔道粗细基本划一。此与清代钱十兰辈以细线裹捆锋颖以上之腰根部位，有不似之似。

缶翁书汉篆，百不一见，此轴于一九九六年所得，价三万一千元。

吴昌硕隶书小轴
—〈清〉—

河水清

丙寅春吴昌硕年八十三

　　本人孤陋寡闻，虽先后读过缶庐的书画远不止千件，而此高三十多厘米的隶书小轴，似为仅见。事情还得从日本镰仓庙会说起，儿子说可以去逛逛。古董店设摊的颇多，大多日本货，不合口味。见一摊，有古紫檀提箱和清季荣宝斋古书型的帖盒，以及丁辅之所绘鲜果扇一把，不贵，均由儿子购下。摊主对儿子说，他店里、家里有中国的好东西，绘声绘色地，我不懂日语也感受到他一副邀去淘宝的热情。

　　隔日，瓢泼大雨，无妨，有古董好淘的人都有一股敢在枪林弹雨里冲锋的骁勇。那天，妻、子和我三人，三把伞，转了两趟高铁，用了两个多小时，到了这叫不上名字的城市。找到了店，里头成堆的东西，没一件看得上眼的。不甘心，又折转到他家里，出示一张张瑞图的大轴，伪品。出示一张虚谷，伪品。最后取来这张小轴，吴昌硕八十三岁书隶的"河水清"，老到而清润，袖珍奇品。要买，说这张是传家宝，不卖的。我叫儿子翻译：我们三个都衣衫湿透，成"落汤鸡"了，是你邀来的，哪有不卖之理？"苦肉计"管用，磨蹭多时，终于三十万日元成交。归途中念叨着：为了这张"河水清"，泡了一整天的雨水，毕竟物为我得，也值。青眼向天，缶老当笑我好一个热血的痴人！

吴昌硕砚铭

〈清〉

二十年前，上海的东台路是繁华的古玩市场，国内外好古者视为游沪必到之地，到周日淘宝者更是摩肩接踵。一日我在东台路古玩市场见吴昌硕铭刻砚一方，文、书、刻俱佳。审其字，当是七十岁前之书。吴氏铭砚为沈石友先后作一百二十方，后皆去扶桑，国内所存者无多。此为可庐所铭，书法屈铁蟠龙，气象雄迈。然遭"文革"之厄，砚面残破近半，砚侧萧蜕庵铭也削去大半，大有见美人毁容，不忍侧目之慨。然放弃又复不忍，以五千元购归。盘玩之际，击声如木而隐悲戚之音，思忖有日，决定平其砚面而保其背之铭，请高手杨君留海整修，且以瘿木、红木制作成精妙砚屏，令一度残破之物复成完美之器。缶翁有知，当引我为知赏。

康有为可是清末民初的风云人物，一度被誉为"康圣人"。记得孩提时，老辈给我讲过一桩事，友人去新建上海最高的二十四层楼的国际饭店拜访他，他正提笔写楹联，友好奇地询问："康圣人啊，你这执笔的方法跟你《广艺舟双楫》写的可不一样噢？"康答道："嗳，书是写给别人看的。"足见此公为人。

一九八六年冬，有人持此康有为书于瓷板上的砚屏（诗当是寓杭州时作），求售于某画店。我正巧在场，知为真品，且极罕见。开价八百元，店主见我心动，作了顺水人情："侬欢喜，侬就直接把钱付给卖家。"事成。

我总认为康的"崇碑"、"卑唐"的理论和他的实践是颇多差距的，但作为清末民国初的闻人，留下的墨迹多多，而书小瓷屏仅此一件。稀罕的。

　　这件小横披很有趣。是遗老沈曾植（寐叟）的书件。说的是吴昌硕在其病中去看望他，并捎去了新刻的沈氏斋馆"海日楼"的小印，令其喜出望外。前撰写的两首诗是对吴氏印艺的赞颂，然而不治印的学者书家去评骘印艺总是隔靴搔痒，讲不到点子上。读了这两首诗，吴氏作何感想，则不得而知了。好在吴氏是高明的太极拳圣手，好歹都不会上心的。老辈曾告诉过我：缶翁如遇到画家，则说你画得比我好，我只会写字；遇到写字的，他说你字写得比我好，我只会涂鸦；遇到刻印的，他会说你印刻得好，我是写字画画的。谦逊得真诚又让你温暖。态度决定人脉，性格决定命运。名震海内外的缶翁这本事，叫你看得懂，学不到，真高明。

　　这横披没署年款，推算当是一九一七年前后的事。彼时吴氏的印名已登峰造极，沈氏故而"得陇望蜀"又提出了再请缶翁刻方"乙盦"小印，好事成双。沈寐叟，嘿，此老狡猾狡猾的。

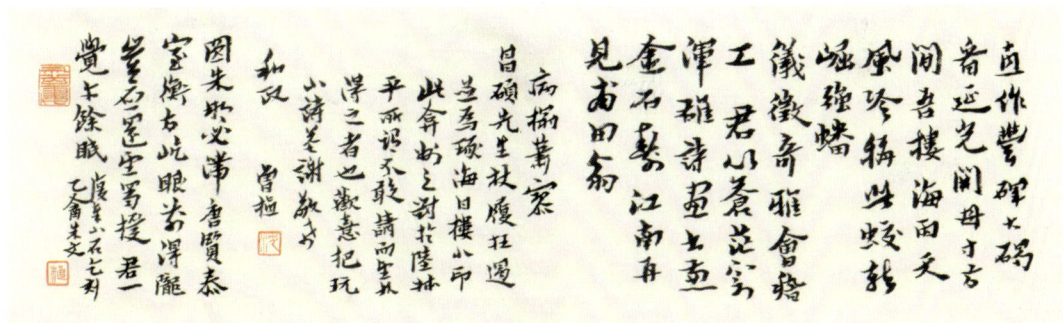

—〈现代〉—
齐白石篆书联

　　齐白石的篆书来路并不复杂，主要师法汉嵩山三阙，他不像吴昌硕写石鼓文，倚侧求姿，盘礴生势，他类似横平竖直，点画缓涩，呆头呆脑，而骨子里满是一味霸悍，更于拙朴里透出王者之气。约一九九三年，一企业家闯寒舍，携书画一捆，称用以换拙画。一路看来，假画污眼，仅觉白石一画一联为真品。此篆联为五尺对开，对方说："依眼光灵咯。"我问何以见得？对方从皮包里抽出一九八一年河北人美出的《齐白石特辑》散叶装，此联也在其中。对方提出一联换四尺开三画三张，究其原因，说是可以多送几位朋友。照办。

　　说到鉴定，书画是最犯难的活计，陷阱太多，学问太深。我玩了半个多世纪，对自己的定位，只是一个资深的、业余的、半只脚快踩进门的鉴赏爱好者。如此而已。

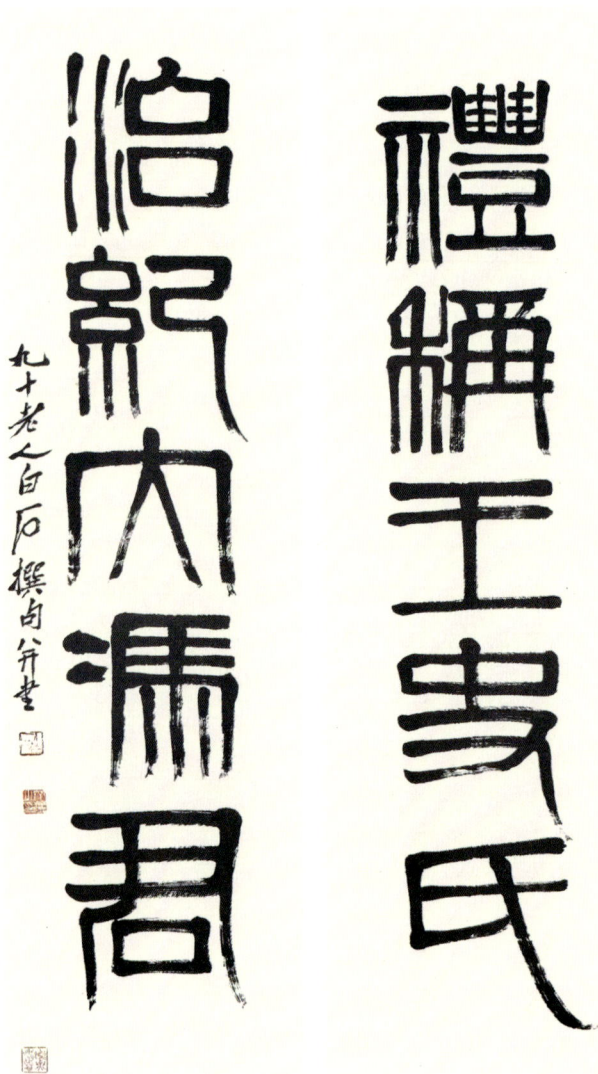

〈现代〉

于右任《清白传家》四屏

　　近百年的书坛，于右任先生是我极钦佩的书家。碑法帖写，洒脱自在，疏朗堂皇，得前贤之所未有，是真正有创意、开风气的大书家。

　　一次他去拜访沈尹默，见沈老的废纸篓里有一张墨迹犹湿的《兰亭集序》，提出一看，对沈先生说，这可是我见到的你写得最好的咯。沈老此时方深以为然，遂装裱以自存。在二十世纪八十年代沈氏纪念书展上，我曾拜读过。我思忖，当初于髯公的赞赏，也许正是此作的少了些谨严，适合了他的口味。口味可是无形的篱笆，喜欢甘甜的，不吃辛辣，山重水隔呀！

　　说实话，对于他后来倡导的"标准草书"，我是不以为然的。艺术别于技术，被"标准"卡住了脖子，往往就捆死了。他晚年的书法践行着这"标准"，我总觉得不及先前的有味。不过，我也在反问自己，是否我的口味出了问题？

王蘧常章草书轴

—〈现代〉—

王蘧常先生是上海复旦大学的教授。二十世纪七十年代不上课了，也无课可上了。家住宛平南路，离我画院不远，因此时去拜谒。先生人随和，谈天说地，从学问到旧闻。一次，他说："你老师陆维钊是我大学的同学，他的足球可真踢得好。"我至今都难以把陆老师一贯斯文宁静的形象，与他驰骋球场的雄姿挂起钩来。

蘧常翁的章草写得高古奇奥，日本书坛誉其为"当代王羲之"。他写字用的是小笔，笔运时，一直撅到笔根，用极慢的匀速徐行，另有一功。但用笔看似板滞，而读其书作，却有"孤蓬自振、惊沙坐飞"的灵动和凝重。从他赠我的这件法书里，就可证吾言之不虚。

在四五十年前，书信基本上是文人交往唯一的联络方式，他书写信封也用常人乃至一般书家都不识的章草，信件往往都投不出去，打了"回票"。无奈之下，家人都得在信封上一一写上楷书"释文"。这堪称是古今独一无二的作派了。

此《鹤寿》轴为朱屺瞻翁所书，是年一百零三岁。屺老曾在东坡书艺上下过大功夫，自在而浑朴。暮年所书则点画狼藉，架势宽阔，益见不求工而工的神采。一次去梅花草堂问安时，此作正由展览发还，翁即贻晚生，得人瑞赠墨宝，大吉。

与翁相识于一九六二年，时翁自雁荡山写生过永嘉，住华侨饭店。越二十年，翁曾视我一合影称，当年相片上那个有两根"小辫子"（指海军帽的飘带）的阿是侬？我说正是在下。二十世纪八十年代中期，画院王个簃先生入党，《新民晚报》错发成是屺老入党，多有致电祝贺者，师母告我，"真尴尬"。我趋草堂询翁，有入党心愿否？翁谓"有"。我回院即向书记汇报，后翁即如愿光荣地加入中国共产党，成了上海市乃至全国年龄最老的新党员，一时传为佳话。

刘海粟致陆俨少嘱刻印札
—〈现代〉—

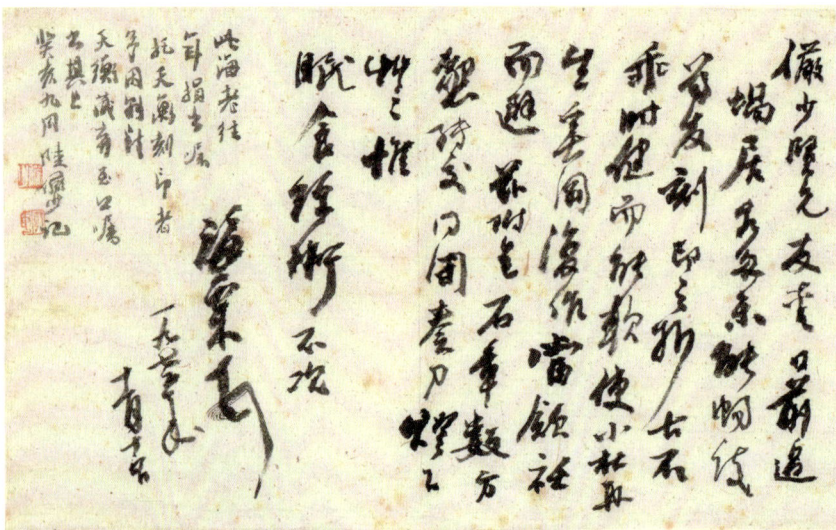

　　我一直感恩师辈们的关爱和器重，尤其是那群大师级的人物都喜欢我的篆刻。陆俨少先生嘱我刻印最多，在三百方以上。陆公好在画上多钤印，读他的画，平添些许古趣。也许是刘海粟先生常见到陆的画作，也注意到所钤的印章，甚是欣赏，正如此信札上所言"尊友刻印之妙，古不乖时，健而能软，使小松再生、奚冈复作，当领衽而避。兹附呈石章数方，恳转交得闲奏刀"。其时海翁尚不知我姓名，故称"尊友"，此一九七三年冬之事。其实，陆公催促我多次，但"文革"中陆头戴"历史反革命、逃亡地主、右派分子、反动学术权威"四顶黑帽，倘再与黑帽更多的海翁交好，是颇有些顾虑的。陆公看我一拖再拖，"不好向刘老师交差"，遂在书札左上方题记，称："你不去，我这信给你，我算交差了。"无奈，当天只得跟着陆公趋海翁复兴路上的艺海堂。那天海翁异常高兴，陆公素讷言，我则跟他胡天野地谈艺，无拘无束，不卑不亢，大有相见恨晚之慨。两小时后辞别，翁赠言：侬有真知灼见。下楼出门，陆公忽语我："天衡，侬规格比我高啊！"我询公："何以见得？"陆公说："多少年来，我看望刘老师，他只是从太师椅上站起来，挥下手，说声'走好'。今天，居然一直把侬送到扶梯口。是伐？"

赵叔孺、王福厂先生是民国时期海上书刻大家。两家都擅于篆书，赵取法撝叔，王取径吉金，各具风貌，为时所重。然去古未远，求赵联不难，王联亦然。

此联之难能可贵在于上联为赵叔孺所书，而失下联，遂由王福厂补书。除纸质和朱格有所差别外，细审上下联篆书，笔致、书格，乃至墨色、气息皆珠联璧合，如出一人，令人叹服，尤赞叹王氏补续功夫之了得。这也有生活中的一比，前头开快车的不难，后面跟车者在满是红绿灯的路上要跟得好且同规合辙则太难了。故我谓彼时求赵求王皆非难事，而要获得两家合书的篆对，也许是不可有二的奢望了。

—〈现代〉—
王荣年章草扇面

中国晋唐以降的书法史，其实是文人书法史，再讲得绝对些，基本上是官吏的书法史。一是彼时没有为书法而书法的书家。二是封建社会万般皆下品，唯有读书高。高向何处？仕途为官。官指何方？一人之下，万人之上。所以书家也理所当然地是官吏的专利。不妨掰掰指头，大书家里除了少数的和尚、道士、隐士，多是做大官小吏的。

当然总有例外，这民国时的王荣年即是。王氏为温州瑞安人，写得一手好字。他出身和行迹都属反动阶级，解放初期即被镇压，墨迹也多被销毁了。二十世纪六十年代初，在友人处见到此件被撕去名款的残扇，读其字，宗法章草，笔短意长、气息宁谧、格古韵新，在沈寐叟外，别开蹊径。友人告我此人为反革命。我说无妨，这字里没有反动标语，作为书艺看着无妨。遂贻我。

"文革"间，偶从旧箧拣出，裱托后，请陆俨少先生补题记，陆公见解与我同辙，谓其远规汉魏，深稳和畅。此一九七五年事也。

呜呼，其实这类民间高人，代不乏人，惜多自生自灭，无人关注，也无缘入书艺庙堂，令海纳百川的书法史不免欠缺逊色。还得补说一句，王氏近年已被平反，作品也已汇辑出版。我旧藏的这件残箑也被刊登其中。王氏当知蒙难时海上有一赏音者。

〈现代〉

沙孟海致周昌谷短札

　　在师辈中，我认识沙孟海先生是较晚的。一九七四年秋，周昌谷兄来沪上，小住在瑞金路的岳父家。陆俨少先生受邀赏饭，陆公拉了我一起去，并说要让我俩订交。此后即为昌谷兄刻过十几方印。据说，他收到印后钤了印蜕，托朱关田兄捎给沙翁，似乎是要听听沙翁对我印章的意见，所以有了图示沙翁给昌谷的短札。可能是过于谬赏，昌谷兄激动之余，驰书于我，并附上了沙翁的短札。时我探索印风多年，褒贬俱有，前路迷茫。沙翁的评点给了我巨大的支持和肯定，可谓雪中送炭、裂土得雨。翌年，有上海与浙江中青年的书法联展，一时来上海索我字者颇多，问原由，称是沙翁去看了，对拙书又谬许多多，沙翁对我有知遇之恩。故一九七五年秋，由关田兄陪去拜谒。此后，多有趋兰沙馆请益，沙翁也时常问询我对印学研究的进展，温馨事颇多，尤其是每次登门，沙翁总是用声如洪钟的宁波普通话招呼："上海客人来了。" 余韵缭绕，时至今日，犹在耳际。

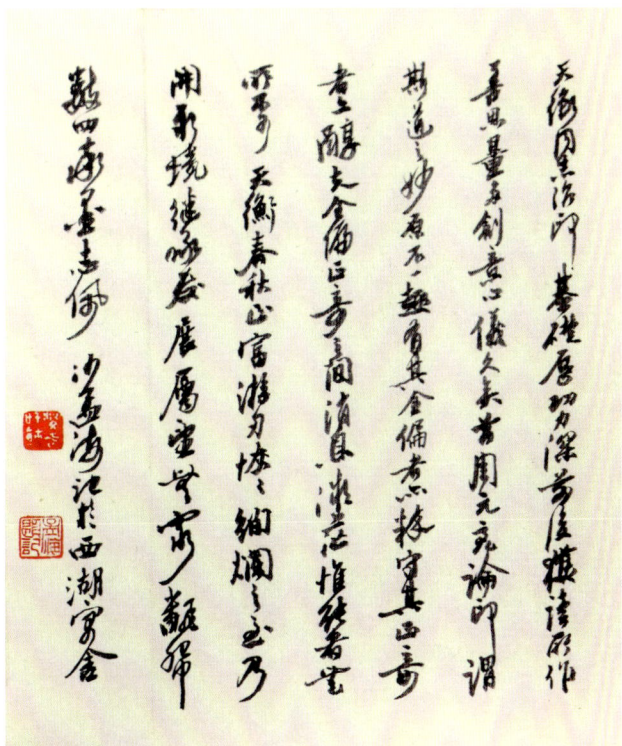

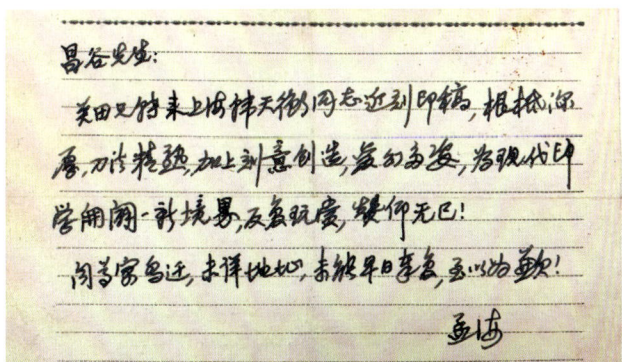

诗轴 沙孟海《登飞来峰》 —〈现代〉—

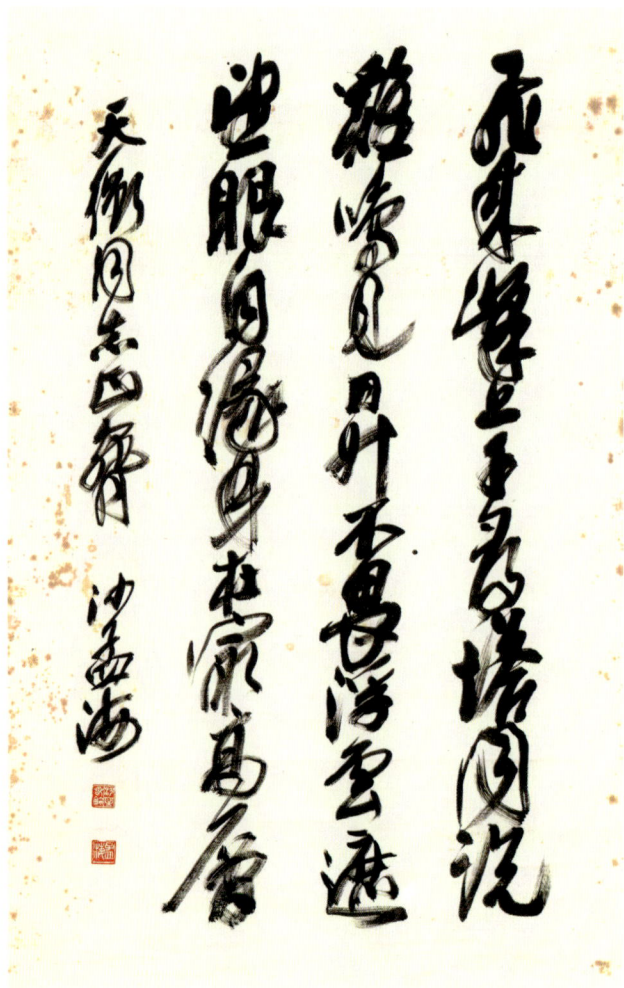

国人视关怀、扶持过自己进步的恩公为贵人，沙老即是我的贵人。在毫不相识的情况下，沙老对我探索并时多彷徨的书艺、印艺一直多有褒奖之辞。一九七五年，在给周昌谷大兄的短笺上竟然不吝谬奖，称小可之印"为现代印学开辟一新境界"，从而更坚定了我生命不息、探索不止的决心。

就是在这一年的深秋，由朱关田兄陪我去杭州龙游路上的决明馆，首次拜见了沙老。那天沙老看了我的印作，问：想定型吗？我说，定型意味着停步，我不会定型，探索是一辈子的使命。沙老深以为然。

那天除了沙老的热情指导，我请求他能为我写张字，沙老说写啥？我说可否写王安石的《登飞来峰》？沙老抽毫，笔走龙蛇地写下了这件大作。这件法书竟大别与平时作风，字多贯连，如珠玑一串，自始至终，大有王献之"一笔书"的况味。至今拜读此作，那天激动到心怦怦直跳的情景犹在目前。

　　费老原本是以绘画谋生的，在"抗战"前还跟陆俨少先生一起在浙江武康的上柏山里筑屋隐居。日寇侵华，江浙哪来可隐居的地方，旋即离散，陆翁一家辗转去了大后方重庆，费公后右臂风痹，始以左手书艺，孜孜以求，攻难克艰，而享大名。

　　一九七五年，陆俨少先生嘱我去姑苏时到干将路，看望老友费新我翁。进门先要在本簿上签名，并称现在忙，字是不能写的。我顺便拿出拙刻印谱请其指教，谁知他老人家进里屋拿出一卷书法新作来，说："让你挑选张。"这就是当时我挑出的一张。接着说："要请你为我刻两方印。"

　　费老性诙谐，一次跟我讲八旬老叟找年轻女伴的故事：老叟先生龙活虎地表演了一套拳术，女方则似懂非懂，不见态度。此时老叟则跳入河里，麻利地游了一圈。上岸，抖一抖衣衫，问女方："侬看我那哼（苏州话咋样的意思）？！"

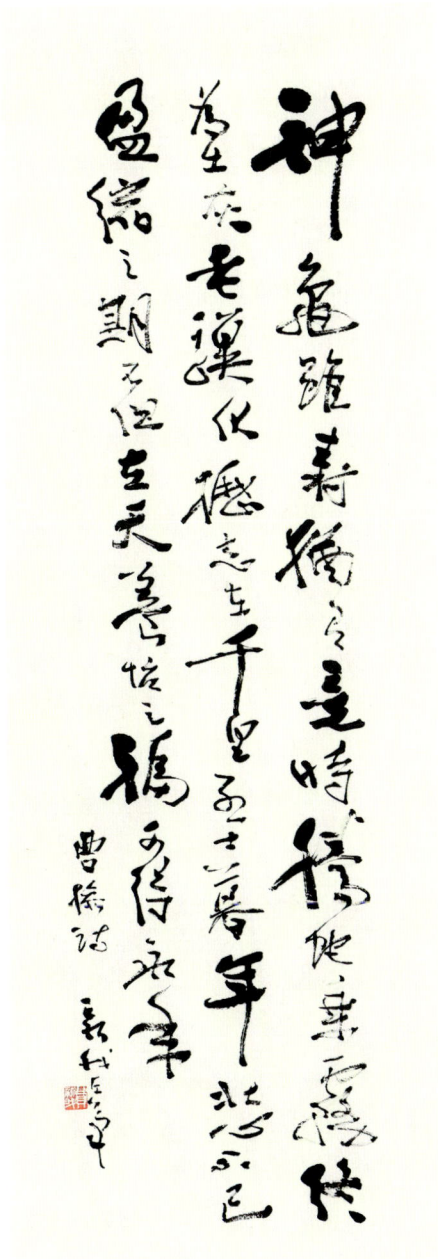

神龟虽寿，犹有竟时。腾蛇乘雾，终为土灰。老骥伏枥，志在千里。烈士暮年，壮心不已。盈缩之期，不但在天。养怡之福，可得永年。

曹操诗　新我左笔

—〈现代〉—
白蕉行书联

一九八六年在广州集雅斋举办我的书画展，所得稿费，我都换成了店里的老辈的书画印展品，此其一也。白蕉先生书法宗二王，尤精于行草，侧峰直入，笔底一股闲适磊落、洒脱娟逸的情调喷薄而出。性洒落，有晋人风，这在彼时的书家中是仅见的。先生作品存世量相对较少，对联更少，时店方标价二千五百元。以拙作换前辈佳联，"一百个值"。

白蕉先生人恃才傲物，不晓政治。一九五七年，出言不慎，在上海中国画院任秘书时，被划为"右派"，那帽子的重量和后果，远出于想象。歧视、批斗、人格及自由的丧失，对其政治上、精神上打击很大。然有风骨的文人，在艺术上却保持着一以贯之的清狷和洒脱，意态自如，情调依旧，为人敬仰。

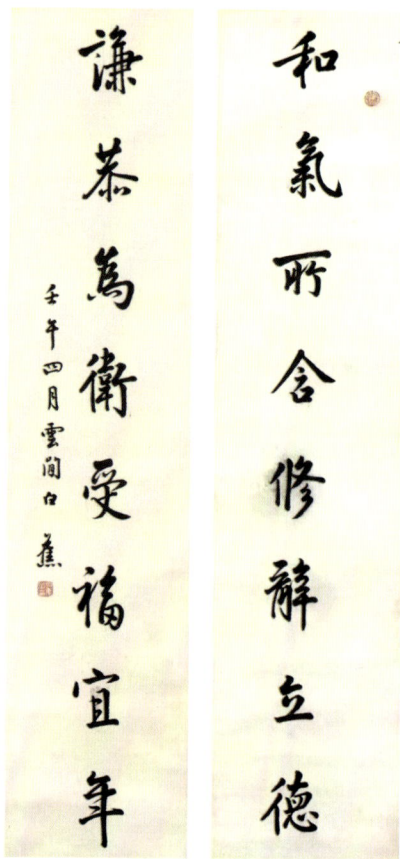

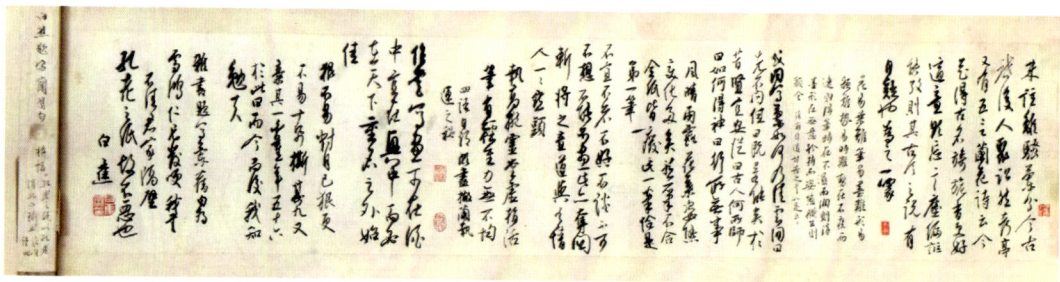

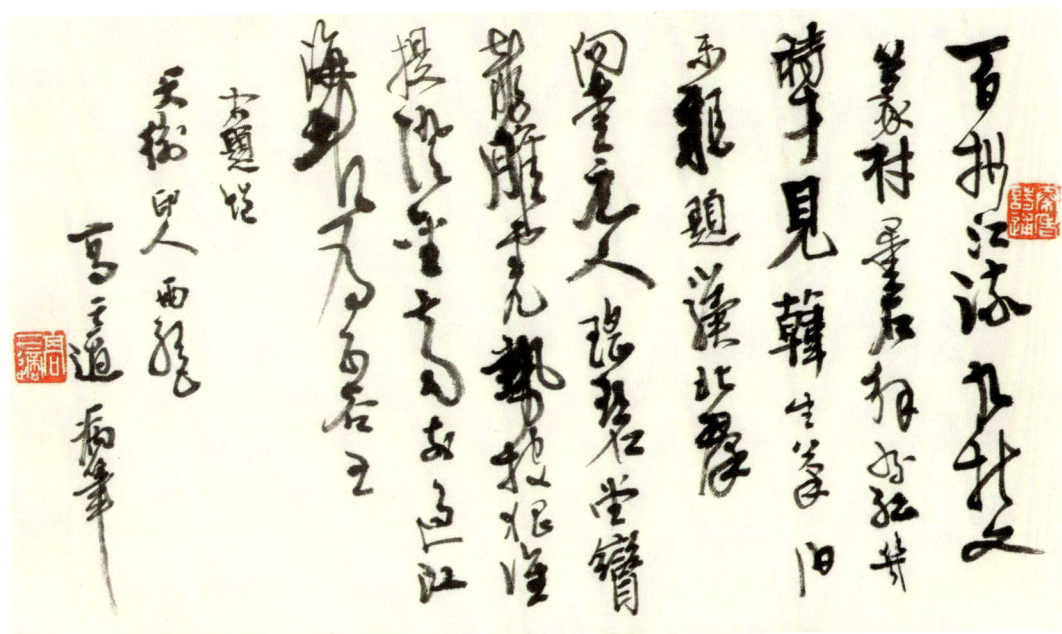

〈现代〉

—高二适题赠诗二首—

高二适先生是中华人民共和国成立后极具文人风骨的大书家，二十世纪六十年代，不畏强势，敢冒风险犯上，跟位高权重的郭沫若先生叫板，争辩《兰亭集序》之真伪，涛惊浪骇，火药味很浓。在那个阶段的书法史上，乃至在学术史上都留下了稀缺而浓重的一页。翁虽遭到八方围攻亦毫不退缩，"证草圣斋"的斋名见证了他的刚毅不屈。

高老跟我有缘，一九七四年，他的学生请了各地四十来位篆刻家刻印，他居然只赏识我的那方，并在南京鼓楼医院的病榻上题诗两首寄赠。并函告，今后将全部启用拙刻。一年里，曾先后刻过寄来的印石有三批，惜彼时少暇，印均经请友人及学生转至，讯息也仅限于多次的书信。越年有南京友人告我，先生已驾鹤西去，在临终之际，嘴里反复念叨着几个人名，除我之外，皆其同辈大家。送终者后询之他人，方知韩某者乃上海一青年印人，高老厚我如此。古有"高山流水"，知音犹可心心相印、面面相觑；先生厚我，却未谋一面，未晤一言。平生憾事，当无过于斯。

商承祚题韩天衡印卷跋

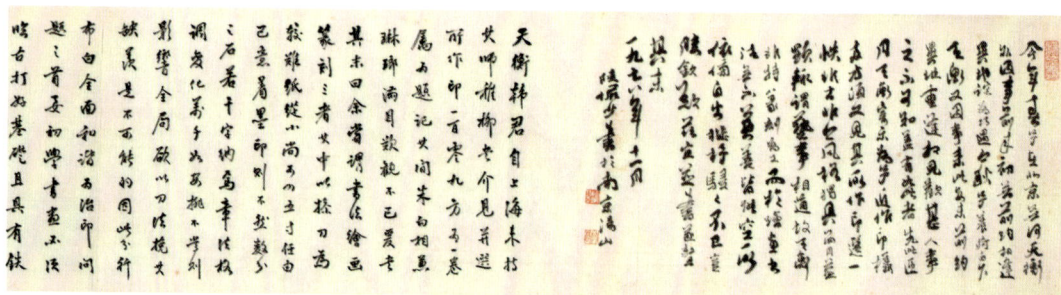

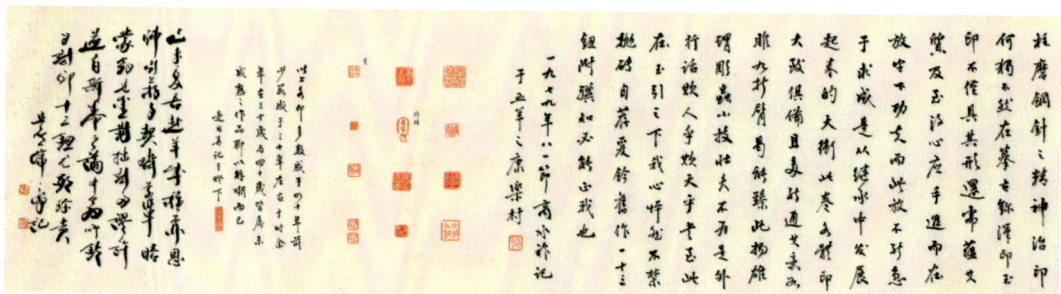

〈现代〉

一九七九年有羊城之行，稚柳师写了推介信，让我去拜谒商承祚先生。行前师告我，这先生有点怪，还给我举了一例。说一次约好时间去他府上相聚。在将进门前，只见本在闲散走动的他，忽地扑到自己的坐椅上，一副正襟危坐的架势，威武得像县太爷坐堂。其实，他这段行径，被老师从他家的一面大镜子里都看得一清二楚，说到此，老师吐了五个字："嗨！岂有此理？"

我趋中山大学他府上拜访，老先生很客气，读了我呈上请教的印谱，讲了些表扬的话，我以为都是场面上的客套话。告辞时，先生说：印谱可否留下，过两天来取如何？当然。谁知两天后，商老居然写了件长卷，不仅费笔墨表扬了我的印艺，还居然寻觅出他三四十年前刻的印章十三方，钤于卷后。他在卷末写道："在玉引之下，我心怦然，不禁抛砖自荐，爱钤旧作一十三钮附骥。知必能正我也。"捧读到商老的卷题，他褒掖后学，谦逊和蔼得让我感动。尤其是还要末学去指正？此时，我忽然想到稚柳师的五个字："嗨！岂有此理？"

潘受诗轴

〈现代〉

潘受先生，现代著名的学者、诗人、书法家，知道他的人或许不太多。也不奇怪，因为他中年即定居在新加坡，那里的艺友都公认他是新加坡的国宝。一九八六年，中新尚未建交，我有幸被邀赴新举办个人的书画印展。作为长辈，他出席了开幕式，以他的影响，还动员大量的学子来参观我的展事，从年轻人嘴里才知道是他说：韩先生的展览，你们值得去看看。在新做中国书法的讲座，谁知他不请自来，在第一排，足足坐了两小时，令我既感动又惶恐：这不是在关公面前耍大刀吗。潘公厚我，还邀去他的"海外庐"作客。十年后，他居然由从美国退休的公子陪同来沪屈驾我豆庐，情谊可感。公今则归道山久矣。

这是潘公赠我的法书，诗为自撰，他的书法登晋唐之室，也有道州何绍基一丝影子。而依我的陋见，何氏骋气见辛辣，潘公婉畅具文静。要之，修为拔萃的学哪一家，都会透析出自己的性灵来。

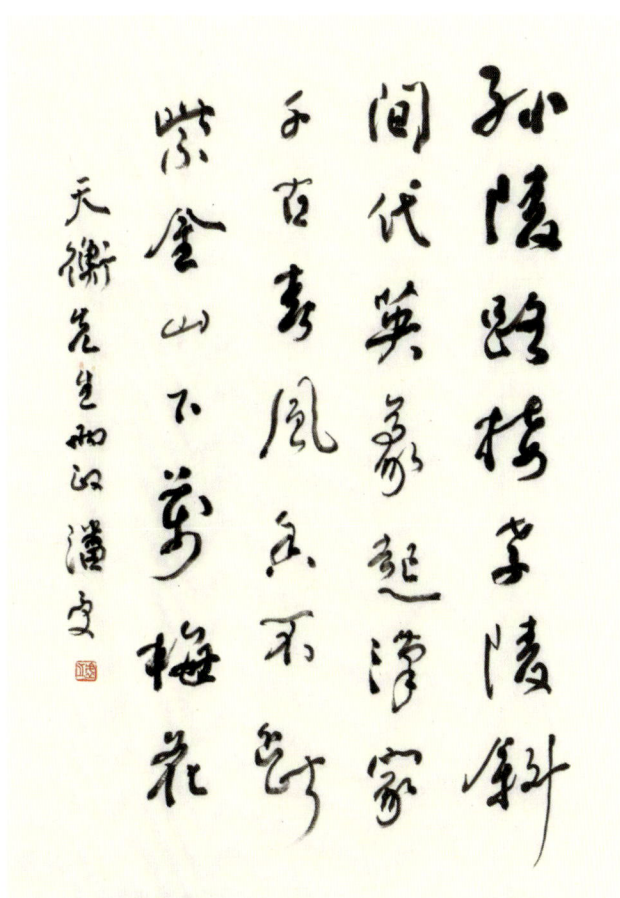

—〈现代〉—
马公愚石鼓文

我有幸拜马公愚先生为师是一九六三年，他回温州故里，在松台山上工艺美术研究所的接待室写字，我将习作呈上求教，先生很鼓励，当场表示今后可多予指导，就收我做了学生。一九六四年，我被调回上海东海舰队，请益的机会也更多了。马师正草隶篆，四体皆能且精，这类书家古今不多。他常跟我说，别人称我书法家，其实我倒是华东师范大学的英文教授噢。书法家里中外兼通的，古今更罕有了。以往鬻书为生也非易事，不懂书法的太多，而率意批评否定书家，信口雌黄是不用成本的。在这方面，马师有太多的感喟，他曾教过我一招："在书法作品里，一定要写一两个俗人不识的异体、别体字，嘿，你字都不识，还有资格批评人家？"

公愚师写石鼓文绝对忠于原作，功力过人，丝毫未夹杂个性和习气，体现出高度的纯正性，最适宜作为初学者的范本。这是他一九六八年赠送给我的一件佳作。

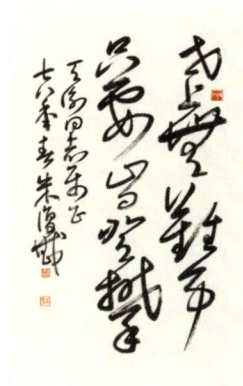

与朱先生相识于一九七八年，先生尚蛰居泰安。他的字笔力遒劲、意气轩昂，有股咄咄逼人的气势，的是当代一流但宣传不足的书法篆刻家。

记得八十年代初，他看到我作品上的钤印，问："谁刻的？"答："我自己刻的。"他爽快直率地说："侬刻汉印介好，去创啥新？！"弄堂里扛木头——直来直去，这性格我喜欢。

一九八四年秋，西泠印社八十社庆，当时社员才几十位，开讨论会分两组，要我主持外省市的一组，组里老辈名家甚多。甫坐定，朱老手一指，问："启功，侬会刻印伐？侬来干嘛？"又转向费新我先生说："侬会刻印伐？侬来做啥？"随后，指指王个簃先生说："启之，侬为啥要学得跟昌硕先生一模一样？"稍缓，个老答道："唉，师恩难忘。"话音刚落，他又指向曹简楼诘问……像连珠炮般一路扫射。此时，我急奢站起来，岔开话题，转入主题。好在是文人聚会，诘问者和与会者或无声，或静听，或细语，一阵电闪雷鸣，未见风起云涌，太平无事。事后想来，作为八十五岁的大家，直白、敏捷、犀利，像愤青般地慷慨激昂，敢于当面对着一群老友，无城府，无所畏，不留情面，想说就说，直言不讳，此老胸中自有统领三万兵甲的逼人霸气。作为主持，我总算有惊无险地亲身领教了一回。在艺术界这种不戴慈眉善目的假面具，不花言巧语而私下耍阴招，敢说敢当，表里如一的老艺术家，是稀缺的，也是有趣的，更是理当敬重的。

字如其人，其人更甚于其字者，复戡老是典型的一位。

来楚生先生晚岁的书艺已入化境，行草宗黄道周而醇厚过之，隶书参汉简而醇郁过之，篆书法赵之谦而醇正过之。依拙之见，他的字、画、肖形印，妙在得一"醇"字，学而弃迹师心，这等的高人一个时段也出不了许多。

这本书写于一九七〇年的篆册及一些出版过的行草隶的法书，都是来翁送他一位弟子积累的妙品，量大质佳，一次性转我，于他是救急，于我是解渴，时在一九九六年。

此册不久前曾借给上海画报出版社出版。过些时，中介的朋友将听到的质疑之声询我，我笑问："这批东西都是你从他家里一起搬来的，是否你将这本册页'调包'了？"无语。

艺术品的鉴定是犯难却又有标准的事。如今，人人都可自由发言：真、假，才一个字，其简单到不需一点成本，也无需担一点责任。总之，不让人家自由发声不可以，但自己失去了定力也是决不可以的。

来楚生先生勤于艺而讷于言。一九七二年上海市举办书法篆刻展，以毛主席"'文革'最新指示"及鲁迅诗为主题，来先生书行草，我书草篆。自知作品张挂于其侧，益见荒率。我对来公说："你那张字是其中最好的，我是其中最差的，放在一起太丢人了。"先生视我，一笑。神秘里见不到密码。

此来楚生翁暮年的隶书精品，参那些年新出的两汉竹木简，去掉些散卓笔的任性而添得些内敛和朴厚。"书为心画"，信然。上海书画出版社的来翁书法集出版过。时中介朋友告我，某书刻家为来先生高弟，急于用钱购房，要出让先生法书一批，遂皆为吾所得，此其一也。此近三十年前事。记得当时此件以一千二百元易得。

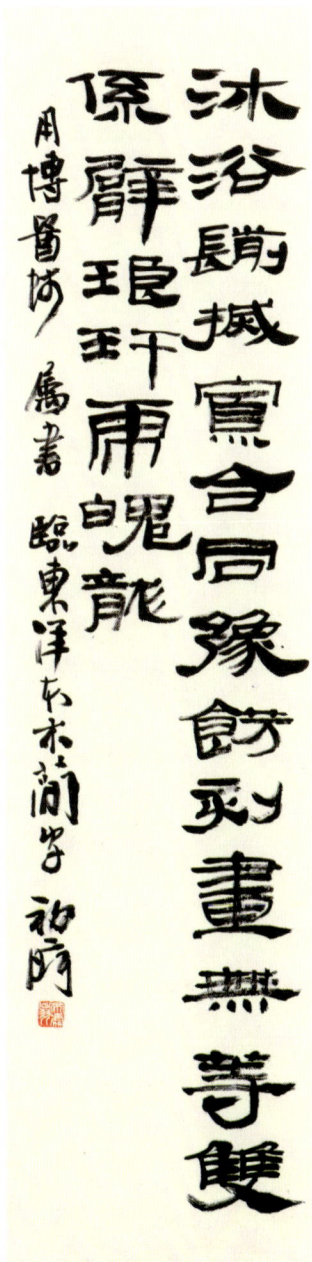

—〈现代〉—
李可染《金铁烟云》轴

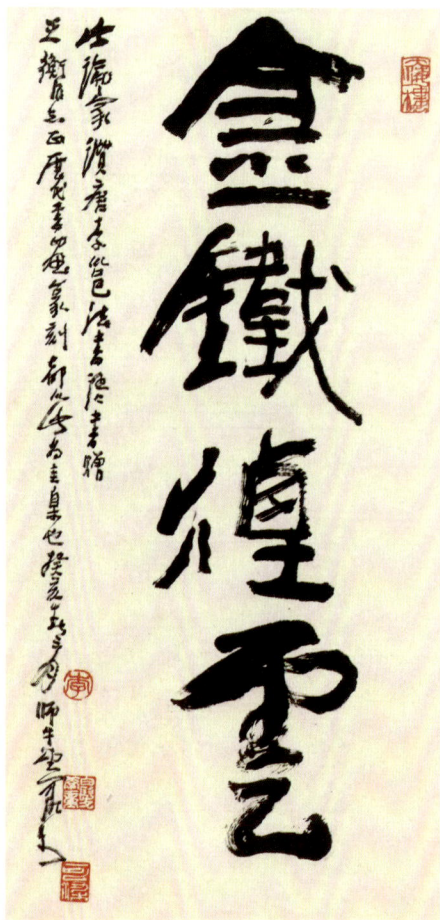

李可染先生谬许拙印,自一九七八年起即结成忘年交。先生待人真诚厚道,如邻家大伯。记得一九八七年大热天去拜望他,敲门,女佣拉了条门缝,说李先生不在家。我请她把我的名片递上。二分钟后李先生居然自己来开门,径直拉到他的小画室。先生一直握着我的手,至少二三分钟,捏得手上尽是汗。先生一边握着我的手,一边大声呼唤:"邹佩珠(师母名),天衡来啦,天衡来啦,快开西瓜呀!"至今,一想起这场景,这话语,就感动、就温馨。宅心仁厚的师长啊!

记得一次去看先生,他取出三方印石,说:"就在这里刻了吧。"十分钟里,我刻了两方"可染"一方"李"。师母说,这么快呀?我说:"你看刻得快,这刀是迎着阻力挺进的噢。"年轻时话多,来劲了,又举例说:"一根缆绳放在地上是不具张力的,一旦拔河队伍反方向拉扯,那中间的那段线条,顿时会产生勃发而拗执的张力,这就是我刀下所要追求和表现的张力。"此时,李老兴奋地说:"天衡啊,说得好,我俩是英雄所见略同啊!"李老平时说话不多,可他和我见面会谈古说今,也每每谈到他尊敬的齐白石老师。一次他问我对齐老师的看法,我高度评价了他的超群的理念、绘画、书法、题记,也批评了他篆刻创新背后的"三不足"。一番信口雌黄之后,李先生说:"唉,齐老师还是了不起啊!"

我是一个在艺术上讲真话,不掩饰,也颇张狂的人,李老是知我爱我的。记得一次在告别时,他老人家郑重地说:"天衡啊,送你一句话,天才不可仗恃。"这句六字箴言,让我受用了整个下半辈子。李老,我艺术路上的又一位大恩人。

朋友总问我，可染先生叫你刻了不少印，你有他几张画？我说没有。记得一次去北京送刻好的印给他，李老很欣赏。然后从书橱里拿出一卷画来，我记得共八张，都摊在地上，说："天衡，你看看。"我一张张地拜读过去，又一张张地发表着令我欣赏的见地，八张画读完，沉浸在艺术的美妙世界里。片刻，李老弯腰提画，我立马捡起画来，交给他放进橱里。记得回上海，应野平先生询我，我讲了让我看八张画的事。应老说，你犯傻啦，谁会平白无故地拿八张画给你看？是伐？那是让你挑的。想想也是。

但是我从来都没有失落过。一切都是缘分，一切的拥有都是暂时的。况且，我还有值得自慰的理由。曾看到过李老女儿写过的回忆文章，说父亲是从不写信的。然而，我先后收到过李老三封绳头小楷的信函，字里行间对我的谬许和寄予的深情，可是绘画里不可能具备的。

可染先生八十岁在首都举办生平最盛大的个人展，他特地请人把邀请信送到我画院。有几位老辈看到了，羡慕地说：天衡啊，这信封可是李先生的毛笔亲书，得藏好啰！是啊，我一直珍藏着。

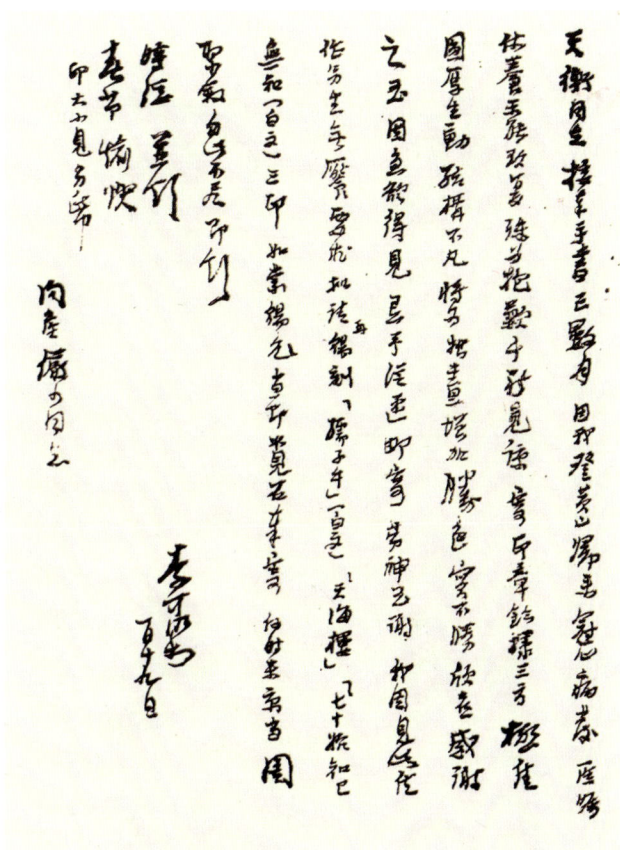

陆俨少行书联

—〈现代〉—

　　一九七五年，请陆俨少丈书放翁"有得忌轻出，微瑕须细评"的小书房联以自励，陆公跋中有"处夫人事之间"而"自勉"的感慨，是寓有深意的，似与他一九五七年说话开罪了个别领导，打成"右派"而生悔意有关。陆公此联，书来荡气回肠、苍劲奇崛，可珍。

　　其实，解放前，陆公也没有过好日子，对新社会、对党都是有着赤子报效之心的。打成"右派"后为明志，署斋馆名为"自爱庐"，用闲章如"我自爱桐乡""我是越人"，都体现了即使被误会、误打，依旧爱党的情结和甘愿接受苦难折磨的诚心。今见有文章将我所刻的"我是越人"释读为"我弗越人"，而作文考据引申。故兼及说明之。

谢稚柳题韩天衡印谱诗

〈现代〉

我的幸运在于青壮年时期得到一批而非一位名师的教诲。一九六三年由方师介堪推荐而受业于鱼饮溪堂，时稚柳师尚未改斋馆为壮暮堂，我依稀记得壮暮堂的启用似在一九七三年前后，典出曹孟德的"壮士暮年，志在千里"，自有深意在焉。在古文里"暮"当作"莫"，会意：太阳落山堕入草丛中。而今日之莫字，则寓"没"之义。莫与暮其义有别，不可混淆，故师令刻印必告曰：要在莫下加一"日"方妥。虽不合《说文》，但印文则无歧义。

我四十岁后，依旧迷恋于篆刻，师则欲我扩大领域，勿仅以印人传。师寄我以厚望，无奈才疏学浅，有负师之一片苦心。罪过罪过。

此诗即彼时师贻我者，知我耽于金石，又知我素不喜粘着于前人，故末句有"肯为吾贤真本师"之句。师曾书写过两纸赐我。此诗似未收入壮暮堂诗集。

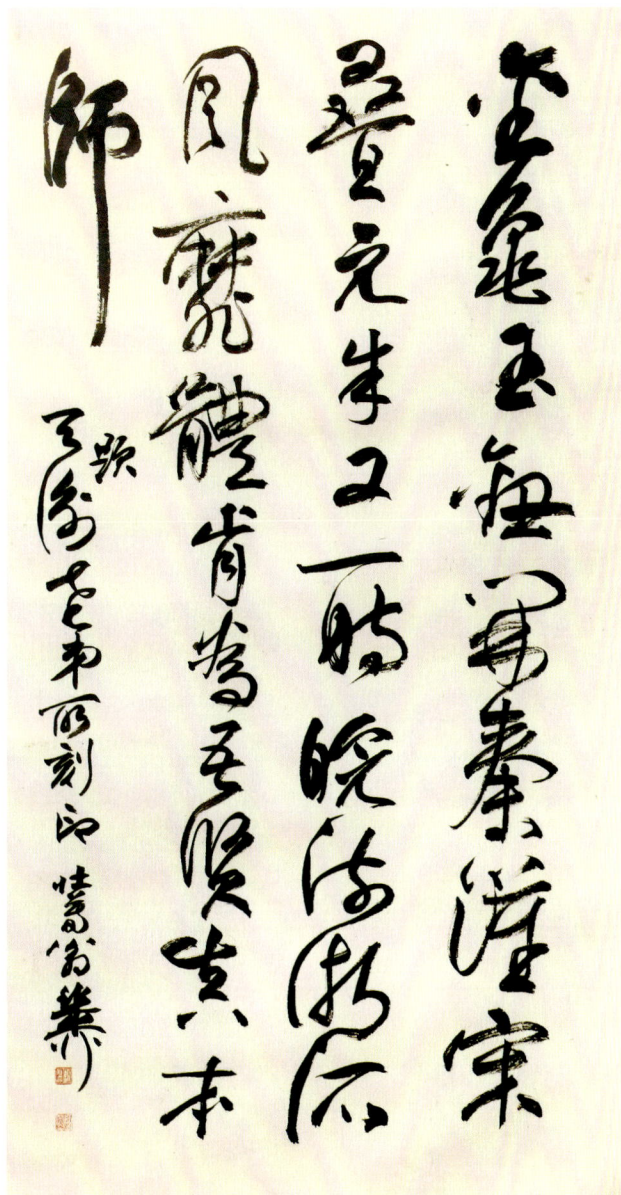

谢稚柳草书联

〈现代〉

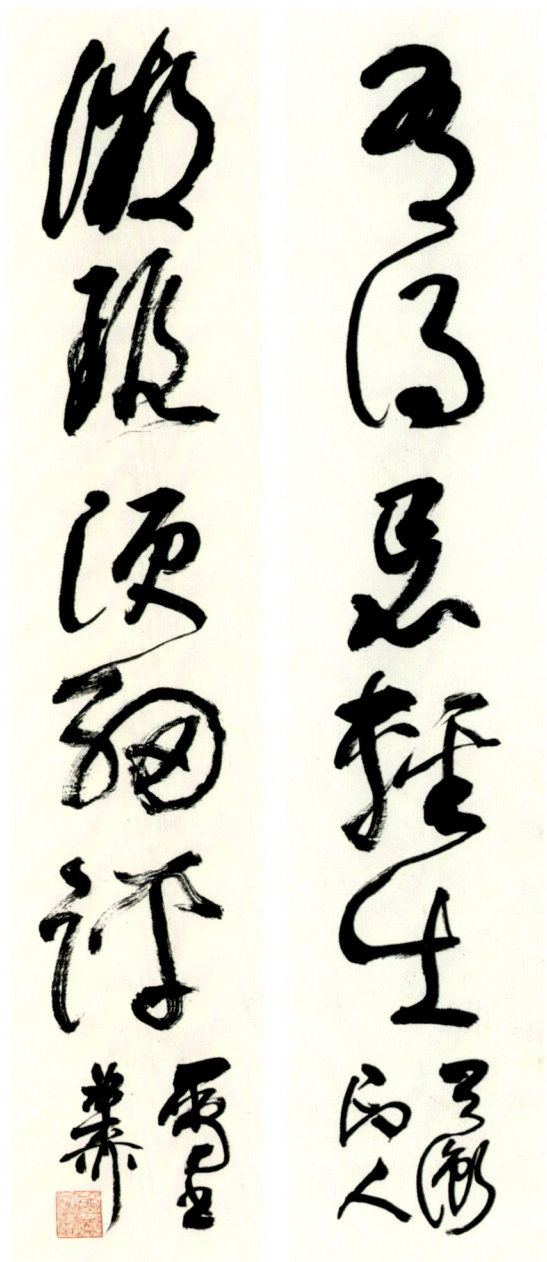

　　"文革"中谢师稚柳公被抄家，空唯四壁，桌无一物。读书人无书可读，无笔墨伺候，当是第一等痛苦事。公避开"造反派"的监管，像地下工作者般悄然借来精印的张旭草书《古诗四帖》，以响拓法摹出一本，大家功力，足可乱真。公自此脱出老莲而入旭老之室。挟"文革"鞭笞之洗礼，生向天啸傲之豪情。笔下生风，摇曳跌宕，逆入回腕，俨然唐风。此作即其转型初期之佳作——有得忌轻出，微瑕须细评。公彼时曾将其摹本《古诗四帖》慷慨借我三月，供我学习揣摩，期待殷殷，师恩没齿不忘。

　　据我的考察，稚柳师的署款，"柳"字由左右两旁作上下结构是在一九七四年初。即使上下结构的"柳"字也应时而有细微的变化。师之赝品满天下，这也许是可以给鉴者一些参考的。

一九八三年西泠印社八十周年庆，启功老来杭，先悄悄地问我："有啥动静否？"我说没啥样，一切都正常。他会心地笑了。这让我知道启功先生毕竟是过来人，心细。他还捎了一支鸡毛笔贻我，我则戏曰：送笔还得送字才行，翁即以笔疾书一纸。此为即兴所书者，可宝。

记得一九七九年西泠活动一周，启先生与我同居一室，每晚都会隔床闲聊，每至深夜。一次他说了许多齐白石的"糗事"后，反问我齐的印章如何。我信口说了他独创印风背后的"三不足"。启先生说"好"，该写篇文章，故一九八〇年我撰《不可无一、不可无二——论五百年流派篆刻的出新》长文。这也是中华人民共和国成立后第一篇批评齐氏艺术的文章，彼时也收到了几封抨击我的信件。故我说："启老，您可是'幕后策划者'。"启老居然伸长了舌头，眯起双眸，做了个极得意的表情。这生动的一幕，至今还一直印在我的脑海里。

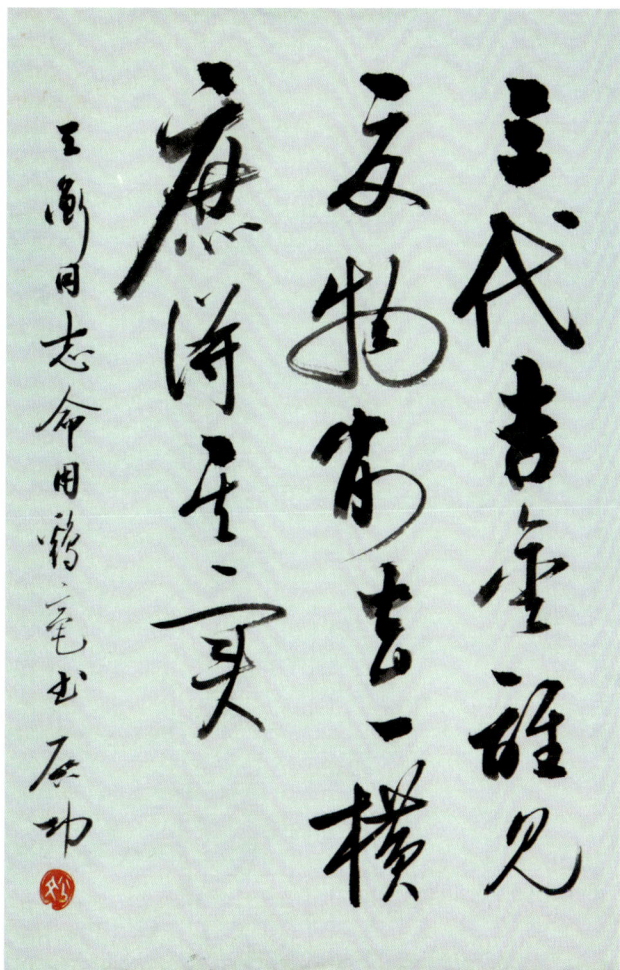

—〈现代〉—
启功楷书毛主席诗二句

借问瘟君欲何往纸
船明烛照天烧

一九七六年秋

启功

一九七六年秋，一举打倒"四人帮"，举国欢庆。时老辈中难抑再度被"解放了"的心情，多有以书画诗词专题庆幸之。这是当时启功老抄录的毛主席诗二句。当时据我所知，启老书写了许多张，分赠朋友，我即有幸获得两张。

记得一九七八年拜访先生于京华小乘巷简屋，问及先生在兰亭争辩时，您怎会作短文与高二适先生争辩。启先生感慨地说："天衡啊，你知道吗？我头上戴着'右派'帽子，郭沫若捎条子过来，要我批驳高先生，我敢不写吗？"看得出他一脸的无奈。文人被权势文人支配指挥下，在学术上去当"狙击手"的时代应该过去了！

据我的了解，启先生对齐白石似乎多有微辞，一九七九年，西泠印社庆祝七十五周年，先生与我同宿一室，每晚熄灯聊艺，询我对齐氏篆刻的看法，先生深以为是，并敦促我撰文批评。之后，我即撰写了《不可无一、不可无二——论五百年流派篆刻印章的出新》长文。这也是中华人民共和国成立后第一篇涉及批评齐白石的文章，反映颇大，我曾笑称先生是"幕后策划"。

　　我与徐邦达先生一九七四年邂逅于郑竹友蒙师家。先生见我书，曰"你的字像我这年龄写的，我的字到像你这年龄写的"。先生长我二十九岁，后多有请益。约二十世纪九十年代初，先生新婚，来书称夫人颇喜欢拙画，裁纸应嘱作水仙图以贺。

　　一九七九年西泠印社恢复活动，暨七十五年社庆。笔会时，先生见爱，邀我合作一画，这也是我俩唯一的一张合作。可记。

　　先生大胸襟，乐于提携后辈。在杭城分飞南北时，他提笔赠诗，题为："惜别为赠天衡俊士，蠖叟时在湖上。三绝艺林孰与齐，羊裙未敢作新题。明朝淞浦挂帆去，把臂何时返故蹊。" 透出了厚意和深情。记得一九七八年稿费恢复时，先生说还是做画家好，日子好过，搞鉴宝是清水衙门，苦生活。后拍卖行如雨后春笋，先生则作为鉴宝权威，品评书画，尤见繁忙，想必也收益日丰，不逊于创作书画。九十年代初，先生事繁，我也为杂务纠缠，乃至到他仙逝，均未能谋一面，也是憾事一桩。

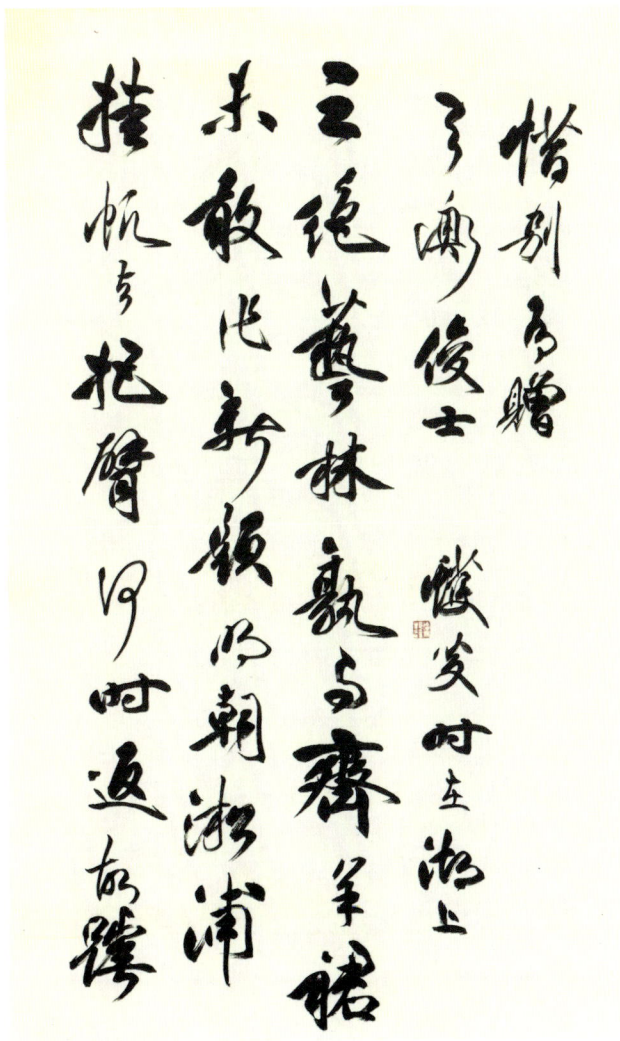

—〈现代〉—
宋季丁临《晋朱曼
妻薛氏买地券》

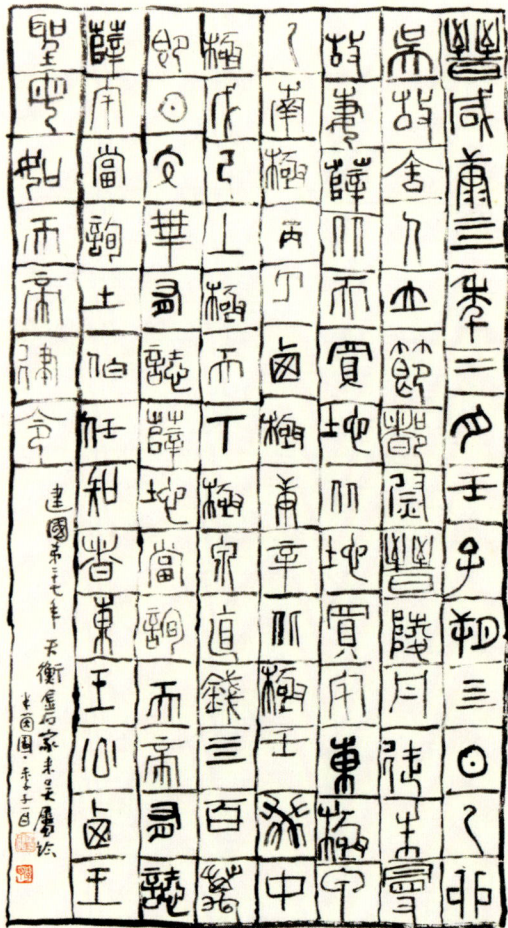

此杭人寓姑苏的宋季丁的书法，临晋朱曼妻薛氏买地券，师古而师其心，出己意，大佳。我与他相识于一九七五年。在他那陋室里，门上、柱上，多处都有手书的字，或临古、或自运，不走寻常路，有古有我，自具高度。听他谈古论今，褒贬古贤，也多有可取之己见，非俗人也。几年里互赠书印颇夥。二年后，我撰写《书法艺术》电影剧本，有话语权，江苏仅选三家，林散老、费新老之外，宋在列也。故有书信往来，他总称我为"韩荆州"，岂敢领受，但可见其知遇之情。

彼时即有谓宋先生是丑书，我不以为然也。花苑本宜百花齐放，赏爱因人而异，不足为怪。书坛亦然，作书各有所好，书者、赏者，唯有高下、文野、良莠、生熟、雅俗之别，不宜仅以丑美鉴之。拙不才，以为丑与美非对立物，"媚"才是，且丑书与劣迹也是有区别的。往昔几位被世公认的，划为"丑"书的大书家的拙古法书如徐生翁、谢无量等，足证我非诳言也。

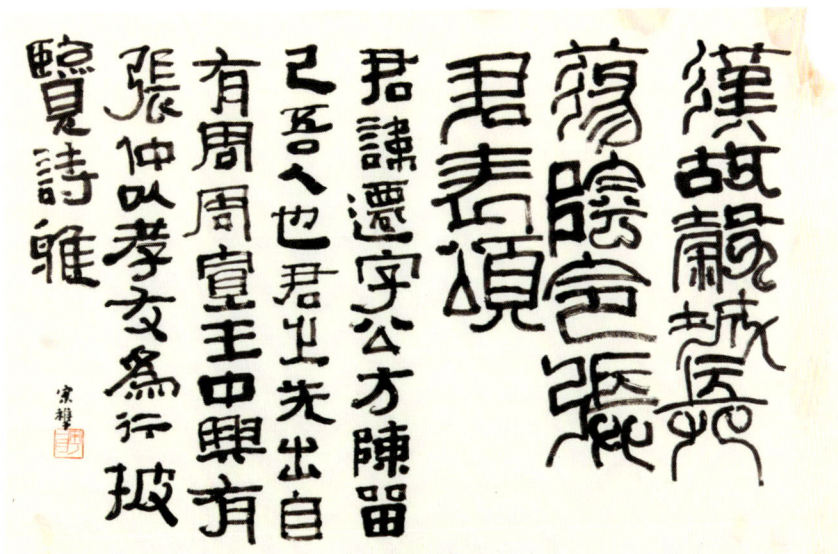

　　宋季丁的书法在二十世纪七十年代是多被书人不屑的，或说他根本不会写字，或说他是装儿童体，后来又被归纳到丑书之列。我在起先看到他书法时，觉得它生、拙、涩、重、韧，从骨子里生发出异常的风味。这不是甜滋滋的苏州菜，也非是麻辣辣的四川菜，它像臭豆腐干，嗅起来极臭，吃起来喷香，反正这是我最初的感觉。所以一九七五年在姑苏一见如故，高山流水，视为莫逆。一九七八年我撰写《书法电影》本子，大多说他的字丑，但我力排众议，在不多的书坛名家里执意添补了他。艺术该百花齐放，是花则可，从表象上讲，有美丑、主次之别，但还得看骨子里的优劣雅俗。美其表，丑在骨；或是丑在表，美在骨，这类范例不少。当然这答案的负正选择，与欣赏者的审美与修为又是不可分的，"情人眼里出西施"这话也是老成人的见地。而且我还认为，丑与美不该是对立物，媚、俗才是！恕我胡诌了。

　　这是件他很满意的临作。攀岩探幽，甘苦自知且勤于实践的探索者，当可品味出这既师古又有我的果实。我欣赏宋氏这饶有深度的丑书，虽丑，但我好这口味，喜欢吃臭豆腐干。当然，我也欣赏正宗的苏州菜和四川菜，神农氏正是偏尝百草方始成其神农氏的。不忌口，对艺术来说重要！

　　字怪、有性格的，人也必有怪的一面。一九七六年，他嘱我求陆俨少先生一张画，郑重地挂在他的陋室里，有来客羡慕煞，他说："我又勿要的，是伊主动送来的。"后来不知谁把这话传到陆公耳朵里，惹得陆公责怪我："嘿，这什么人嘛？"

玺印、印谱篇

〈汉〉
玉印『臣翳』

玉之为印始自战国。闻有出土商末周初之玉玺，未可断也，姑且不论。

《礼记・学记》称"玉不琢，不成器"。玉的材质坚硬，施水间添加金刚砂，不断琢磨而渐生线条，工艺精细，一印之成，远较铜印之铸、凿繁难。故战国及汉代之受者多有身份，存世量也少，若明代顾从德首创的以原钤古印成书的《集古印谱》，玉质者也不到铜质的十之一。又如早先流入扶桑的为太田梦庵集藏的八钮印玺，一直为印林以图球视之。

汉玉印的琢制也有多种风格，此"臣翳"印即为严谨而规整的一路，制作技法与"皇后之玺"相类。玉质为和田羊脂，属汉玉印中罕见者。又近些年所见新出汉玉印颇多，真伪相杂，鉴藏者尤须谨慎。

　　上古玺印里，玉印是珍稀的一类。以官方的定位，皇后的印玺可用玉材，如"文革"中出土的西汉"皇后之玺"；私印若近今出土的做过二十七天皇帝的海昏侯就有"刘贺"玉印。私印里的玉印，绝非平头百姓所能拥有。开天辟地的明代原印钤盖的《顾氏集古印谱》六卷，就是将约一百七十方玉印放在最前的第一卷。若以此谱的铜玉印量比来粗略测算，玉印至多只占十之一，足见金贵。清诗家龚定盦幸获一方汉鸟虫篆"婕妤妾娟"的羊脂白玉印，被误释为"婕妤妾赵"，视为汉代美人赵飞燕的用印，特地盖了座亭子——"宝燕阁"，谁想求个印蜕，都得掏三两银子呢。这方故事多多的玉印后为陈介祺所得，今则藏于故宫博物院。

　　此"李脱"玉印，一九九七年见于上海华宝楼，因多残蚀，要价三百，如废墟拣得。印的篆法修长流动，方圆相参，琢作精整规范，在汉玉印中属上乘之制。印有残蚀，有时倒平添出别样的风情，看过卢浮宫里断残双臂的爱神维纳斯，也就能明白了啥叫"残缺美"。诚然，又非残缺即等于美的。

〈魏〉

关中侯金印

此三国魏的纯金印，重一百三十八克。魏晋前的纯金官印，至今仅见六十钮左右，少量早先流出海外，大多在重要的博物馆。如两岸故宫也均阙如，足见其珍贵。金不为他物浸蚀，一如新出，故能知彼时工匠凿印之法，于吾等篆刻大有裨益。

一九九五年，友人介绍有此关中侯金印，细审是国宝级物。物我两望，欢喜无量。再一思忖，此该是出土物，购入恐不妥当。我告售家心思，并加了一句："如是仿品我倒是可买的。"对方说，他请某大省的博物馆专家鉴定过，他们言之凿凿，说是假的。我告其，能请该馆出一证明否？两周后，售家捎此金印及定其为伪品之字据来沪，一切妥帖，时以一万多美金归我豆庐。七年前我一并捐给国家矣。今在韩美馆三楼展出，可一睹其金灿灿的真容。也许是金灿灿如新出，我在巡馆时，就听到过几次议论：这么新，一定是假货！

〈明〉

九叠篆关防印

　　二○○一年有云南之旅，由昆明去洱海苍山，山麓有个白族旅游区，也许是为刚勃兴的旅游业添彩，在不远处的街巷里，有撑着旗帜上书"古玩"的店铺。走近一看，一排居然有着几家铺子，光线黝暗，看来也少有人光顾。供应的人都是本地白族的民俗遗存，在脏兮兮的柜子里，见到这枚近十厘米的长印。取出睇视，象牙质地，乃明末时物。文为九叠篆"蒙化卫指挥同知杨关防"，蒙化为旧县名，在云南大理之南部，官印而冠以私姓，罕见，也许是边陲地区的特例。印背，尤其是四侧都被刮削到极薄，还有新被刮去的痕迹。究其原因，彼地风俗认为象牙粉末足可祛病辟邪。好在印面还是基本保持了完整。询价，三百元，购归。

——〈明〉——
何震『柴门深处』印

何震和与他师之友之的文彭，是明清篆刻流派印的开山人物。文彭刻石我基本未读到真品，而何震的篆刻原石还见到过一些。何震之印历来贵过金玉，一是他堪称首批公认的职业印人，二是他名盖文彭。彼时好印之贵胄都以得其一印为荣，寓有千秋共传的意味。

此"柴门深处"印的是何氏所作，石为青田灯光冻，属叶腊石，性洁莹，尤适刀。然四百多年的风霜，被我喻之为清纯的西施美人，毕竟也人老珠老，满是零丁沧桑相。一九七三年友来告，有其师得之于师公钱瘦铁的馈赠，知我好印，愿为我撮合。约过半月，传话：他师母要价二十元。其实二十元在当时也颇昂贵，记得一件张瑞图的六公尺长卷，也仅索价三十五元。然我嗜印若命，还是咬咬牙入了我豆庐。

何震『芳草王孙』印
〈明〉

在明清流派篆刻印章史上，我们往往将文彭与何震并称为开山鼻祖。文彭刻石印是在中晚年，存世作品极罕，为世公认的那方"琴罢倚松玩鹤"石印，也还有学者提出过质疑。同样，何震则纯刻石印，我还读到过他自编的《何雪渔印存》的残册，而如今存世的作品也仅二三十方，可谓是寥若晨星。

二〇一八年春，有赴日本的文化交流活动，适逢一拍行预展，顺便浏览一过。见有一堆破旧石章，计十六方。取出睇视，其中居然就有雪渔（何震）款的一方老青田石印，印面刻"芳草王孙"，篆法师汉，用刀峻劲，线条之起讫处多是何氏惯有的燕尾习气。款作"丙申夏日制于滁砚庭中。雪渔"，纯是何氏特有的以切刀转石而不转腕的手法为之，且款字之特性也与其存世的印作一致。诸端细审，的是何氏真品。再看其标牌，注明是"无底价"，价廉至极。

这可是天赐的石缘。我告学生：这一堆印请你去为我拍下，价格是"势在必得"。学生茫然。两日后学生电我，以十八万日元（约一万两千元）拍下。我喜出望外地告诉他，一堆破石印只为了这方"雪渔"印，未先告你原委，怕走漏风声故。拍场诡谲，不可不防也。"丙申"为一五九六年，时何震六十二岁。"芳草王孙"的受者似为滁砚庭主人，惜查考无果。有待来日吧。

天下没有"万宝全书"式的鉴家、卖家，只要有交易，"漏"总是有得"捡"的。

〈清〉

杨玑寿山兽钮印石

　　杨玑字玉璇，是康熙时最享盛名的寿山石雕家。当时手艺人胆子小，也把名利看得淡，大都不在雕件上署名。道理也简单：好则留芳百世，孬则遗恨一生，有自知之明。所以前清三代署名者寥寥。此件真品雕一角端神兽，造象雄浑，气格豪迈，小中见大，神采奕奕，且署款也属的真。

　　时在一九九五年，接待外宾后自锦江饭店出，有一兰馨古玩店，素知此店有几位掌眼的老法师，而此件标价仅一千五百元，可谓是铁鞋磨穿无觅处，得来全不费功夫。遂购归。

　　多年来示以业内专家，把玩之际，皆赞佩无已，有国手级雕家尝摹刻先后两钮，均自叹古贤之不可及。我也每戏言，这可是从老虎嘴里拔来的牙齿噢。一笑。

—〈清〉—

文彭『孔子云何陋之有』伪印

玩书画杂件，天下没有不吃药的人，"吃药"是上海话里花钱买进假东西之谓也。中药甚苦涩。十六岁时，在一冷僻的古董店里，瞧见有十来方气息古旧，一看都是些大印家的石章——文彭、丁敬、徐三庚、吴昌硕，还有一家有几方的。心想运气来哉，慷慨解囊，以二十五元买下。又有一回，在旧书店里见到了大名鼎鼎的《淳化阁帖》，虽残存四本，也以为运气不错，其实是清末翻刻本。可见，铸剑者不识器，作画者不识画，并非奇怪、新鲜事。日后稍解鉴别之道，方知是把真金白银抛到了江里，惜觉悟太晚。其实，谁都不是万宝全书，总多盲点。即使玩了一个甲子，都不敢拍胸称"百无一错"。

都说这叫付学费，不过，学费不断付，也还存在着毕业和留级的两种可能。天下有一付学费就成才的睿智之人，而我自知愚钝，常常付学费，至今尚浮游于学有成和学无成的那条南北相隔的混沌江水里。不亦悲夫。

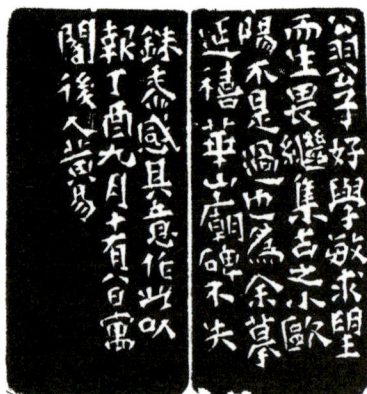

一位海外的朋友于二十世纪八十年代初作为外资企业的总经理工作在天津，因喜欢我的作品而熟悉。在天津时，于文物公司及私人手里收藏了颇多的书画印，也从叶恭绰先生的后人处收购到一些旧藏。此西泠前四家中黄易的刻印也在其中。

印文"树端临本"，旧谱未见，的是小松真刻。这树端也是有来头的，即乾隆时大学士翁方纲的公子，类其父，好金石碑版。此为黄氏请其手摹汉《华山庙碑》之馈赠。投桃报李，古风可颂。

此君知我好印，在十年前示我，说："如有用，送你。"我说这不妥，岂能无功受禄。君笑曰："刻方鸟虫印送我如何？"当然。印已捐公七年，君之"两闲斋"近日刚刻出，不日将奉上，千万勿责我食言也。

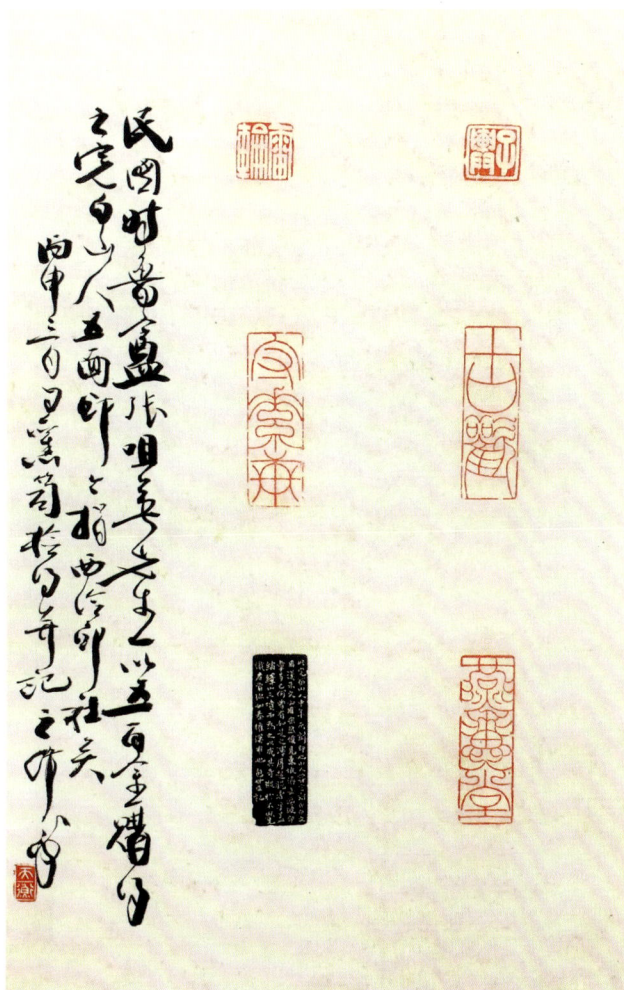

邓
五
石
面
如
印
蜕
『
古
欢
』
等

〈清〉

这是一件印屏。为邓石如所刻的五
面印，印有六面，邓氏未署款，由他的学
生，也是吴让之老师的包世臣作小字长
款，原钤印蜕与印刷者毕竟有上下床之
别。惜今之印人能读到原钤印谱和实物的机
会太少，邯郸学步，事倍功半，每生婉惜。

此印是现代藏印和藏谱大家张鲁
盦的收藏，以五百金所得。一九六二
年，他慷慨地将四百三十三部古印谱和
一千五百二十四方玺印都捐献给了西泠印
社。义举！壮举！说到捐献，不免留下了
遗憾。这捐献清单是先前即拟定的，以后
张氏又收集到有第一卷在内的明《顾氏
集古印谱》及胡日从等明末大家的约近
二十种，未被西泠收去。"文革"动乱突
发，其夫人即赠给青年人唐某，我曾一一
寓目，并有笔记。十余年前，日本在兜售
这批印谱，知已流入东国。当初"按图索
骥"，乃有此失，如今想来不仅有扼腕之
叹。宝贝走私了出去，于社于国，都是难
以挽回的损失。兼记及之。

曾衍东自用三面印

—〈清〉—

曾衍东，字七如，号七道士，清乾嘉时山东汉子，人奇、字奇、画奇、印奇，甚于八怪。做官而不按规矩出牌，尝官咸阳、江夏、当阳、巴东，不是做官的料，遭上司构陷，谪戍流寓温州，在当地倒是留下了不少的作品。解放初，方师介堪任博物馆长，视野开阔，吸纳百家，故所搜藏曾氏之书画印作甲天下。

此三面长方印，一九六二年得于温州古籍书店，价一元二角。未署款，请方师鉴题。

读此印，解人当可以玩味到他在篆法、运刀及理念上，都能抓大放小的狂傲不羁和不拘古法而以自法法之的特点。其在画史，尤其是在印史上几无位置，然其印、画背后叛逆求新的理念及对家乡汉画像石借鉴而表达出的粗放犷达手段，曾为吴昌硕所体悟，有吴氏的题记为证。江海浩瀚，不拒细流，巨擘缶庐是不迷信大家，不轻视小家，转益多师的典范。而曾氏得以名彰今朝，当视缶庐为知音。人殁作品在，尘涤珠显光。因此我谑称曾氏是百年前的千里马，而缶翁则是百年后之伯乐也。穿越时空了，一笑。

吴让之刻方竹四面印

〈清〉

　　吴让之为晚清六大家之首，邓派（石如）篆刻艺术的发扬光大，其功不可殁。他用披刀浅刻开创两用刀的新技法，前无古人，后启来者，世无其匹，前人尝以"神游太虚、若无其事"誉之。彼时方竹难得，罕见，吴氏以方竹一截刻四周自用，更是别出心裁的创举。自号"方竹丈人"也缘于此。竹上刻篆大难于刻石，此所刻四印，篆格姿式各别，运刀沉郁朴茂，移步换景，益见让翁非凡的驾驭用刀的本领。

　　此印及另数钮吴氏自用印，皆得自蒙师郑竹友先生处。缘于其高祖郑芹父乃授让翁晚年习画之师，画室由王素、吴让之、郑箕三人共享。王素、让翁先归道山，故自用印一批皆归后殁的郑氏。二十世纪七十年代初中期，竹友师秘示，询可否易我？曰可，但需以物兑换。遂以家藏雍正官窑天青洗易来。所谓"一月二十九日观"，它对我印艺之长进，裨益自不待言。

—〈清〉—
吴让之自用六面套印

在五百年篆刻流派里，邓石如是颗耀眼的巨星。但毋需讳言，开派的不一定是成熟的，他的徒孙吴让之是邓氏篆刻的发扬光大者。"学完白不若学让翁"应是公论。当然，我一直坚持吴氏也是有创造性的，他的披刀浅刻，纯非师公处学来，而是自出机杼、前无古人的独造。浅刻比深入当然省力，试想挖口井，远累于挖个同等口径的坑。但浅刻的难度在于让线条精准而浑脱自在，天下舍让翁则无人矣。

这组青田石套印是吴氏的自用印，共六面，考察旧谱知非一时之作，而是在三五年间陆续完成的，堪称推敲再三的精意之作。把邓吴两家的妙谛兼得，应该可以获得一加一大于二的本事。然世上事，照抄照搬又不算大本事。"不可无一，不可有二"的古训，算把这事参透了。

五百年明清篆刻流派印史，说到底是推陈出新家的创新史。从濯古来新、自成一派的角度考察，至多也仅三十家而已。吴让之是师法师爷邓石如的，从面貌上讲多继承，但何以成一代大家？以我的认识，他成熟、光大了邓派有功，而在运刀上更是标新立异、开宗立派的显赫大师。

以往乃至以后的印人，运刀时刀杆偏直，往深里挖，唯独他压低刀杆、披刀浅刻，比一般印人的深耕至少浅近二倍。如今有"吴赵风流"之说，以拙见，赵之谦在配篆、章法、风情上尽得风流；而吴让之则表现在运刀上。然运刀属内秀，这风流难明白，就连会七十二变的赵氏，也都还看不明白。（多实证，短文不赘）。

披刀浅行所刻的线条，别于深入的峭而挺，纯粹是醇而厚，由印泥钤出更显泾渭。以吴赵相较，吴若巧克力，赵是水果糖，非解人不足以品尝出个中滋味。缶翁厉害，是最早心领神会且弃迹师心的一位。

这方吴氏为程伯宇刻的印，足见其"神游太虚、若无其事"的奇妙。一九九二年得于海上，来人不识货，开价三百。本要多加他点，想到前次他曾狠宰过我一刀，也就打消了菩萨心肠。

〈清〉

钱松制吴凤藻印

看看这方印的边款就知道，文人可以受刀的印石，其命运往往"多舛"。先是一位号"漱竹"的刻了，接着被子相磨了重刻，之后吴凤藻又将它磨去，请大名鼎鼎的钱松奏刀。这类状况清代很普遍。好在这方印是小家换了大家刻，若是磨了大家的请小家刻，岂不冤哉？

钱松被排进了西泠八家，既幸也不幸，其实他风格特别，是自成一家的。就以运刀的技巧论，他那慢条斯理、不急不躁的切刀里，间用冲刀和披刀，碎刀复短切，那宁静的似蚕食桑的节奏，是前无古人的独创。拙以为五百年明清篆刻流派史里，用刀最堪表彰的当数吴让之和钱松。故我素来主张，习印者尤其是借鉴明清流派印者，不但要看原钤印谱，更要赏读印石原作。其中用刀的奥妙，则是读谱不能得其一的。

此九字印即三种用刀融冶为一的佳作，朴厚、静谧、大气，有咀嚼不尽的金石味。十年前一中介打包送来，弃其四，取其一，钱照付，入豆庐。

〈清〉

徐三庚『心钊私印』对章

印坛晚清六家中，徐三庚是极有特色的。以往在印坛里有两种声音：褒者谓其吴带当风，贬者谓其倚门卖笑。我分析是从篆法、章法和气质上着眼的，见仁见智，跟品评者的审美有关，是一种裁判缺失的争议，姑且听之。而依拙见，徐氏的运刀是出类拔萃的，较之吴让之辛辣，较之赵之谦峻朗，较之胡匊邻洒脱，较之黄牧甫鲜灵。凭这一招就足以啸傲古今。事实上吴昌硕在独辟新风之前，于清季前辈里吸取养料较多的就有徐三庚。缶翁成熟期的印风，乱头粗服、古苍浑蒙、一无依傍，然而对印的边栏处理，上方一根往往粗于底部，隐约地就有着徐氏的习性。可见，能给天才的吴昌硕留下一点痕迹的人，都应该算是厉害的。

此对大章是刻给海上大藏家龚心钊的。其后人龚老太在一九九二年时要以二万元出让给海外来客，高式熊先生知我好印，硬是为我截留了下来，感恩。

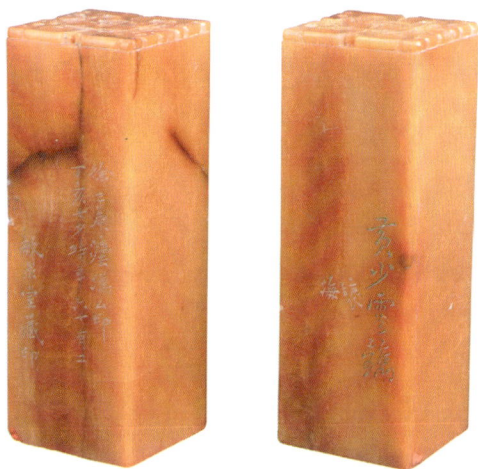

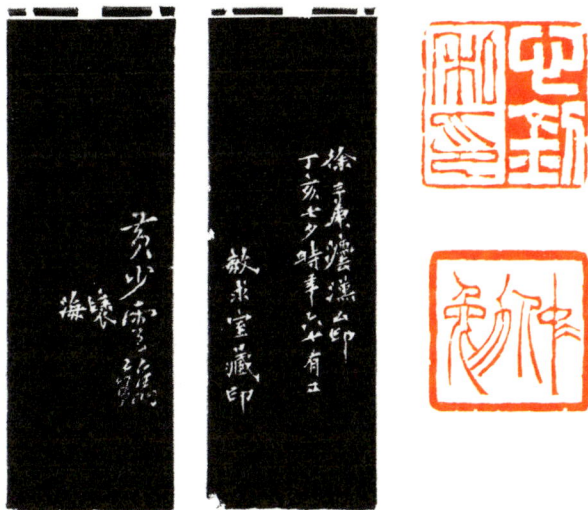

徐三庚艾叶绿印

─〈清〉─

艾叶绿是一种出身极神秘的石种。说它明代与田黄、白芙蓉并列寿山三宝，而自明至今，在寿山境内从未发现其坑口与矿脉，古来所产之呈绿色的如月尾绿、绿若通、善伯绿等，色及石质皆大别于艾叶绿。也有老辈称产于辽宁，也无石品可佐证。产地不明，色泽碧醇，存世量少，未见新出，拿炒家的话说，石虽好，量太小，炒不起来。故而如今与金灿灿的田黄相比，堪称是没落的望族子弟。

此为典型的清中期艾叶绿，与翡翠有得一比，为晚清六家徐三庚所刻，艾石石性涩且坚，益见徐氏骄人的用刀技艺。一九八三年白廉仁弟赠我。时并有赵次闲刻印多方要见赠，我说你作为印人，应该手里有些名家印刻，学而时习之。四年前，来美术馆看到包括此印在内的一批捐给国家的印玺，他说："老师，你当时把我的印都收下来多好，那些印后来都被我散失了。"

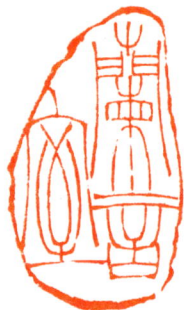

篆刻家有两类，即使大家亦如此。一类是成熟后，风格基本固定，有着明鲜的二三程式，如是者众；一类则始终处于不安份守旧、变化多姿的状态，此类人物历来极罕。以晚清六家论，吴让之、徐三庚、黄士陵、胡匊邻属前者，独赵之谦则属后者。

胡氏印风，白文细刻是显著特点，然偶生别调，也不无可能。此印即反常之一例，白文粗刻，还参以汉铸印并笔之法，款署丙午年（1906），在胡氏印作中属孤例。因视其用刀及气息与胡氏吻合，即收入囊中。甲申年（2004），凑巧薄游平湖之莫氏山庄，细读山庄文字介绍，知"梁园旧客"即山庄主人莫季平之别号，与胡氏皆嘉兴籍同乡，在二十世纪初叶亦有交谊，从而更确定此印的是胡氏所镌。狐疑多年，一旦坐实，其乐可知。

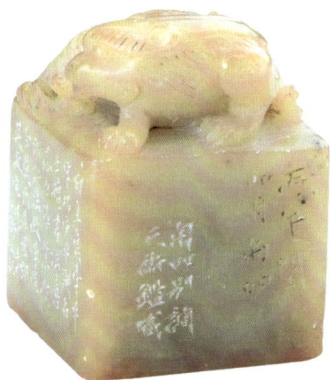

〈清〉

任伯年『颂菽』印

自明季文彭首创将青田石引入印坛，先前啃不了铜牙材质的文人，都如饥似渴地一窝蜂地舞刀刻石。若李流芳、归昌世辈，刻印到了不亦乐乎的痴癫地步。诚然他们也只是作为诗文书画外的余事，这一风气却是一直沿袭到现代。以上海为例，画家张大壮、陆俨少、唐云、程十发……都有刻印的经历，只是不为非不能为、不屑为也。

记得一九七八年在北京，李可染先生出石两枚，嘱唐云先生刻"白发学童""师牛堂"。值我去拜望，唐先生指着两方半成品，说："来得正好，两方印刻勿下去了，你来帮忙，我好交差。"

任伯年早年是会刻印的，史有记载。一九八三年在上海文物商店内橱，见到这方仿古玺的小印"颂菽"。边款文字参魏碑，署名"小楼"，印面少参照，而款字则是任伯年早年用的字号，书貌也与他早年的无二。此外，推想作伪者以他人不知晓的字号造粒小印去蒙人，成本不低，得利无几。决然以一千元打八折购下。记得在以往出版的印谱里，读到过唯一一钮署款"伯年"的印，我至今疑其讹。这方印当是任氏篆刻里留下的独子王孙了，我自信地认为。

《道德经》第三十五章有句："执大象，天下往，往而不害，安平太。"吴昌硕在其篆刻风格的高峰期，取"安平太"三字刻了这方印。从史料考证，可知此印为自用，后送给忘年的诗友诸宗元，此即是我二十年前由中介收得之吴刻贻诸氏四印之一。这方印是吴氏开创"做印面"的代表作。印刻得极深，一点八厘米的圆印，深达四毫米，从而对线条以披削斫破种种手段并用兼施，去营造空灵、虚脱、古茂、天成的风神。其实破印面不难，难在破而不杂碎，破而出神彩。故近百年学缶庐"做印面"的人无数，却成功者鲜，其难可知。做印面是吴氏空前绝后的创造，而灵感则来自于"汉烂铜印"，他虔诚地学习古人的印艺，更注意到天工对入土铜印腐蚀锈烂所产生的异趣，从人工加天工的"两度创作"里，他睿智地化腐朽为神奇，开创了乱头粗服、古浑雄强的印风。单善学又擅化这一点，就给了我等后来攻艺者太多的启迪。

收藏者非尽为藏也，可用不用可惜了。此佳印，如今我经常用以钤盖在自创的书画上，借点力，得点气。

署『香补』款的
吴昌硕刻印
—〈清〉—

　　二〇〇一年，居家由繁杂的南京西路搬到了泰兴路，偶尔由儿子无极陪我散步，多去跟原先路途差不多的南西古玩城。那天，一位姓丁的店主邀我小坐，见橱里有一盘印章。问有好的不？丁说："没啥了，是拍卖行和你熟悉的一位篆刻家拣剩下的。东西倒是高邕之家里出来的。"这最后一句话点燃了我的兴致，说不妨拿来看看。第一方抓上手，印面刻"邕"，边款两行，署名"香补"。嘿！早年吴昌硕。推算一下是他三十岁时的作品，此时他确有"香圃"及"香补"的别号。"香"作"皀"不易为人识，且款字也别于他蝉蜕龙变后的那一路。开门的真品。心里窃喜，兴趣陡升，继续对一堆"剩品"察看，又拣出两方非吴氏不能作的小印，小中见大，刻得极佳，惜未署款。

　　一次溜达，得缶庐早年印三钮，天赐良缘。且"香补"署款为缶翁书画印里所仅见，足补史料之阙，尤具价值。询价，老丁说：都是剩下的，一方一百，三百元吧。付款致谢。印旋交付儿子收藏，这叫陪走有赏嘛！

　　"试为名花一写真"是吴昌硕光绪九年（1883）的作品。在这之前的几年里，他已经开始了"做印面"的新尝试，且成就卓著。就以他三十四岁时刻的"俊卿之印""仓硕"两面印而论，他已悟到了"汉烂铜印"的妙谛。他所称的"烂"即是看清了当初人工制作与埋于地下近二千年的自然锈蚀，产生的人工复天工，营造出的奇妙艺术效果。对于"烂铜印"，近人罗振玉就以为不足取，不可学。而吴昌硕却别具慧眼化别人眼里的腐朽为神奇。从"烂"字里提升出一个"神"字来。

　　然而，出于受者的需求，也许是作多元的探索，此印却有着皖派的，尤其是徐三庚的某些特点。此印的边款寓有晋人的意韵，也是大别于之后的刻法的。这对我们剔除机械、僵化、简单的思维，多视角地去观察、学习、研究、鉴定前贤的印作，当是有启迪的。

〈清〉

吴昌硕『汉阳
关棠』对章

这是吴昌硕为汉阳（今武汉）关棠刻的对章，使用的是青田石里老性的菜花黄，两印均作朱文（或均作白文）倒是汉代的约定俗成，今人刻对章则每取一朱一白，风尚之变故。对章的另一方"文澜阁掌书吏"是指关氏当时担任着杭州清廷文澜阁的"馆长"。刻印时缶翁四十八岁，正是印风独造、印艺出跳的好时光。印蜕在吴氏的多种旧谱都有刊载。也许是一印上方残一角，旧谱里也多散在两处。

几年前见拍行有"汉阳关棠"一印拍卖，从图录上看，石似用巴林，颇可乱真，据说还卖了好价钱。其实作伪者知其一而不知二，又未见原印，故能欺世牟利。如今市面伪书画印充斥，今之印章作伪，高明者则非先前的人工摹刻，易显差别，而是采用高科技钤印蜕复制上石，以电脑精刻，再辅以人工，非精研印艺者不可辨，故好藏印者宜慎之又慎。

一九九○年有皖南之行，旋去歙县，张姓朋友说，手里有黄牧甫印两枚，因为边款上刻的年款是其死后的，故而在安徽转了两年也还未能出手。我请他取出一看，我看了印及款字（署为戊申，即一九○九年），受者是他的同乡画友，确定其真且佳。需知民国时不乏有几位伪造黄氏印作者，然自有上下床之别。询价，说反正卖不掉，你给一千五百元，再送我一付对联即可，应允。此两印不容怀疑，我是充满自信的。随后开始寻访，去了黟县黄氏后人处，称无家谱，先人记忆说是死于一九○八年的春节时。足见卒年是缺乏原始文字记载的，后又先后翻查所能见到的海内外黄氏书画印作，得见作于一九○八年中期乃至署有"年六十一"的印款的作品数件。从而佐证了两印确非"死后之作"，从而将我编著的《中国印学年表》把他先前给扣掉的一年给补了回来。史料时有差池，不足为怪，此即一例。

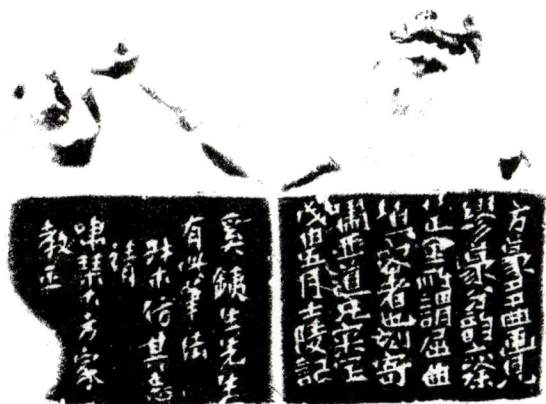

—〈清〉—
黄士陵『伯惠学隶』印

一个时期，一个艺术品种，如果出现两位大师，那风格必然是背向而特立独行的。就印坛而言，在清末黄氏与吴昌硕是生年只差五年的同龄人，之所以成一时双杰，也正是各具有我无他的理念和风格。如黄氏好吉金，吴氏嗜贞石；黄氏尚光洁，吴氏求漫漶；黄氏耍薄刀利刃，吴氏玩阔杆钝锋；黄氏追逐的是两千年前金器文字初出时的挺括，吴氏洞察到的是出土千百年瓦甓文字的斑驳；黄氏线条如折钗股，峻峭鲜辣，吴氏线条若屋漏痕，积点成线……从气质上剖析，黄士陵若婀娜散花的天女，尽宁谧儒雅之美；而吴氏如力拔山兮的项王，穷雄遒浑沌之伟。无可比性，南辕北辙，有艺术性，文胆诗心，更有去古去它的独创性。你泰山，我北斗。以此绳之，黄、吴两大印家，都是光芒万丈的人物。

黄牧甫壮年多流寓岭南，代有传人，故至今印坛犹多见其流风余绪。此印一九八六年去广州，梁姓友人让出，价二百。那时，真是收藏者的黄金时段，大可留恋，不可复得。

然仿黄氏的伪作也多多，且价格不菲。非真鉴家，还是离远点为好。

齐白石对章

〈现代〉

　　都说白石老人爱钱，努力地画画写字刻印章，不教一日闲过。在他那时候的名家里，他创作的数量之巨是无人匹敌的。说也奇怪，量太大，价会廉，而他的价位却一直居高不下。其次，量太大，难免就有代笔者，历史上的文徵明、董其昌由他人代劳早已不是秘密。近人溥心畬就有这样的趣事：一个求画的老官在门外遇上他，说请您画的好了没？他说：里面正在跟你画呐。回答得理直气壮，毫不含糊。

　　齐白石刻印请学生代刀的事也时有耳闻，也有人称是为他代过刀的。不从鉴定的角度着眼，这些也无需深究。但齐老人是"你骂我，我也骂你"那种极较真的，在这副对章的边款上他刻道："余平生不作伪，清君此印实白石刊也。"俨然是一通告白天下的声明。但此时他却忽略了一点，多刻的这十五个字，却是向"清君"收不来银子的。

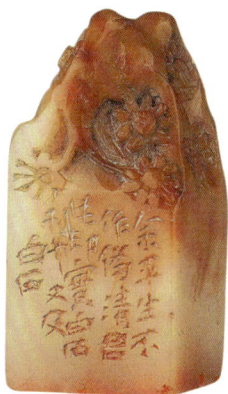

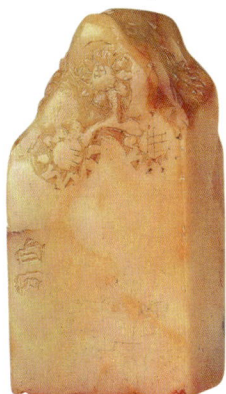

〈现代〉
齐白石『谭延闿印』对章

英雄不问出处。齐白石出生贫寒，自小以木匠为业，故自刻自用印有“木人”数枚，在那势利讲门第的年代，佐证了他的诚实、勇气和自信。

皇天不薄木人，天赋、勤奋、执着，让他学一行，爱一行，精一行。在六十开外时已是诗书画文印俱佳。一般艺者六十“歇阁”，他则衰年变法，成为二十世纪集大成、开新风的艺坛翘楚。记得六十年代初，荣宝斋里他的画扇五元一簏，今则扶摇天庭，动辄千万，价高不等同艺高，但也并非虚高。齐老爷子对钱分文计较，但如今看着大堆大堆的银子，有名无利地在他眼前晃来晃去，不知当有何念想。齐大的艺路也非一帆风顺，如中岁的篆刻颇遭非议，贬为野狐禅。以一介布衣，为同乡的民国主席谭延闿治印多多，但被磨去的不少。这是幸存于海上的一对大名章，中年所作，纯属赵之谦的翻版。启功先生曾告我，白石翁殁，清理画室，在桌子缝里就拣出了原先朝夕相伴的赵之谦印谱。说他刻印“野狐禅”，还真冤枉了他。

二十世纪九十年代中，和臻学弟携来此白石款的巨印"百梅楼"，知为凌植之物。称藏者请几位篆刻家看过，均视为赝品，我端倪再三，断为齐大真刻。之所以别于小印的单刀猛冲，偶现背向稍加复刀，故霸悍中多了些蕴蓄；又此为青田石中性之较嫩者，故石质之有别，也必影响到用刀线条的呈现，这跟好车在高速路上运行和在石子路上颠簸是一个缘故。此理不可不知也。

藏印者不知其为妙物，似作为热锅之垫具，既久，故一侧有灼黑之痕。旋由藏者处易得，价四千八百元。后查旧谱则搜见当初配对的另一印"隐峰居士"，与百梅楼印皆为凌氏之斋号也。凌氏在民国初期曾任国民政府财政部次长，好画梅，然不若同时之高时显，高氏"画到梅花不让人"的自用印，画不见得高明，但那印文却蛮有豪气。

〈现代〉

齐白石刻给杨度的印

湖南出奇人，齐白石的老乡杨度即是其一。他的故事太多，只说他在清末民初由保皇到立宪变法，由怂恿袁世凯称帝到支持复辟，由加入国民党到最终成了地下共产党，这政治行迹是远胜于坐过山车的。

老乡又加上杨度的身份，齐氏到北京是借了"东风"的，自然与他分外熟稔，热衷为他书画、刻印也理所当然。我就先后收藏了好几方印。

这是白石翁为杨度刻的一方文字最多的印——"前生浙江杭州观音寺僧圆净"。昌化石石性粘涩，运刀去了些猛利，多了些蕴籍，大佳。至于如"浙""音"两字之失考，齐氏平素是不太在意的。

一九九四年，设古玩摊于慈溪路的某青年（忘其姓）询我，有方齐白石刻给杨度的大印，要否？我说看东西，他说东西现在德国，保真，价一万四千五百元。我好奇，问：怎会在德国？他埋怨地说，德国人不认货，买勿脱。

一个月后此人将印送来，的真。摩挲之际我自窃笑：你齐老爷子一生都没出过国，这印倒是远游欧洲，还打了个来回。是嘛，好东西总是往懂的、富的地方流。这方印的行踪，也验证了改革开放，"国强民富"才是硬道理。

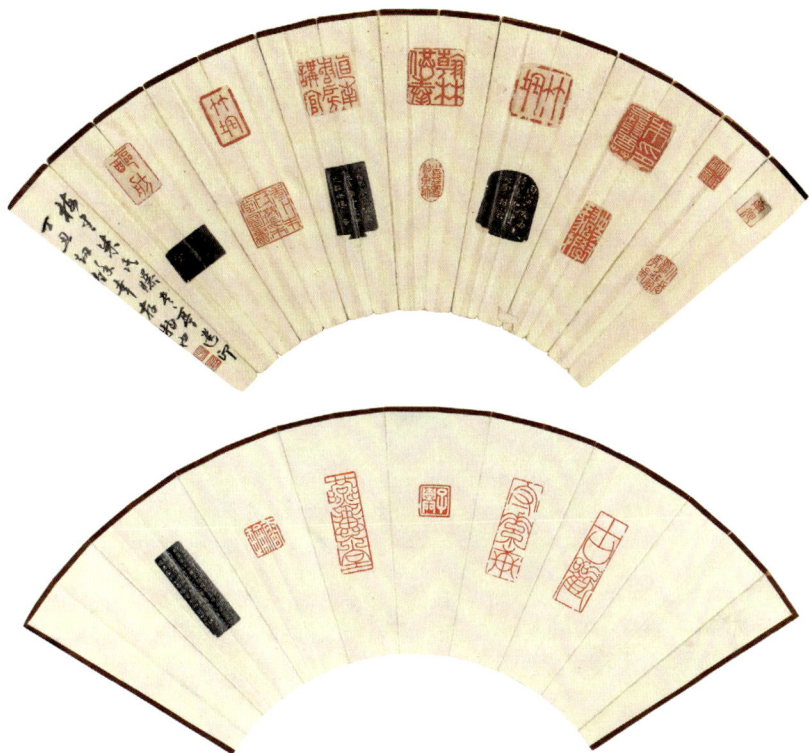

　　用印章汇集成谱，是北宋时杨克一的首创，比明末时开始艳称的《宣和印谱》要早。据我的考证，《宣和印谱》是明末文人臆想出来的，子虚乌有，历史上并无此书，沈明臣应是始作俑者。

　　据考察，元代即已有用青田石作印材的，惜风气未盛。明代后期，文徵明的长子文彭是篆刻家，一次偶然见到晶洁能为文人刻得了的处州灯光冻（青田石），遂用以作印材，从而大批好刻印的文人，一呼百应，挥刀刻石为乐。继而集古、集己、集时人的印谱迭出，浪起潮涌，蔚为大观，开启了辉煌明清流派史的征程。近五百年间，钤拓的印谱近五千种。

　　而将印蜕结集粘贴到扇面上，是潍坊陈介祺的发明，在民国间始盛，对原先仅作书画的扇箑是一种拓展。这是当时大藏印家葛昌楹以清初大文人朱彝尊的自用印钤拓制作赠好友的两箑，非作商用，故所见不多。至于印屏的普遍制作张挂，则是近几十年的又一新形式了。

〈现代〉

钱瘦铁『数风流人物还看今朝』印

　　这是钱瘦铁先生以小篆所刻"数风流人物还看今朝"。我一直认为用小篆文字刻白文是吃力不讨好的。小篆的圆畅，留下许多像剪纸残留的有棱角而突兀的红块，易造成章法的涣散。事实上，五百年篆刻流派史上，以小篆白文入印而堪称道者，也就邓石如和他人的个别印。然而，钱氏却知难行难，表现不凡，红白相参，意外妥帖。我私以为他是胆气充盈，运刀醇而厚，又巧运汉铸印自在的并笔，让原先线条间机械的"线"化为"点"，从而统一了字与空间的协调性。这也算得是他在"计白当黑"上的一种创造。

　　印人用刀，如乒乓国手，有法无法，因人而异，个中自有道存焉。考察皖浙吴赵诸家，深刻不若浅运，易得朴厚，然也有不学而天纵其才者，深刻而得朴茂浑脱之致，当代老辈印人唯钱厓得之。考其原因，乃其腕力过人而得跌宕之趣使然。

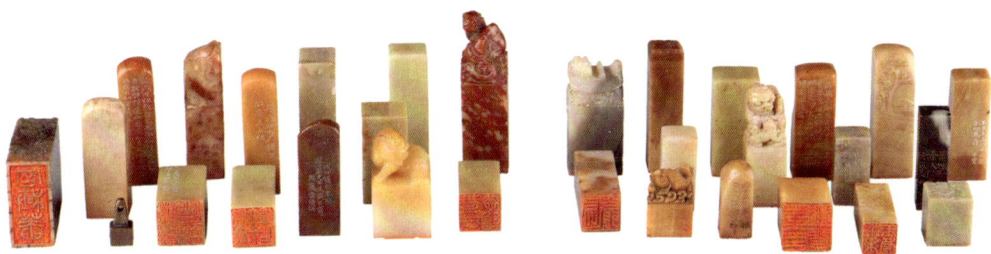

叶恭绰先生是著名的词学家、书法家、收藏家。三绝聚于一身，故经其题记之书画碑版，皆身价递增。其一生收藏书画吉金之精，非白眉也翘楚。所递藏的毛公鼎一器即是国之重宝，惜被其妾转手变钱，现归台北"故宫博物院"。

吾与叶公颇有宿缘，先后收得其藏之伊秉绶、张瑞图、祝枝山等书画数件。去年秋深，有友自香港来，出示其生前自用印二十余钮，多为同时代印坛名家，若陈巨来、叶露园、易大厂、陈衡恪、寿石工、乔大壮、杨千里、邓尔雅、冯康侯、邹梦禅等，虽非其用印之全部，也足现大观。一盒南北篆刻，半部民国印史。印多佳构，叶公所用，弥觉珍贵。其中陈巨来所刻"第一希有"即为叶氏钤盖在其所藏王献之《中秋帖》的那方。友见我眼馋有贪欲，有意"物聚于所好"，遂以一画易来。物在豆庐，或可免流离失散之虞矣。

—〈现代〉—
唐醉石刻大对章

唐醉石先生是西泠印社的创建者之一，挟一流印艺走南闯北，是二十世纪中叶名满印坛的重要台柱。其印宗汉而法浙派，有别于彼时的浙派领军人物，用刀阔绰，气宇轩昂，英爽之气非他人能比肩。

小可我不识荆州，而先生对我有恩。一九八四年，他的公子达康忽驰书告我往事：二十一年前，我父亲于西泠印社展上，在你的印屏前审视良久，曰"此人二十年后，当是印坛巨子"。因我父亲平素极少赞赏别人，故我特意记下了你的名字。如今正验证了父亲的眼光……虽与唐翁父子皆素无交际，然读到这封信件依旧心潮涌动，不才如我，是何等的幸运和幸福，年轻时居然有偌多明里暗里的师辈关爱、期待。人非石木，岂能不叩拜感恩。正是有他们的殷殷期待和鞭策，使我心无旁骛，虽年已晋八，还努力地作顽童般不计收获的晨耕。

一九九五年，在浙江余姚、慈溪间的底塘有一古玩集市，甚有人气，也多有可收藏的杂件，这对唐翁所刻代表作即在一小店所见。当时店主几人在搓麻将，询价称三百元，喜不自胜。记得曾撰一文，刊于《西泠艺丛》，社兄朱恒吉告我，"文革"前他尊人见过，因索价太昂，未能购藏，二十年后竟被我以不能想象的价格获得。是唐翁与我的宿缘吧，这也许是最好的解释。

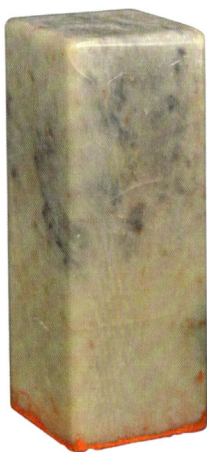

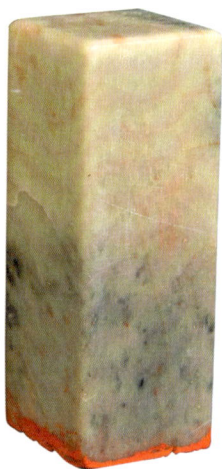

简琴斋无相之印

这是民国广东名印家简琴斋的作品，原先是寿石工所刻，磨去，再由简氏刻出。从边款上知道，是为张大千所作。

简氏此印用甲骨文字，其实上古并未见甲骨文的玺印，我们发现这现今所知的最古老的文字只有一百二十年的历史。采用它来入印历史更短些，简氏是最早涉猎的少数几人之一。印文为"无相之"，上古"亡"与"无"通，"相"与"丧"可通借。故可解读为"无丧之"，张大千嘱刻此印，寓有对作品永守永宝的含义。

在我的印象中，在张氏作品上未见过钤盖此印。这让我想起陈巨来曾经对我发过的牢骚，他说："简琴斋此人极怪，给我刻过几方印，印花也给我看过，吊足胃口，印却从来没给过我。"由此推想，张大千也是未曾收到这方印，倒是后来被敝人收留了。

—〈现代〉—
来楚生袖珍佛像印

　　近现代印坛里名家辈出，有偶作肖形印的，多欠佳。依拙眼所见唯香港丁衍庸、海上来楚生为白眉。丁氏为"老海龟"，学西而不拒中，吐纳中西，肖形印的创作尤见突出，思接三代，简中具高古。来负翁之肖形印乃借鉴两汉，似从画像石、砖的虚浑之趣中化出，妙在刀铦显现，舍形而攫神。两家之生肖印同样的妙于做减法，兼则做除法，而情调大别，丁氏作类商玉，来氏作若贞石，堪称一时瑜亮。

　　此平生所见来翁最微的佛像印，小似绿豆，印面仅零点二五厘米乘零点五厘米，且是象牙材质，显示出其不凡的技艺。此三十年前购古砚时搭送，因店主不知"楚凫"为何人也。艺术品这东西，不识者卑若桂圆核，识者则珍为黑珍珠。足见知识之为利器也。

　　"两寓花桥"印为邓散木刻赠柴丈之英者。柴丈精于印学之研求，自野史中挖掘出不少新鲜的古印人的资料，有功印林，沙孟老对其也每有赞许。此丈暮年所见赠。邓氏刻印师赵古泥，沿其印风，有出蓝之誉。篆刻有名于时之外，真、草、隶、篆四体皆擅，足堪与我师马公愚匹敌。朱复戡翁晚年多次与我说一笑话：二十年代中，邓散木知朱氏之名而未见其人，更不知其年庚，乃托马公愚先生作介，执意拜朱氏为师。请饭时，邓见朱与其年龄相仿，遂打哈哈，竟不言拜师一事。对邓之瞬间"饭局变卦"事，朱翁暮年与我聊及时似局外人，颇见坦荡。

—〈现代〉—
陈巨来『寒香室』印

　　"寒香室"为陈巨来所刻，满白处理，而于"室"字下端留一片红，呼应"寒"字下方之红三角，巧思，全印则去平整中见生机矣。

　　印石为将军洞上品白芙蓉。有趣的是四边皆有款记，最先为省荂刻给闵园丁，接着磨去为徐新周作，再后是一九六四年秋，昌伯者复又磨去印面请钱君匋作，不三月，此君再磨去请陈巨来刻"寒香室"。试问印人，作面面观，一印百年间四易其刻，有何感想？难怪当初吴让之对所刻印被人磨去重刻而深恶痛绝。诚然，磨去吴让之的佳作再易人续刻者，不仅无知，且磨去的是不菲的真金白银噢！

　　其实此类事不鲜，甚至有将缶庐所制磨去，请胡匋邻重刻之事。故古人往往将刻过印文的印石入火，烧至坚硬如灰玉，即是恐被磨而易主也。

陈巨来和我的两方印

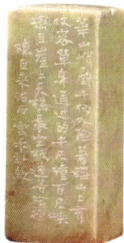

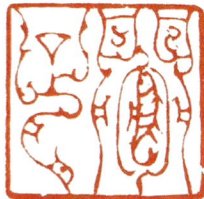

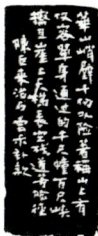

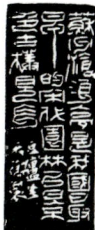

〈现代〉

　　大老板的心态我不了解，我辈平民对艺术品的收藏，不免怀有"捡漏"的侥幸。前两天见到某拍行有我的三方刻印，托了个友人，想去捡漏。谁知前两方，一方两字的"闲雅"鸟虫拍到三十万，两字的"忘忧"白文拍到二十五万，还都不含佣金。好在还有陈巨来丈的"西岳华山"和我刻的"沧浪亭"，两印捆绑一起拍，底价才二三万。其实此印为一九七九年西泠印社"文革"后首次恢复活动时，在笔会上所刻。听说要拍电视，我先匆匆进场，取了块青田石，涂层墨，三五分钟就刻好交差，因彼时老辈多，怕有抢镜头之虞也，陈先生印也是那天所刻。

　　记得由杭回沪不久，在画院开会前，屡弱的巨丈猛地用全身的力气对我左侧撞了过来，瞪我一眼，嘴里说道："赤那（上海的骂人话），侬在西泠刻那印，我在场外面偷偷地看了，之后又把侬刻的印拿来看了，灵咯。侬要用迭个（这个）样子的为我刻方'安持老人'。"此时还把我的手握得紧紧的，十分真诚，我即诺诺应允。

　　但到老人仙去，我都未刻出，这也许是我生平少有的一次失信。然事出有因，这"因"则不便细说了。再说所拍捆绑两印，底价定为二到三万，我则以一万八千元拿下，的是"捡漏"。有人说现在无漏可捡，非也。凡是有艺品术的流通和交易，形之有影，漏也必然存在。当然，眼力、机缘、减少盲点、把握史料……始终是"捡漏"的必备条件。

〈现代〉
韩天衡『十上黄山
绝顶人』印

　　戊辰（1988）年刘海粟先生有十上黄山之行，九五老翁第十次登黄岳，旷古未有。翁遣秘书老袁来我舍，称海翁说，即将出行，要你赶紧刻一方"十上黄山绝顶人"印，且要长方形的。海翁视我为忘年交，理当受命。急取一青田大石，请学生承斌帮助剖出，并当夜刻就。翌日画院公务毕，急去其寄居的虹桥樱花度假村。门岗拦路，不让探视。我颇愠，称：是海翁托我办事，非我托他办事，不见，我走人。翁闻声出，请我入客厅，见一圆桌上已有新刻的印章大小三四十钮。我说，有那么多了，还叫我刻？海翁一语惊人："这些都是软脚蟹。"这话也只有这大师敢讲。

吴昌硕新出伪印

〈现代〉

　　有位中年朋友，在他年少时就相识的，给我印象不错，多年不曾联系，他说托许多人才知道我的手机，急着要见我。花了两个小时来嘉定，拿出一方吴昌硕刻的巨印，说是与老印谱上都核对过，一模一样，毫无破绽。东西是日本过来的，底价一百二十万，他想急着要付钱，说最近有方吴氏的刻印拍出了五百多万的高价，买下值得，要我最后帮忙把关。

　　现在的艺术品市场复杂到不可言喻，我二十多年来，不跟任何拍卖行往来，为避是非，对那些有争议的书画印一一瞎子吃馄饨，心里有数，决不发声，也不给别人做鉴定。为的是给自己创造一个宁静太平的工作环境。但看到此君急于购买此印，且自信满满，良心要我破例地跟他讲了四条意见：一、这块青田石，寿不过十年，是灰孙子装祖宗，需知此印是刻于一百多年前。二、此印之款"老缶制"，刀弱、气不足，而此印款从未刊于旧谱，仿作三字款为最简易法。三、此印为吴昌硕刻给高丽贵族闵园丁的百印之一，今皆藏于韩国。四、这是最重要的，这方印的用刀及制作，完全不谙吴氏法门，是以新科技的电脑依旧谱中的原稿摹刻，然后再以手工刻深，不谙吴氏做印手段。故仅比勘旧谱印蜕，不看原石，是极易上当的。

　　话未说完，只见此君激动得不断作揖："韩先生，侬救了我了，救了我了，这对我这个工薪阶层来说，可不是一笔小钱啊。"唉，在如今这奇诡的艺术品市场上，劝君勿因小而失大，劝君多长几个心眼，这收藏路的那头确是灿烂的阳光，可在向它迈去的路上，多的是泥潭，乃至深渊。一切的一切，小心为妙，谨慎为上。

〈清〉
水坑鱼脑环冻对章

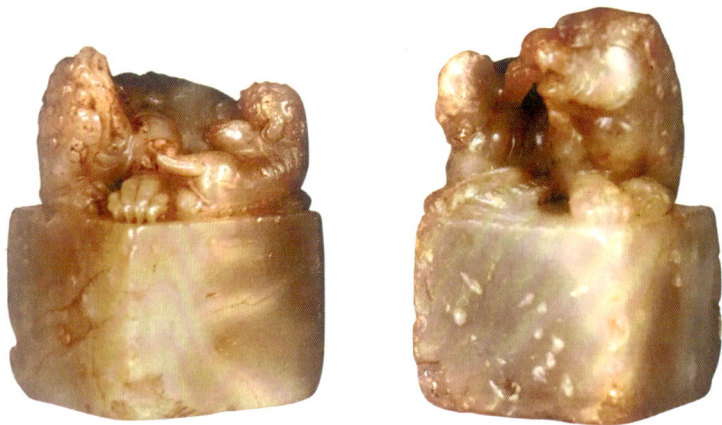

福州寿山石里有一类水坑，在坑头这地方有一深幽的水洞，其里有晶莹奇艳的叶蜡石，但开采之难，风险之大，都堪称是以命搏石，为石丧生者历来大有人在，故后世石农望洞兴叹，不复开采。此洞所出通称为水坑冻石，藏印家往往望断秋水而不可求。

这是两方水坑鱼脑环冻且有四点六厘米见方，为罕见大章。二十年前，友人送我一枚，好生喜欢。六年后，他游宜兴又觅得一钮，送我时说，可能比以前给你的那方小了些。回家一比，竟然尺寸一致，虽有残蚀，而石质、钮工也相同，知为失散久达三百年的鸳鸯对章。古人有"延津剑合、合浦珠还"之说，如今居然能十分套用到这对旧印上，真是令人难以置信的奇缘。

　　寿山出佳石，色艳且妙在受刀者，无过于芙蓉。芙蓉问世约五百年，以往起冻似晶者极罕，晶莹剔透而间有四色者，则古所未有。这是二十世纪九十年代后期那短暂时段里，它对印坛的贡献。缘于稀少，价格曾到过一克一万元。这石头跟书画一样，不讲新旧，只论好孬，一个理。

　　寿山石在明末即重钮雕，增美添胜。偏偏艾叶绿，乃至青田佳石灯光冻、兰花冻，则不施一刀，所谓"清水货"，欣赏的是一眼望穿内质的纯美。

　　故而，懂美之人为补拙剔丑而施刀，也因物美无瑕而搁刀，不轻举妄为、画蛇添足故也，即古人所谓"不着一字，尽得风流"。咱们只需看看六面平的灯光冻、艾叶绿，乃至类似砖块的大西洞平板砚、歙砚里的金晕雁湖，就明白这道理了。

—〈清〉—
螭钮田黄冻石

　　田黄，历来被誉为石之王。在明代末期与艾叶绿、白芙蓉并称为寿山石三宝，乾隆后则田黄独尊。帝王崇尚黄色及田黄的稀缺性，决定了它不可动摇的身价。中华人民共和国成立前，即有"一两田黄三两金"之说，彼时多将随形的独石，切割成或方或长或椭圆者，往往十存其三四。今则不忍裁其为方整，随形多刻薄意，意在不减重量也。一两田黄价，如今多过百万人民币的。诚然田黄一般有"冻"与"石"之分，晶莹剔透者谓之"冻"或"晶"，如此图，价益高。若大名家杨玑、周彬镌钮，成佛像则价有翻上天者。此外，色泽也关系到价格，若红田、金桂、鸡油黄等皆属上品。今又多了标准，二十五克以上称"大田黄"，价格也益高。

　　田黄价昂，故伪品极多，手段五花八门，吃药者多多，则非此处所能尽述。

田黄冻

〈清〉

　　田黄本有标准，然标准却是人来制定的，且至今无精准科学的硬指标，一如现今的书画鉴定，李逵与李鬼颇难识别。而这些年，老挝北部料里有与寿山田黄颇相似的"田黄"料，曾蒙过不少人。反正捂住口袋，慎之又慎是必须的。

　　田黄的价格在中华人民共和国成立后有一个入海登天的走势。中华人民共和国成立后至"文革"前百克上下的田黄价格在三十元至百元之间，"文革"中见过只卖四元的田黄。"文革"后的田黄，若图一，为一千二百元。图二，九十年代初，价二万元。图三，为二〇〇九年所收，价八万元。图四，为清王大炘所刻对章之一，重达六十克，两方一百二十克，为二十一世纪初购得，价仅六万，今在我们美术馆陈列。以上所列，均非拍卖行之行情，诚然也远非近几年一克田黄往往三五万之行情也。艺术品谈钱很无趣，但不量化又不足以为局外朋友理清脉络。姑且从俗说来。

图一

图二

图三

图四

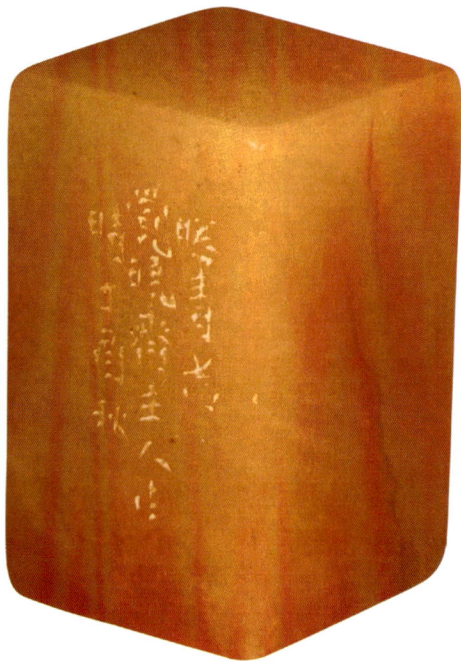

　　说假田黄多，世界上的事都有两面性，把真田黄看走眼的事也有，好在是石头，如果是把总教头说成是打杂的，还不跟你打起来。

　　记得是一九八六年，有天津之行，在萃文斋文物分店，平柜里见到排列整齐的一盒盒印石，一块石头似在招呼我，标名青田石，定价六百元，我上手一瞧，又走出店外，在日光下复验，乃田黄中之色偏淡者——田白。问熟悉的温经理：青田石咋买这么贵？答曰：质地好呗，您喜欢就八折。随即付款放进袋里。温又取出七八方大印家蒋山堂、陈鸿寿、黄牧甫的印石，说是只能看不能买的，已被博物馆选定。我想国家单位吃药不妥，便真诚地告诉他此皆新品，不信，称都是专家鉴定过的。我年轻时有血气，呛白他：乾隆穿过"的确凉"吗？这批印石都是巴林石，最早用来制印在一九四〇年间，这些大家能刻过吗？其实，鉴定有时仅凭常识就够用的。

青田石灯光冻

〈清〉

　　按清初周亮工《赖古堂别集印人传》记载，是明代稍后期的文彭在南京西虹桥偶尔劝架时，发现了这处州（青田县属处州）灯火冻石洁莹且性嫩，突发奇想，把这文人啃得动的石材引进到篆刻中来。自此文人风从，鼓刀刻印，催发了至今约五百年的"明清流派篆刻"的辉煌历程。其实，青田石入印的历史要早得多，周氏仅是一说。我尝称，在古代的文化艺术里，汉魏碑碣、晋唐法书、唐人诗、宋人词、元人曲，皆为后世不二的高峰，唯有篆刻，在周秦两汉的高峰之后，在明末之际产生了又一高峰。这中间印材由铜质改用石材；原钤印谱产生，真正的周秦两汉玺印艺术得以广泛传播、借鉴；创作队伍由工匠变成文人，当是其他门类不可能、也不具备的主因。

　　拙以为称"灯光灯"，乃在彼时夜间的油灯下审视，呈莹亮的黄而间红的色状而名。

　　灯光冻石只产于青田山口的封门矿，在二十世纪六十年代已绝产，故名贵不逊田黄。今人艳称的"灯光冻"石，就中不无"拔高上位"之嫌。

　　犀角，即犀牛角。这犀牛角其实不同于牛角、羊角、羚羊角，中不空而实，也不属角质，是犀牛独有的胶质分泌物，在鼻的上端两眼之间，慢慢地累积高凸。亚洲犀为独角，非洲犀为上下双角，角特长者可逾七八十厘米，我就曾得到过一根作为拐杖的犀角，煞是稀罕。犀角粉是珍稀的药材，友之岳母患癌症，中医嘱其食之，果然药到病除。是否纯属犀角之效不可知，也觉神奇。

　　此犀角印印钮雕作侧顾水牛一匹，写实手段，精到细腻（犀质不宜作细工）、栩栩如生，清末民初工也。刻"谭廷式印"及"谭敬"等犀角印一并购得。谭氏于二十世纪九十年代初，两次下顾敝庐，对吾薄艺多有谬赏，惜下世久矣，无以询之，疑是一族中人。俟考。

寿山汶洋巨章 —〈现代〉—

篆刻以印石为载体，一般的印人都集藏些上好的印石，所谓爱屋及乌是也。历史上给人们的印象是藏印家代不乏人，而藏石家少有，其实不然，藏印家好钤印谱，即使要给美石亮相，至多也只能以文字附注。而藏石家仅嗜佳石，且不屑于被刻印，彼时又无摄影技术，故无以辑谱著录，聚久而散，无声无息，不知所终，非少藏家也。如上海老辈里的藏石大家汪统先生，就先后藏有田黄、鸡血、灯光冻、艾叶绿、白芙蓉上千钮，都是令人垂涎的美石，都是未曾篆刻的。一九五一年，他请朱复戡先生刻过印谱，名《复戡印集》，提供的一百多方都是极普通的印石。可喜者他珍藏的佳石我有幸摩挲过多次，石缘不浅。

然而，地不爱宝，总给爱石人以惊喜，如汶洋雅石，开采于二十世纪九十年代中叶，老去的汪氏就颗粒未收了。汶洋初出，精明的台胞石商，凭八十年代收购荔枝冻大发其财的经验，极力收纳，可惜，对此新品之石性未谙，购入后大多碎裂，听说跳楼、破产的都有。可见天下没有只赚不赔的买卖。教训啊教训。

琢磨了几年，寿山石农探索出保存汶洋石的技术，价格也扶摇直上。

此为两方汶洋。双色大汶洋石七点五厘米见方，少见，二○○四年购入价四万五千元。纯黄汶洋五点五厘米更是罕见，晚了六年，卖家咬定价格不放松，二十六万元，最后以"土产"一画换来。休说贵贱，今则遁迹市场，你再有钱，也求之而不可得矣。

—〈现代〉—
寿山水坑玛瑙冻

　　明代后期，青田石首先被引入印坛，以文人为主体的明清篆刻流派的勃兴，从印材上讲，它功不可没。从现在所能见到的遗存来看，当时印人大多采用的是青田石，这是不争的事实。

　　也许是当时的篆刻圈以江南为中心，取青田石当然是近水楼台，而远在闽中的寿山石入印，相对滞后也在情理中。然而，寿山石有它的后发优秀，美艳的色彩，晶莹的灵性，加之文人的尚美，在康熙时文人赞颂其色的呼声，远远多于对青田其质的赞誉。当时的大文人毛奇龄、高固斋都是寿山石的粉丝，不仅是口颂，更有的是笔赞，《观石录》《后观石录》尽是对寿山佳石极其所能、形容入微的动情描绘。影响了时人，也波及到后世。足见文人及其言论的厉害。

　　在康熙时，其实田黄还不具有后来被识定的王者地位。文人喜欢的首推色彩靓丽而剔透，开采艰辛而出产极罕的水坑。此即少见的寿山水坑石，色质类玛瑙，内质通透，故名玛瑙晶。此撩到人心痒的印石得于四十年前，价六百。算是节衣缩食，咬咬牙关买下来的一件尤物。

寿山五彩荔枝晶
—〈现代〉—

说到印石，人们把寿山田黄称石帝，将妖艳的昌化鸡血称石后。而从篆刻的角度考虑，田黄受刀，刻来心手双畅；而鸡血石除少量外，大多松涩而腻，且有砂钉，运刀如骏马坠泥潭，无法骋意。难怪浙派首领丁敬一谈到鸡血，就叫"劣石"，如今更是作伪高明，一方红彤彤的印石，纯是刻塑料的感觉，可谓金玉其外，败絮其中。好石者选购尤当谨慎。

二十世纪八十年代中期，寿山石里出了新贵，就是这荔枝冻石，也称荔枝醉。因质地类新鲜荔枝肉，亦有称矿坑口有一株荔枝树，故名。石以白色为大宗，此石不几年即绝产，其价一路飙升，二十世纪八十年代中，价在五百元之间，今少则百万。若图中二品，一为五色荔枝，一为金包银荔枝，均属奇品。五色荔枝得于一九八六年，价七百。金包银为二〇〇五年由台湾回流，价五万。二十年里，这同胞赚了一百来倍，足见收益颇丰。

—〈现代〉—
寿山三彩芙蓉晶

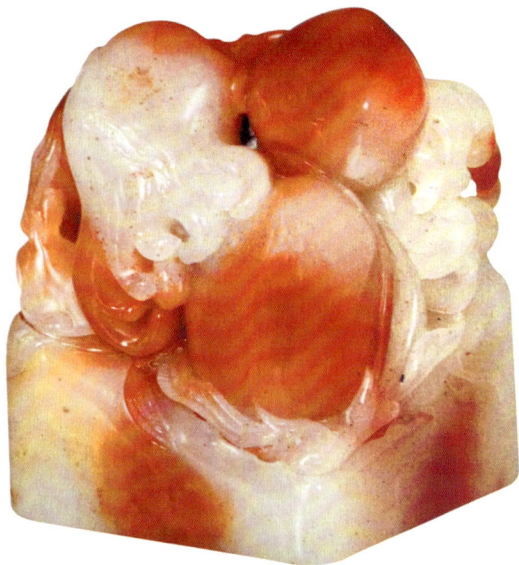

　　寿山里的芙蓉在明末即称三大美石之一，与田黄、艾叶绿之出产极少不同，四百年来，供应绵延不断，给印坛的贡献可谓大矣。我最早刻到羊脂白似的芙蓉冻，是一九六三年在黄胄先生家里，刀在石上走，奏出的是清脆悦耳的声音，异常动听。心想，怪不得老是听到老辈印人赞美"白芙蓉"。

　　历史上的芙蓉的确以白者为上，将军洞白芙蓉更是无上妙品。不过，在往昔这石品里，它也是欠缺其他色彩的。

　　然而地不爱宝，盛世涌出，在二十世纪末，寿山新出了多彩的偶见结晶的芙蓉，五色流光、鲜艳可人。此大章即三彩芙蓉晶，重半斤多，时价二千八百元。然妙品必跁，到二〇一〇年疯炒的阶段，居然时兴田黄般以"克"计，一克一万元。你信不？是真事噢。

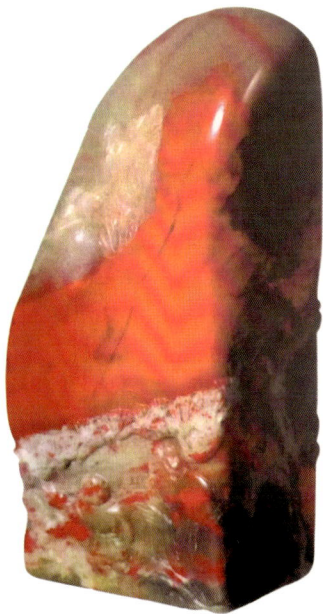

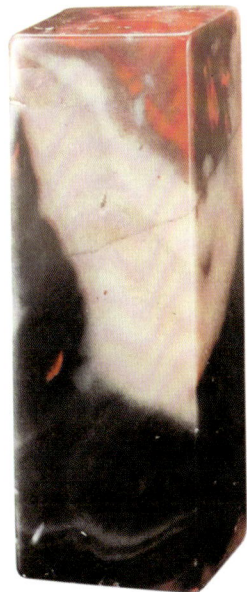

图一　　　　　　　　　　　　　　　　　图二

　　也许是六岁时父亲教我刻印，所以对印石有别样的爱恋。我在二十世纪八十年代，曾将四大候选国石喻为四大美女：清妍绝俗的青田石似西施；色靓华贵的寿山石似杨贵妃；苍茫内敛的巴林石似王昭君；妖艳邀宠的昌化鸡血石似貂蝉。虽美得姿色各异，却同样地令我心旌摇曳。

　　鸡血石因含辰砂所至，不能久露于强光下，易氧化变黑，这是常识。清初开采以来，见到最佳的大矿是"文革"中开挖到的二〇七矿，较新鲜的鸡血更红艳，图一即是。图二石呈白红黑三色，行内称"刘关张"，亦奇品。记得"文革"稍后，石农售我二〇七矿八支，均属大红袍级（周身之红超过百分之九十）时价八百元一支。不久，香港友人见而夺爱，说：你再收集也方便，瓜分了。谁知机不再来。好在物在人间，归我归友，不足计也。

〈现代〉

彩虹旗降冻石

　　寿山石产自福州之寿山乡。以此乡为轴,四周也产佳石,若明末即被誉为三宝的田黄、艾叶绿、白芙蓉,白芙蓉即出自它乡的加良山,而艾叶绿的坑口,至今还是不解的谜团。旗降石为寿山名品,产量少,而如图之"彩虹旗降"冻石,有几围鲜艳之红带环绕四边,热烈而沉静,历史上仅在二十世纪八十年代出过几公斤毛料。时由名家郭功森雕成印石几方,时值海峡两岸刚可往来,隔海的台湾同胞来福州颇多,其中不乏好石、懂石者。故均被购往台湾。而国内的偌多雕钮家及藏印家,居然知其名而不见其物,错失眼福。改革开放,国强民富,后二十年,台湾藏家携来海上求售,名石名雕始初展芳容,石缘也。

从刻印的角度论，我最喜爱的是芙蓉冻石，早先我取过有名无实的馆阁名——"三百芙蓉斋"。也许是我的用刀最适宜于在它身上表现，无论是运刀的冲、披、推、切，都心手相应、左右逢源。在运刀之际，刀落石溅，若秋夜的焰火，似乐队的合奏，声色兼得，我视为无上的享受。要是在这等佳石上还刻不出像样的印来，那也只能证明自己太不像话了！

这块高约十一厘米的佳石，呈自上而下的艳红、皓白、天青三色，既独立又交融，讨人喜欢。历史上最艳称的将军洞芙蓉里，以我的阅历，也未见出采过这般的宠儿。记得早在二十世纪八十年代后期，刘旦宅大兄老是敦促我：你那些佳石自己刻掉它，多好！三十年过去了，我还是未曾去动刀。道理很简单，此等佳石如佳人，宜"金屋藏娇"，在她脸庞上划一刀，舍得吗？！

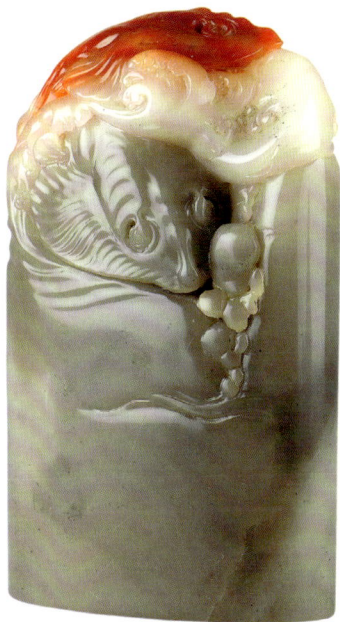

寿山雅石汶洋

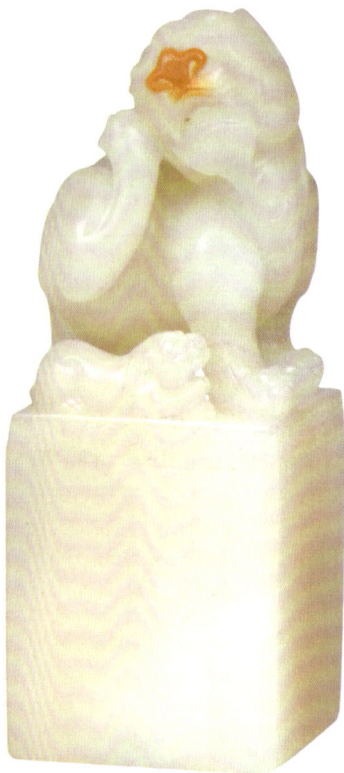

—〈现代〉—

寿山是个神奇的地方。田坑出田黄，山坑出高山、芙蓉、杜陵、荔枝。寿山还出水坑石，如水晶冻、玛瑙冻、水草冻……这些美石，在康熙时尤为文士击赏，可惜彼时无相机、手机的实拍，仅限于文字描述，虽文人极尽绘色绘质之能事，读来总还是云里雾里，莫名其妙。说实话，科技的发展，印刷的精美和普及，让我们享受到连乾隆皇帝也哀叹不如的百般红利。

寿山说来也怪，听说某个石种绝产了，可哀；又会听到有新的石品出坑，转喜。这汶洋石即是二十世纪末新出的石种，质地紧结、晶润，白色为主，多纯作一色者，然也偶有红、黑、黄、酱、黑色巧杂其里，但均赋以清逸的情趣，与先前寿山的一百五十多个品种迥别，故我把它定位为——雅石汶洋。

此为汶洋中之极品，白如雪、质近冰、无微瑕、体型大，钮头上的金黄斑，大有画龙点睛之妙。二〇〇四年有福州之行，石友告我此为福州城里最佳的一品，尤物可人，遂袭藏之。

青田石，据清初周亮工的记载，是首先被明代文彭发现并引进印坛里的首选石种，所以谈到篆刻流派印章的崛起，这一人、一物都是功臣。

青田过去多名品，灯光冻、封门青、兰花冻、周村石……都是妙品。即使不纯正的也都是印家得心应手、心手双畅的佳材。记得二十世纪六十年代初，温州（当时青田属温州辖区）市场上有的是。记得有次海军部队的队长要我去市里邮局为他领取包裹，邮局讲没有本人的印章不能取。我随即去边上的石摊上，花二角钱买了方不错的周村印石，立马刻上队长的名章了事。队长拿到包裹，还多了方印章，意外。

产于周村的印材不是坑掘深挖，而是从只产于周村的深赭色球状龙蛋石里剖出的，色青而偏兰，艳靓可人，但大章难得。这方长十五厘米的周村石为萧山友人所赠，喜欢。但周村较封门青要硬摩氏半度，难啃些，与寿山的汶洋石相类。这些微的感觉，不是印人当是注意不到的。

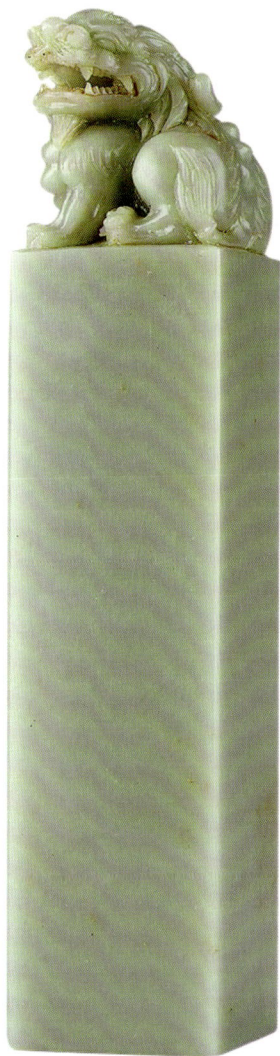

〈明〉
《承清馆印谱》手书模本

作为印人，要安身立命，有点成绩，借鉴优秀的传统如周秦汉魏玺印、明清流派篆刻是不可或缺的。犹如乳汁对婴儿，也如食粮对人生，都是不可也不能离弃的。即使励志出新，也务必先得推陈。

出于此，我素来注意对古印谱的收集借鉴。说桩《承清馆印谱》的事。此谱成书于一六一七年，是收辑明代中后期著名印人们的第一部结集，存世极少。我曾先后读过张鲁庵收藏（捐西泠印社）的印蜕下未署作者姓名本，读过上海博物馆署作者姓名本。据我的研究，署姓名本在先，删署姓名为再钤本。主要原因当是那批有时名的文人嗜刻印，又羞于以印人名。此外辑者为壮声势也有伪托名人印作者的赝鼎。故辑者张灏只得删去姓名，改定版式后再钤印成谱。

这难得的四百年前的善本，居然在二〇一六年出现了两部，嘉德拍卖行一部为未署名本，日本一拍卖行为署名本。遂命儿子赴日本东京竞拍，如愿而返。再细作比勘，日本之署名本竟是上博本及张鲁庵本此两种之母本（模本），因此两部印刷之楷书文字皆据日本本之手书字精意摹刻者，故尤显其珍贵。嘉德本拍出价逾百万，而日本本付款未超四万。老天爱我好书人，幸甚至哉。

〈明〉——
《承清馆印谱》
（未署印人名本）

　　少小刻印，即留意于印谱与印学。约莫在一九八〇年初，先后寻访阅读的古谱已达千种。一九八二年西泠印社委我编著《历代印学论文选》，我提出要阅读张鲁庵先生捐出的四百多种古谱，以广辑录，故得以入库房禁地读书。那时，晨八时捎两个馒头、一瓶开水、两盘蚊香，将我锁进库房，下午五时开锁出库。盛夏的葛岭，潮湿、闷热、蚊叮、虫咬、汗熬。彼时一无如今的种种新式装备，对阅后可选用的正草隶篆俱有的序跋、文章，都得用钢笔一字字地识读抄录；出了库房，匆匆晚饭，躲进湖滨小旅社六角钱一夜的单间房，誊清文稿，推敲那些旧文人自以为有才地书写的那些古体、异体、别体、死字，乃至刊印中的错讹字。一盏孤灯伴着杭州夏晚的奇热，每到半夜两点方才发狠搁笔休息，因明日还有紧张新功课也。如是一月的"囚禁"，攀岩书山，搏浪印海，新鲜、亢奋、充实。试想，天下几人有此机缘？苦累不假，但这苦累是福分，太值了，至少在知识的层面，我像是中了大奖般地庆幸和富有。如今回味那段难忘的岁月，嘴里依旧还会渗出丝丝的甘露。

　　这是那时进库房选读的第一部印谱，重要。里面序跋就达到四十余篇。近年我幸得同一版本的此谱，才知道张氏的藏本缺了两页，少了印蜕八方。多读未见之书，真好。

　　如今我们在印学领域里，能读到近七百种的上古玺印原钤印谱，近四千种的流派原钤印谱，真该感谢那些甘于寂寞、耗心费神、旨在传承的辑藏者。正是这些篆刻经典，使我们的印文化走在一条康庄大道上。

　　说到流派印谱，历来艳称"三堂印谱"，这就是明末的《学山堂印谱》、清康熙时的《赖古堂印谱》和乾隆时的《飞鸿堂印谱》。

　　这部明《学山堂印谱》六册本是张灏的藏辑，也是他编辑《承清馆印谱》后，藏印大量扩容后的另一辑本，成书于一六三一年，存印一千一百二十九方。二年后获藏达二千零三十二方，所以又辑有十册本。

　　此谱汇辑了明末一大批著名印人的篆刻，足可以称之为明代的印风大观。可惜的是彼时的印家都有书画诗文的主业，"素弗以其显，故不具载其姓氏"，作品隐去了作者，这为后世作为个案乃至整体深入研究明代的篆刻史，带来了太多的空和缺，这是永远不可挽回的损失。

　　此谱一九八八年购自天津古籍书店内库，价一万，当时是颇大的数目。印人对于印谱，如鱼之于水，而此谱对我而言，诚是一汪泱泱碧湖，即使饿我半月，寒我一冬，缩食节衣，也得毅然拿下的！

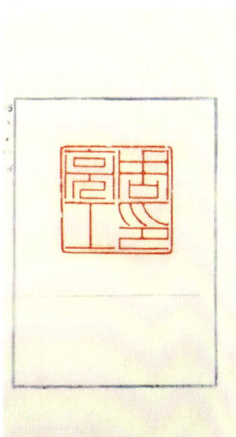

  这也是五百年流派印章史上一部至关重要的印谱，是"三堂印谱"之老二，缺憾是有印蜕而均未注明作者。但周亮工是识见极高的文人，对于书画印都有超凡的鉴赏力，笔头也勤快，亏得他留下了一部《赖古堂别集印人传》，使我们能赖以厘清许多印坛的人事和脉络。他自己都没有想到，这信手记录的明末清初的诸多印人、印事、人事，对研究流派印的初生期有着无可替代的历史贡献。诚然对艺术的品评，总不免受到亲疏好恶的干扰，或拔高，或抑低，也难免。但他在书里对黄济叔的至高评价，与我后来读到黄氏的印作，吃惊到怎一个"俗"字了得？是审美？是阿好？是怜悯？还真弄不明白。

  由于他在艺苑的广泛影响力，他辑藏的时人印作集中地反映了那一时段篆刻的整体水准，五彩缤纷，极有价值。谱内名人的题记也多，刊刻的水平尤其精严，诸如上接两汉正脉，给先前上千年文人书隶板结僵硬陋习划上句号的郑谷口以隶书抄录的序文，那面目一新、洒脱灵变的韵致，都获得了逼真的体现。这刊刻的巧匠如今已不复有了，即使有，也是聋子的耳朵——无用。

  此谱二〇〇五年意外地得于日本古书铺，间有散脱，然镜破不减其光，三百余年前的珍本，犹可宝也。至此，梦寐以求的"三堂印谱"总算团聚我豆庐了。

孤本《孝慈堂印谱》

—〈清〉—

在以往的印谱史上，最扑朔迷离的无过于《孝慈堂印谱》了。历来纠缠，大印学家罗福颐没搞清楚，称"未见"，又说"此谱即毗陵庄氏（冏生）藏印，吴门薄氏手拓者"。日本大藏印家太田梦庵也称是清初庄冏生藏印，"官印程氏师意斋物居多"，师意斋主人程从龙较庄氏晚出约百年，岂有后人递传给前人之理？

一九八六年在广州集古斋举办个人书画印展，闲来翻旧书，在已售给日本人的一大堆古籍里，居然见到了这部魂牵梦萦的《孝慈堂印谱》，翻阅一过，谜团尽释，此谱乃黄小松之父黄树谷所藏辑。经理老邝乃老友，告其此书为海内孤本，当以球图视之，千万千万不可流出国门。邝兄明理，遂果断抽出，以出口（日方已付款）价二万元，归吾豆庐。付钱甚肉痛，得宝何快哉，斯为痛快。

　　我自六岁学刻印，好兹念兹，由刻印求知而心系作为"老师"的名家印谱和印学著述。无力多购求，六十年如一日，天南地北、国内海外访谱，既读兼记，前后读了民国及先前古印谱、印著约四千种，集腋成裘，《中国印学年表》的出版，内容多得自历年史料的汇辑。

　　访书读书不易，访读古谱更不易，是大海捞针的活。记得一九八七年，访书于天津图书馆，借书人员问："要啥书？"我说讲不出。此君忿然道："你来开玩笑？"陪我的弟子插嘴说："这是上海的韩天衡先生。"他居然对区区有所知，和气地问，读书咋不知书名呢？我告之，知道书名的印谱大都读过了，想读些未见之书。进内室，翻阅善本书目卡片。竟然读到了被乾隆下旨焚毁的，康熙癸丑（1673）年原版《赖古堂别集印人传》，从而纠正了道光、宣统版《印人传》中的诸多讹误。访读到未见之书，对我而言，一无乞求黄金屋、千钟粟、颜如玉的奢望，只觉是渴极时有人送来矿泉水，饥饿时端出了一盘东坡肉，这滋味也许只堪自己品尝。

　　此原拓丁敬、蒋仁的《丁蒋印谱》册页装，一九七八年得于天津，价十元，不贵。但比起一九五六年在上海古籍书店买程瑶田的《汉印谱》不算便宜，那本印谱才花费了我六毛钱。

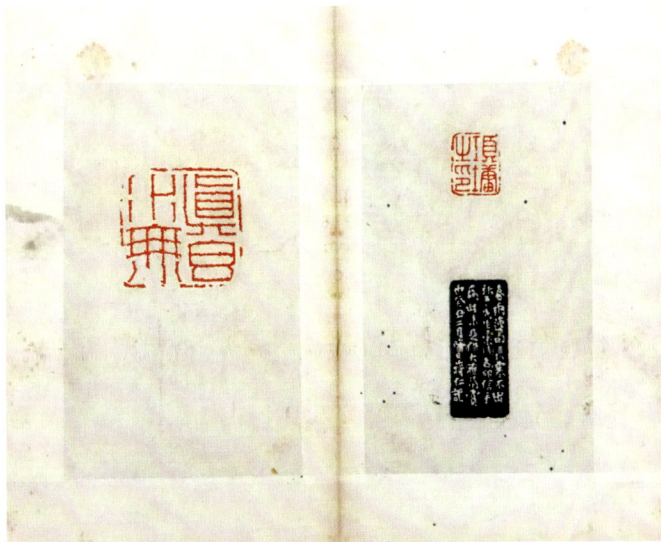

汪启淑《飞鸿堂印谱》

—〈清〉—

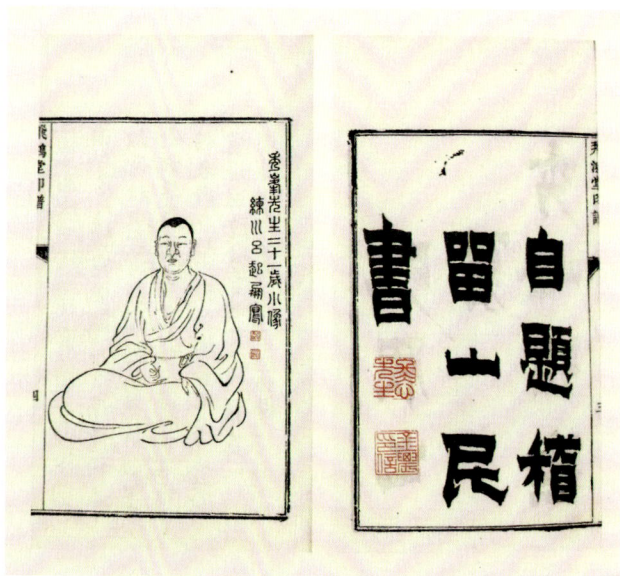

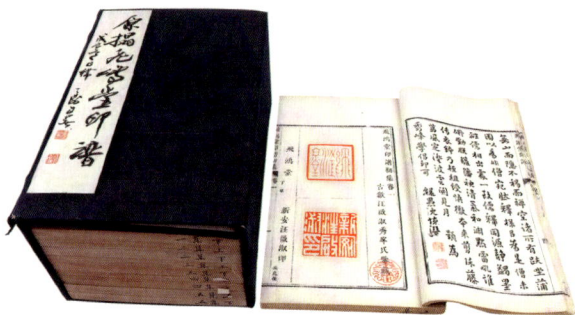

汪启淑是乾隆时期的印痴，祖籍安徽，寓居杭州。做个闲官，既有闲钱又有闲空，一辈子的心力都用在集藏古玺印和流派印上。他痴得真诚、执着，不跟金线挂钩的痴，是真痴，是可爱的。他一生先后将藏印钤辑成二十七种印谱，为古今之冠。但今天我们能读到的仅剩下一半而已。痴人方有惊人壮举，他辑藏的《锦囊印林》，小，小到可放在手掌心里（高七点八厘米，宽五点八厘米）；他辑藏流派印人的印作《飞鸿堂印谱》，大，大到史无前例的五集，二十册，四十卷，辑同时代的大批印人印作，收印三千四百九十六方。小或大，至今皆无人突破。这本印谱编纂周期达三十一年，其中的曲折、繁杂，非痴人是无以坚韧不拔地完成的。前人将此谱纳入"三堂印谱"，实至名归。

此谱为丁敬、金农校定。然细加考订，谱中所收入的丁敬印作竟有伪品。此谱成书于一七七六年，丁、金二人已先一二年去世，此中或可悟到些不可言说的消息。

此谱一九八八年得于天津，厚厚的两大函。在印谱类里，按国家给西泠藏谱的评定，"三堂印谱"可都是国家一级品噢，其珍贵无庸多言。

《齐鲁古印捃》乃清末著名的印谱，钤拓不易，似也悟到"物以稀为贵"之理，当初仅成十部。此册为济南任熹先生旧藏。先生"文革"初被抄家，古籍也未能幸免，十年后发还时大多散失，也无具体的书单，跟抄家时的态度无二，且以斤两计。老人有趣，曾嘱我刻"十一斤半书斋"，足见其为人之豁达。人去多年，书入敝庐，亦书缘也。此珍贵印谱并未见绘盖"十一斤半书斋"，当时未发还前即外流之物。"物常聚于所好"，然好而不得久持，也是实情。任翁为丁佛言先生高弟，对于古字研究高深，且写得一手有古意的金文。记得一九八一年上海书画出版社举办全国书法大赛，其一副对联荣获一等奖。据说，这也是中华人民共和国成立三十年后，他作品的第一次抛头露面。悲夫？喜夫？

我髫年好弄刀治印与古印谱，财力许可必收纳。此谱天下十部，我占其二，不无兴奋。

—〈清〉—
《黄秋盦印谱》

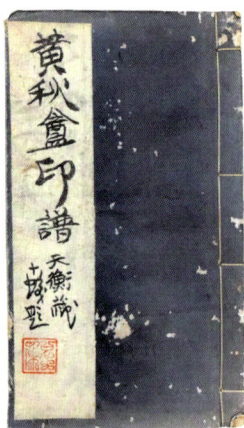

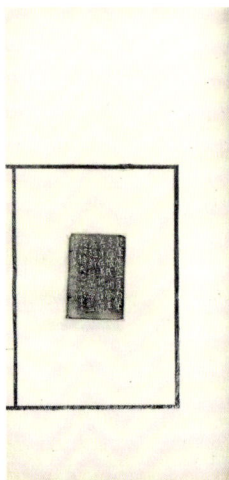

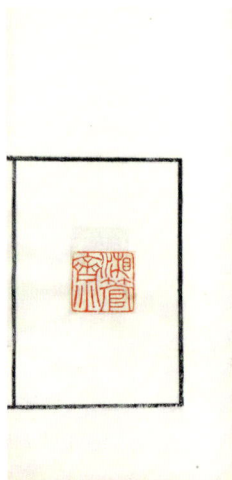

黄易字小松，号秋盦，为西泠前四家之一，生前辑谱仅见此本。印有拓款，此谱堪称印坛滥觞，尤可宝也。需知，我国拓碑技艺唐代即有，而对印款的墨拓竟迟至清嘉庆时方兴。足见世上事不是做不到，而是没想到。"文革"中，陆师维钊大学时同学杭州师大教授胡士莹持赠。可贵者，除前人题记，复有陆师等以蝇头小楷所作评语。

胡公见重，赴杭或来沪，必邀宴，前后嘱刻印多钮。彼时讯息迟滞，公殁后许久方得消息。时尚有未交付的小印三方，呈送无门，遂置于煤炉中禁毁，自忖，如真有天堂在，胡公当收得此物矣。事虽愚，心则诚也。

〈清〉

徐熙、丁仁集辑《秦汉印玩》

集秦汉原印钤谱始于明代上海人顾从德的《集古印谱》六卷，存印一千六百余钮。为篆刻艺术的印起八代之衰，明清流派印的平地崛起，从而形成双峰耸立的局面，提供了充裕的、不可缺的周秦两汉的优秀传统。

自此而降，集古印辑谱风气益盛，近五百年来，集古印谱当不下七百种。而其中存印最多者，当数清代同治时（1872年）陈介祺编纂合吴式芬、吴大澂等七家藏印，钤成的《十钟山房印举》，其中最多的一种，达一百九十余册，存印逾万，皇皇巨制，空前绝后。而就我六十年访书所见，《秦汉印玩》当居次席，存印三千二百五十一钮。当然，它不同于陈氏的集藏印钤制，而是徐熙、丁仁两家以所藏、更多则是友好处钤盖和汇集古来残谱剪辑而成。集腋成裘、聚沙成塔、前仆后继，诚非易事，当然，其中也偶杂伪化之品。

此谱十五年前得于日本东京神保町饭岛书店，价六十万日元（合当时人民币四万八千元）。店主饭岛夫妇知我好集旧谱，每得佳谱都储存付吾，盛情可感，今则老衰不复能见矣。唉，书寿如彭祖，若是遇到好人、好运，有寿八百的。人不行，康熙想再借五百年，谁能借他？

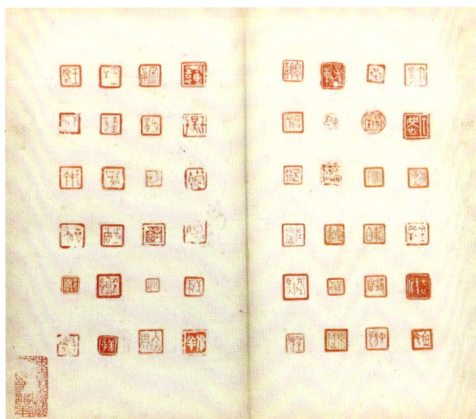

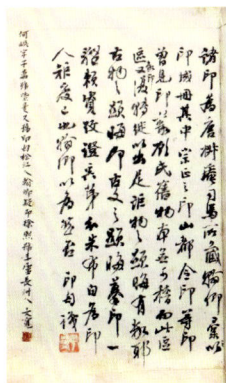

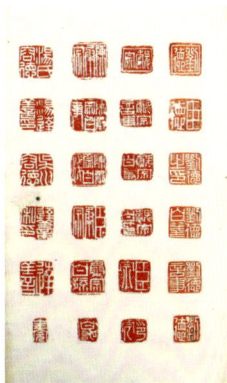

竹木牙漆篇

〈明〉

竹雕顽童吹猪肺

竹木牙骨雕刻，木有紫檀、黄花梨、铁梨、鸡翅、黄杨、柞榛、枣黎、龙眼、沉香及果核等诸类；骨有牛、羊、鹿、虎、鹤、犀等多种；牙则除了鲸鱼牙、河马牙外，多为象牙；竹则以几年生的质坚肉厚之材为用，也有以方竹、棕竹、紫竹、湘妃及翻簧等。

竹之雕刻有圆雕、透雕、薄意、留青、浅刻，乃至数技并施等。圆雕则多取竹之老根为之，视材构思，匠心自见。嘉定竹材雕刻，隆兴于明后季，自朱鹤、朱缨、朱稚征祖孙三代出，妙夺天工，名蜚九州，下四百年，尤其是至乾嘉时，名家辈出，斗奇争胜，花式翻新，承前启后，独领风骚，艳称"嘉定竹刻"。惜延至晚清则每况愈下矣。

此明人所作小型人物竹雕，包浆醇郁，古趣盎然，二十世纪八十年代末九百元购自沪渎。初不解幼童何为，后始悟出是在吹洗猪之肺也。是当时儿童的嬉戏，本人孩提时曾有尝试，今早已绝迹，故今人视之百思方得一解。

竹雕骑象罗汉

〈明〉

　　嘉定竹雕享誉海内外，由明末三朱的异军突起，继有吴之璠、周芝岩、王梅邻辈大家的承前启后，所作或圆雕，或透雕，或薄意，或阳刻，或阴刻，或浮雕与线刻的结合……题材多样、手段翻新、争艳斗妍，流风所及影响到石雕、玉雕、木雕、犀角雕诸多艺术门类，辉煌绚烂了三四百年。竹雕历来也不乏收藏家，若海上秦彦冲就收藏宏富，后皆捐献给了浙江省博物馆和宁波博物馆。

　　此骑象罗汉圆雕为明代物。一般视手工细密为佳的见解，实多误区。精细而雅与精细而俗，即有云泥之别。同样，以工之细粗定优劣亦欠妥。粗简见拙、拙中见匠心者则优；粗率潦草、毫无艺趣者为劣。故不能仅以表象之粗细作定论。且精细过甚则繁琐小巧，而粗简宏博则洗练大器。粗细精简乃表象也，得其神采者艺心存。视此戆拙可掬的圆雕，神采存焉。上海话里有"戆大"一说，戆则大，大则充实，充实之为美。此雕得之矣。

　　这是一件明末清初嘉定竹刻的臂搁，也有叫搁臂者，在明代被称之为"秘阁"，是文人书写小楷时使用的辅助工具，将其搁于臂下，适当提高臂腕的位置，有利于书写时的顺畅。

　　大凡工具成了文人书斋中物，总是喜欢别出心裁，足尺加三，平白地添出些文气来。此臂搁即在其上作高士采芝图，那高士悠然自得的淡泊神情，那老松虬龙出云的风姿，那丰赡而毫不繁琐的杂花……乃至那淳厚畅爽、手法变幻的雕技，都证明这是件画意与刻工兼美的佳品。我这人也自知审美上近乎怪诞，见不入眼的艺品，总嫌其留下的名款，不知深浅，丢人现眼；对高妙动心的，则恨其自抛自弃，何以疏于署款？似总玩味不到最终那一分的实处。此件给我的印象当属后者。

竹雕在中国工艺美术史上，嘉定是最著名的。说到竹刻，似乎加上嘉定两字就添了分量。康熙时期，嘉定竹刻出了位杰出人物吴之璠，他区别于先前的三朱规范，所作浅雕，强调留地，多去繁枝杂节，突出重心，写实生趣，理念与雕技都属濯古出新者。换言之，他的作品一如八大的花鸟画，像剥笋似的在构思上先剔除几层外壳再下刀，做减法，做除法，让喜欢简洁者，跳越繁琐恼人的公式，一眼就专注于所期待的结局。

吴氏的绝作世不多觏，此乃乾隆时去其不远的高手所作，纯属宗法之璠者。作苏髯夜游赤壁，小舟载五人，脸小于豆而各显神韵，岩上挂奇松一枝，远处赤壁一座。此外皆平刀铲地，空荡荡一片，似江水茫茫，不存一物，淘尽繁琐，反倒突出了"白露横江，水光接天"、遗世独立的寂籁诗境。这技外的文心，皆可明鉴。我在想，若这一主题由吴氏施技，那滋味何止是令人"三月不知肉味"的？

—〈清〉—
吴鼒书茶量

此为茶量，非臂搁也。较臂搁为短并留有竹节隔之半，乃取茶叶而估量多少之用。此茶量上有清中期名士吴鼒书七绝诗一首，诗书俱雅，在茶量中为罕见物。吴氏字山尊，为嘉庆四年进士，曾官侍讲学士，归田后主讲于扬州书院。一九九二年我应邀在日本静冈举办个人书画印展，颇获见爱，市长并授我荣誉市民证书。闲时逛街，于一杂货店里见此物，并老笔数支扎堆，标价五万日元，在彼时约合人民币近四千元。量可品茗用，笔也为明治时期制作精良者，挥运骋心驰怀。一举两得，如此良缘，恐不可复得也。

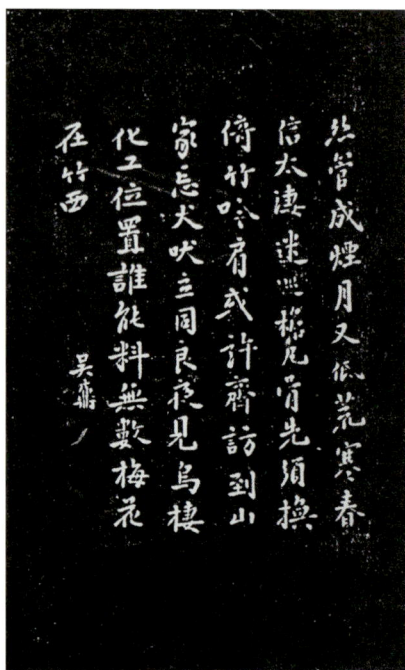

〈清〉

伊秉绶隶书扇骨

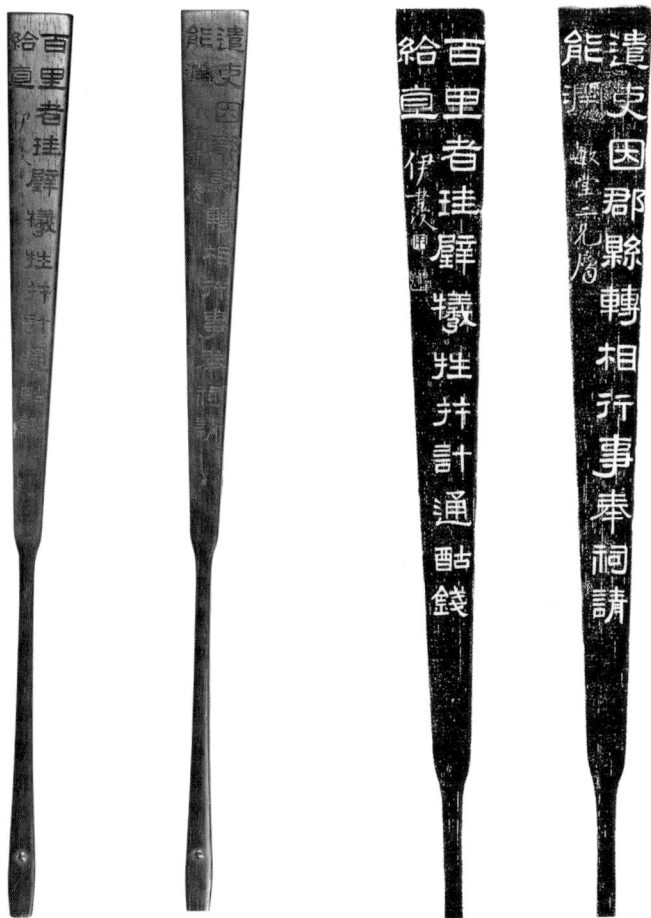

　　中国书法史以往的一些论家都崇尚晋唐，并多晋唐以下书艺日薄西山之论，我少时即不以然。此论用之楷行草似可，而涉及篆隶则差错矣。篆隶之妙，源在晋唐之前，式微何止八代，其流绪之开拓涛诵，恰恰在老老晚的清代乾隆、嘉庆季，且成果灿然，别开一重天地。伊氏即是复兴里的显赫大家，别于邓石如的巍而健，别于何子贞的质而涩，伊秉绶的隶书拙大伟岸外，天才勃发，赋予少见的诙谐趣、幽默感，尤堪咀嚼，无古而有我，一派正大庙堂气。依我的私阿，似较邓何高出一头。

　　此伊氏所书之隶字扇骨，虽天地窄迫，而气息从容，不枝不蔓，小中见大。足见此老胸中别有乾坤者。

吴大澂刻扇骨

—〈清〉—

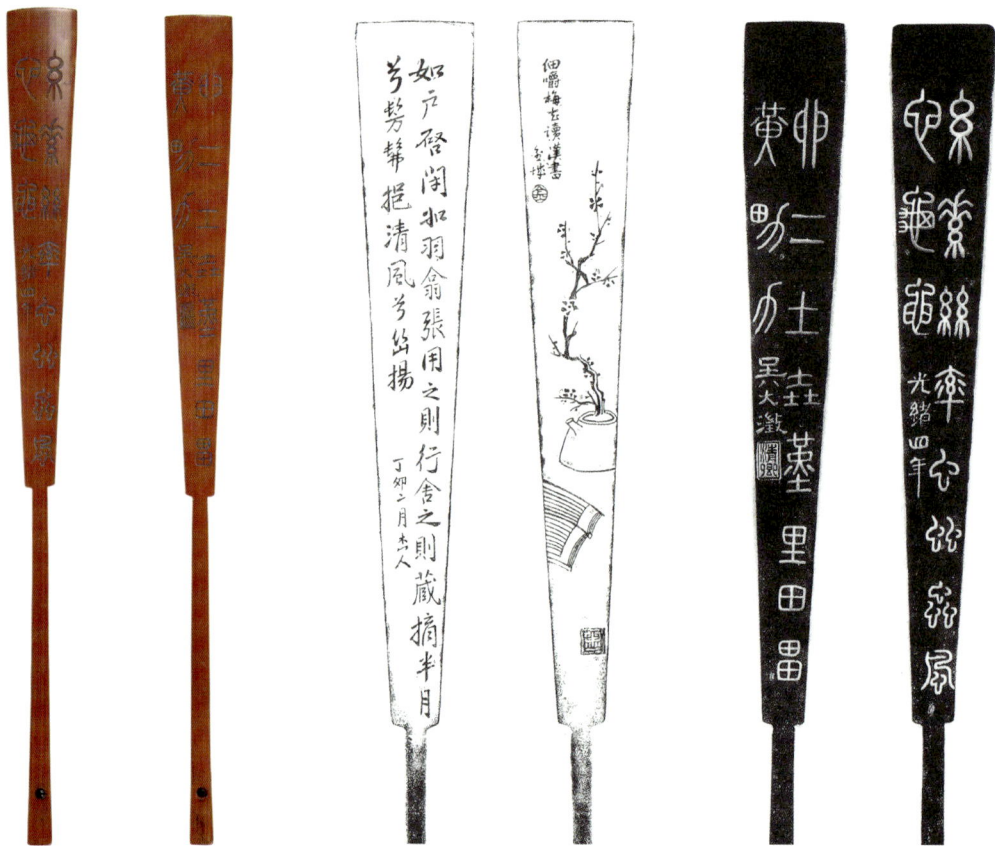

再说说买扇骨的事。中华人民共和国成立后，劳动人民翻身得解放，而夏天里再炎热，大摇大摆地挥摆折扇，总以为跟劳动人民的高尚品质相悖。一段时间里，老折扇上的书画揭裱成轴，还可以换外汇，而这扇骨就成了百无一用的废弃物。二十世纪五十年代，我对这些遭冷遇的物事每多留意，留意的是扇骨制作的精良和其上的书画诗文及雕刻艺术，总觉得有借鉴的作用。孩提时哪来的钱，都靠牙缝里省下，见到喜欢的就买一柄，如吴大澂书写的篆书扇骨是一九五二年（时我十二岁）买的，价值二元。当时买吴昌硕的篆联也才四五元钱，说便宜也不，说贵也成，那时买个大饼也才三分钱噢。到二十世纪八十年代中期，扇骨的命也还贱。记得天津文物商店要给我稿费，我说还是换点扇骨吧，一张字画的稿费可以换十几柄名人书画刻的。彼时是十七元人民币一把，这吴大澂少见的刻扇，即是就中的一柄。买艺术品，领先一步很重要啊。

巧雕红湘妃巨扇

〈现代〉

　　湘妃竹，亦称斑竹。那竹杆上点点的、参差的团斑，惹来了"斑竹一枝千滴泪"的凄美诗情。这红花蜡地的名品也的是惹雅人爱怜。如今名贵稀少的斑竹，在乾隆之前却是寻常之物，只屑看看那以前诸多人物画里，如实绘画的粗壮湘妃的床椅桌凳，即可明白，在当时即非奢侈的寻常物。

　　此为一把红湘妃竹大扇，扇骨长达五十六厘米，与如今的裸赏团斑不同，扇满工留青，且将团斑作巧雕，如图二即将其处理为麻雀之鸟头，则别饶风情矣。二百年来，斑竹的由盛产而速衰，不正说明物种保护的紧要吗？此扇也颇有故事。狄平子为民国时海上报业巨头，又是大书画收藏家，著名的元王蒙《青卞隐居图》即是他的收藏。其彼时得大湘妃数枝，做成罕见之大扇骨，类似手杖，自称既可招风，又可防身。亦噱事也。

袖珍翘头几两件

— 〈明〉 —

　　明代家具，如今成了古玩收藏界的一个专业词汇。也许以前把它仅小看成是老实用具，蒋氏王朝把故宫的藏品转运台湾，似乎其中并未包括明代家具，所以我参观台北"故宫博物院"时，仅见到一把仿明式的官帽椅及详尽的解析文字。要指出的是，明代家具与明式家具是不一样的概念，仿造明代式样的叫明式家具，这是切不可混淆的，身价也截然不同。

　　明以前也一直有家具，由于材质和实用，速朽而难以久存。到了明代中后期，则采用坚紧牢固的硬木制作，如黄花梨、紫檀、鸡翅、铁梨、楂臻等（酸枝红木的采用，当是清康熙以后的事），工艺精湛、巧妙，不用钉、不用胶，纯手工榫卯结构，若非刻意地损坏，四五百年下来，色浆醇古而坚牢实用依旧。如我二十世纪七八十年代买的明代画案、方桌、翘头几，依旧被日常使用着。

　　这是两件袖珍的明代黄花梨和紫檀的翘头几，高在十几厘米。其形制简洁，飞角、挡板、牙子、托泥，巧装饰而去繁缛，小中见大，气势巍然。在二十世纪八十年代约五百元一件，这钱在当时也可以买整套的时新家具了。

—〈明〉—

铁梨木雕骑象罗汉

　　这尊明代骑象罗汉经历过一场被毁容的惨痛经历。记得是在一九九三年，经过新闸路，新开了一古玩店，看得上眼的东西不多。东西不多的店铺，叫价特狠，时去走动，也先后买了几件伊秉绶、齐白石的书画和名家的旧章。渐渐地熟了，又常回答他一些古玩知识，价格也松动了。

　　一日偶过，见被正面砍去脸部的这尊罗汉。细睇，乃木中最坚硬的铁梨木，这木材硬到一般的刀枪不入，被砍成这付残相，要有多大的"仇恨"。询问，说是"文革"之后在原大户人家收购古玩，这件劫后余生的木器，是顺带送他的。我询价，说："侬韩先生要，给四十块，收个坐叉头（出租车）铜钿。"

　　请了尊被毁容的罗汉，一直想为其"整容"，两年后请沪上高手杨留海修复。毁物只需一旦，而修复之难，多有"玉碎难复"者，此物算是大幸。看来在"文革"那荒唐的时段，菩萨还得人保佑。

黄花梨漆金卧佛

〈明〉

　　还是一个请佛的故事。一九九三年有江苏南通之行，妻儿相陪，好像是参加王个簃先生的捐赠书画的活动。其间还参观了南通博物苑，出示苑藏古书画，记得在观赏一张元代画时，同行的刘伯年先生称，此图是他解放前的伪作，众人皆愕然。

　　次日得暇，闻有古玩集市，拉儿子无极闲逛，见一地摊有物抢眼，上手一看，乃是明代黄花梨漆金如来卧佛，缘也。摊主要价七十元，请归。值得一提的是，卧佛者，乃释迦牟尼圆寂时形象，一般皆呈右侧卧，如泰国"卧佛寺"、西夏张掖"大佛寺"等古刹即是。此佛倚左掌而卧，首向居右，为我所仅见者。

—〈明〉—
黄杨木雕瘦骨罗汉

    佛像里涵盖着佛文化及佛之外的诸多文化，非纯出于迷信；宛如藏古刀，也缘于刀文化，非仅作为武斗的兵器观之。

    此瘦骨罗汉为黄杨木雕件，乃明末清初物。他侧躺在一片夸张起楞的大芭蕉叶上，一派无上清凉的消夏作派，惬意之至。罗汉裸上身，胸前两排瘦骨与蕉叶相呼应，见匠心。一件杰出的雕刻，它不仅出自本身实体的魅力，还应为你提供拓展想象力的无限空间，如让你感悟到它的周边有着万株的绿蕉，被挡在天外的火辣辣骄阳，乃至眼里心里有可乐之事，让他有这般发自内心的可掬笑容。拙以为，此作早于罗丹，而不输于罗丹，是无名大匠的绝构。

    此物一九八六年见于广州文物商店"内橱"（不外销），包括多件上佳的瓷玉器，均被省博物馆贴了"订单"，不予出售。急中生智，拔了电话给省博的苏庚春先生，很给面子，说只能挑一件，如何？我说，也只要一件。时价一千二百元，几不可得而得之，一直开心到今天。

紫檀圆雕人物

〈明〉

　　这是一九八三年得于天津文物商店的一件明代木雕，玫瑰紫檀料，镌刻圆醇，体量厚重，气象平和。喜欢，时价才七百元。此圆雕人物不禁令人联想到明代第八代皇帝朱见深所绘的那张影响颇深的《一团和气》图。那三人一体的构思，中庸平和的情绪，与他统治者冀求天下太平，普天同乐，风波不兴的治国理念是一脉相承的。

　　这《一团和气》自然也产生过他的广泛效应，渔樵耕读，各就各位，各事其职，社稷太平，似无惊天动地的大事。而渐入晚明，朝廷君王的昏庸，上下官宦的腐败，内部争斗的激化，社会矛盾的加剧，民心的向背，此时还宣扬《一团和气》，反成了自闭耳目、遮盖矛盾、放纵邪恶的麻醉毒剂。事物论说总有双重性、两面性，《一团和气》离开了客观的存在，用错了时间、地点、人事，则有百害而无一利。

　　看着这件明代和蔼祥瑞的圆雕，再比照一下晚明江河日下、社稷蒙难的凄状，不由感慨系之。玩物不丧志，赏物而感时，生活在今天真好。

—〈明〉—
吴迥铭黄花梨笔筒

　　文房具历来是文人的最爱。今人所谓的文房四宝，不是对它的正确概括，而是挂一漏百的俗说。单以笔而论，与其配套的即有笔架、笔搁、笔船、笔筒之类。以材质论，又有金银、犀角、剔漆、竹木、陶瓷之别。且有素工、雕艺、鎏金、戗金等工艺之分。这还不是往细处说。

　　置笔的笔筒，宋代有"管城居"之称，缘自东坡尝喻笔为管城子。而以愚之浅识，至今似未见到宋人之制。而到了明代，则是文人案头必备之具。拙以为这跟明代大宣纸的制作及写大字用大笔的新走向有关。

　　此为明代典型风格的黄花梨木笔筒，刻有诗一首，署款"亦步"，一九九七年见于在上海举行的全国文物展销会。时定价四千，较素工的价格至少高出三倍，也许是行家考虑到刻有诗文的缘故。然行家并非专家，知其一而未知其二，此筒乃明末大名鼎鼎的篆刻家吴迥所刻。此人有著名的《晓采居印印》等印谱传世，四百余年来，其印未见有一钮传世，而远少印作的笔筒却忽地现身沪上，且为好印之吾所获，也是一段艺缘。好在那标价的行家识署款之文字，而不识其为何方神仙，否则其价又当上抬三倍矣。

奇楠雕山水楼阁杯

〈清〉

当今艺术品市场，除了书画薄薄的一张宣纸，大名家的行俏货，动辄超亿元。除外的艺术品材质最贵的，轮不上金玉，倒要数木头了。此话怎讲？木头绝大多数也不贵，其中价格最最贵得离奇的要数沉香里的奇楠了。这三年价格下来了些，五年前有个玩家在集散地莆田买了十八粒的手串，一点五厘米直径的（不算大），花了整整五百万元。算它三十克，要比黄金贵多少？这让带黄金手镯的情何以堪！这件雕满山水的杯子，是二十世纪九十年代初，时人多不识是何材质，请学生去拍场以底价拿下，其实这是清初的奇楠。奇楠无大料，一般用小料拼结，然后施艺，雕工都极为精到慎密。世人艳称犀角杯，诚然两者都属稀罕的中药材，而论身价，在它面前可是小巫见大巫了。

—〈清〉—
黄杨木大盘根座

　　谚曰"千年黄杨碗口大"，言黄杨木生长之缓慢也。黄杨木细密紧结，制作物件不变形。历来黄花梨、紫檀不乏大件，而黄杨木之大件则少之又少，无大料故也。近世有硬木之说，却将其排斥在外，似失公允。

　　此黄杨木大盘根座，径达五十四厘米，下呈盘根，似出之天成，其实多是工匠的巧饰。明末木艺崇尚自然简朴，即使是一段圆木，或在其上多饰树节，呈现出原本是枝桠的错节横生。这类大型的明末黄花梨笔筒并不少见。而此黄杨木则仿自然之形，镂空钻洞，令其产生出盘根错节的树根来，不着人工痕迹，既雕既凿，复归于朴，水平由此可见。此物由日本回流，型制之大，非寻常所能得见。

奇楠佛珠

〈清〉

沉香作为植物香料，也是我国独创的香文化的主体。由于其产量稀缺，又是往昔王公贵胄奢华的必需品，一直是精贵的。此木或制作成佛珠、手串、如意、杯筒等，当然极品被称作奇楠(亦称棋楠)者，因无大料，都属并合而成，连佛珠往往也如此。其另一用途则是用以燃熏，往往辟一小室，披削为微片，一克沉香，大约可分作五十次来享用。而今奇楠其值高出黄金百倍，鼻嗅几下，也真是奢侈到不行不行的。老叟若我，患鼻炎者，未能受用，只觉得是在烧钱了。

这传统的香文化，消失于劳动人民当家作主的新中国，而在台湾省得以承传，在二十世纪九十年代又回流大陆，大抵成为有财力者的选项。

这串一百零八粒的清代佛珠，为本土今已绝产的绿奇楠。约十年前见于某拍场，底价二百元，物真味正。儿子无极以捡漏心态，又势在必得。场里似有识其为沉香，而不知其为奇楠者，竞争价过千倍的四十几万元，始擒得，而作为奇楠，依旧算是捡了一个大漏。要之，捡漏靠眼力，眼力靠储备的知识，知识可转化为隐性的金钱，此例似可鉴证。

——〈清〉——
巴慰祖隶书抱柱对联

　　在五百年的明清篆刻史上，有一位活动于乾隆嘉庆时期的大家——巴慰祖。此人篆刻别于丁敬的浙派和邓石如的皖派。其旧居在歙县练江上游的渔梁，门前即巨石差落的宽溪和相看两不厌的紫阳山，风水宝地，因隶属老徽州，其印风被冠以徽派。他不仅精于篆刻，还精于竹木雕刻，乃至核舟微雕，彼时即享有盛誉。在拜访他后人时，说父辈时还存一二，今已成绝响。还说及，他之姓巴，因祖籍巴地也，姑且听之。多才多艺的巴慰祖，写隶书亦入汉人堂奥，此即巴氏所书大厅用之抱柱对，联句为"克己治身乐旨君子，师典稽古齐风前人"，书格神定气闲。红地剔黑，字沿泥金，富美喜庆，为清中期物。时在二〇〇一年，皖南访古时，以自书两联易来。

　　记得时游歙县博物馆，见被置于冷角落里的一本旧谱，为四层套印之二十方印的《印谱》。拣出并告馆长，为巴氏钤谱，颇珍贵。近年上海博物馆拟入藏巴氏套印，询我意见，即昔时钤谱之原印也。

赵之谦是天才型的全方位的书画印、金石考据、诗文俱佳的艺术家。尤其是敏锐的吸收能力和出奇的变通能力，所作篆刻取法之广，风貌之多，五百年流派印坛无出其右者。读赵氏印，一方一个面目，一方一个情趣，移步换影，眼观八方，步趋六路，胜景满目，解人读来是决无视觉疲劳的。

赵氏一生书画存世较多，印仅四百钮，而此所撰书刻的墨床、印规为所仅见，且以紫檀为之。一书赠弟子遂生，一书付子凤，也不知是何时两者合一。原为唐药翁所珍藏，翁殁，见于某拍场，令儿子无极购归。杂件之有趣在于杂，五味杂陈，杂而广，广而博，博学其中，自有可意会而不可言传之妙。

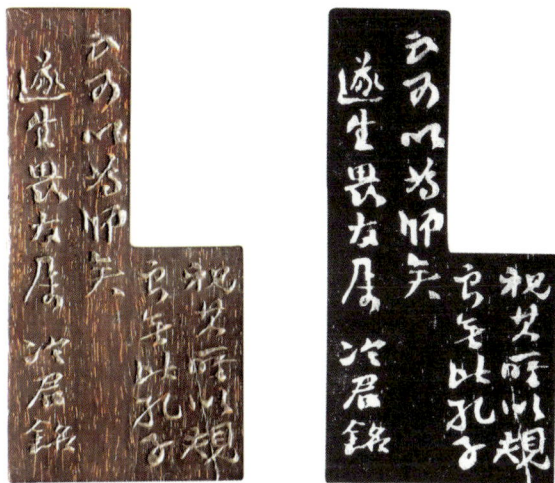

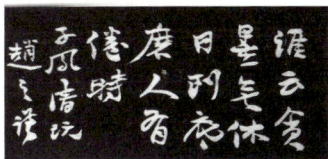

八仙祝寿沉香大如意

〈清〉

祈福延年，是人们的普遍愿望。在过去，祝寿也就成了从人们生活到艺术创作中最寻常的题材之一。八仙祝寿的题材早先源自元代，原先被献寿的主角是"王母"，是女性，后来作为男性的"南极仙翁"更成为真正的主角。这跟封建社会的"重男"观念还是一脉相承的。

这是一柄长五十厘米的沉香大如意，不多见，以沉香为材料更是精贵。沉香是珍贵稀少的香料，号称众香之首、香中之王，也属上等极品药材。产地局限于我国的海南、广西、香港；海外的有印度尼西亚、马来西亚、越南等。其产量稀少，更少大料。一般人将沉香木和沉香混为一谈，完全是误会，需知野生的沉香无大料。沉香珍贵，而沉水料更珍贵，当然个中的"奇楠"最为珍贵。在二〇一三年，作为国内集散地的莆田，一克"奇楠"实际成交价都在五万元上下，令黄金气短，也令常人咋舌。

别看这柄如意大且宽，细加端详，就可以看出是以上好的紫油沉香小料拼接，再行雕刻成八仙为南极仙翁祝寿。考察其材质、作工，当是宫廷造办处出品。

说到如意，这也是乾隆爷的最爱，登基、寿庆为必备法物，日常手执自赏，或赠外使近臣，或置殿阁斋堂，乃至帝后嫔妃寝室。我以为经历艰辛的康、雍之治，乾隆爷堪称"如意"之至。其实"如意"的最早出处是"不求人"的"抓痒耙"，也称"搔杖"，是顶端分叉的利爪，或称最先是将领使用的"指挥棒"兼兵器。后世渐渐潜移默化地演变为圆融"灵芝"状，而赋予为寓意吉祥福寿的"如意"。悠悠五千年的华夏文明就是如此的神奇，由"搔杖""兵器"而成"如意"，当属"化寻常为高贵，化干戈为玉帛"的一例。

此件为儿子无极近年购自日本一冷僻的古肆。谈到这天上掉馅饼的"艳遇"，那甜蜜就会不可自恃地喷涌而出。

　　黄花梨是名贵的硬木，在明末与紫檀并称翘楚。紫檀色重近于黑，黄花梨色黄，较之紫檀多了份淡雅和净逸，似乎更为文人所赏爱。时至今日，真正意义上的本土海南产黄花梨已绝迹，故益见宝贵。

　　此大笔筒取一截佳质黄花梨木，作繁复螭龙穿越于茂密葡萄藤中的构思，手段写实，技法别致，层次复杂，刀技精妙，口沿作流波状灵巧翻卷的荷叶边，使整件作品动感十足且顾盼协调，足见非巨匠则不能为。此作应是乾隆时内府造办处所出，在笔筒制作工艺中堪称绝品。

双
葫
芦
袖
珍
犀
角
杯

—〈明〉—

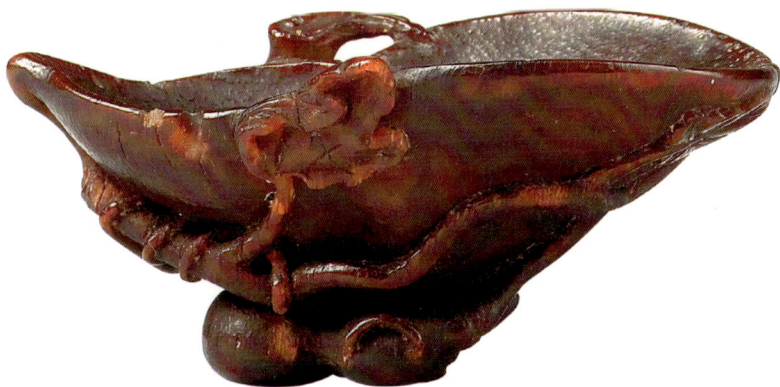

　　毕竟是文明古国。说这话一点都没有为国吹擂的自大，而是实情。你想，远在一千多年前的唐代，就知道了犀牛角有独特灵验的药效，而且还用以制杯饮酒，养生健体。那唐代仅存的一件素工犀角杯，如今就藏在日本奈良的正仓院里。当然要指出，保护野生动物大象、犀牛的《华盛顿公约》，是在时变境迁的一九七六年方始颁布的。旧、新之物作科学的隔断是有必要的。

　　犀牛角杯雕刻的精妙绝伦，与嘉定竹刻似乎是同步的，应是滥觞于明代后期，诚然材质的不同，艺术风貌、路数的走向亦不同，这正体现了雕刻巨匠们雷而不同的艺心。

　　此明代雕制的犀角杯，较菱角稍大，重仅一两。正面雕一凹型葫芦，藤蔓盘旋，在其底部又雕一凸形葫芦，葫芦寓意福禄，上凹下凸双葫芦，正寓福禄双全合一之意。把它点清楚了，也就体会到巧匠们的巧思了。

胡允中雕犀角杯

—〈清〉—

犀牛角杯是以珍稀的犀牛角制作的杯子，贵胄用以饮酒，的有药效。早期多素工，日本尚存有唐杯。至明代则赋以精妙的雕艺，为世所宝。此为名雕刻家胡允仲(中)所制，仿上古青铜觚型，饰以数匹夔龙盘旋一凤，构思别致，典雅高古而又灵动大气，纯胡氏典型风格。底有款、印。款以钟鼎文刻出，其中多有清初人臆造的《六书通》之字参入，考之经月，文为"甲申春日仿古汉爵，为约生先生识于泊云阁中"。印文为"胡允仲"，据我考证，胡允仲与同时之名雕家胡星岳实为一人。又，从用字及印风及文字的遣句风格，可断为康熙时人，有定为乾隆者，非。出让此觚者，告我故事称乃曾国藩家物，无据，不足为信也。

百花犀角杯
〈清〉

　　在兽角器文物里，犀牛角是最珍贵的材质。犀牛有亚（洲）犀与非洲犀两系。犀角首先是珍罕的药材，医家称，论药效亚犀是非犀的十倍，故价也高得多。时至今日，亚犀近于绝迹，新品犀角雕件多是非犀。诚然，新品与老货是一望而知的，亚犀与非犀也是不太难辨别的。如今市场上多的是仿冒的犀角工艺品，材料、手段也是五花八门，新人下手可得小心再三。此为乾隆时的犀角杯，雕饰之繁茂、复杂、精湛、细腻，皆属罕见之品，无论是四壁至圈足，以浮雕、高浮雕、镂雕及过枝手法处理，乃至杯内还着螳螂一匹，皆工艺精妙，生意盎然，一派繁花似锦的秋光，为百不一见之品。

　　此杯得于十八年前，以自己所作四尺整张五彩荷鸟图换得。能生产些有人喜欢的土产，真好。

—〈清〉—
汪士慎刻虎骨笔筒

　　插笔的筒，径不过尺者泛称笔筒。历来制作的材料，有竹木牙犀、金银铜漆、翠玉琉璃，也不乏珠光宝气的八宝镶嵌。二〇〇七年七月，腰病近乎瘫痪，住院动大手术，术后热度不退，抗生素居然难抗，医师与家人终日为我忧心忡忡。诚然每天上午、傍晚各四个小时的吊针，于我也不无苦痛。时儿子告我，台湾一古董商来沪求售，儿子说爸爸住院，这次不要了。我则告曰："可去我病，岂能放过。"当晚此君拖拉杆箱来病房，斩获几物，此即一也。

　　此乃扬州八怪中年长的汪士慎所书画并刻的笔筒，的是真品。汪氏制笔筒，此为仅见。而尤可宝者，所取材料乃罕有的虎骨，故此老雅兴顿生，骨虽坚而趣随增，书画兼自刻（汪氏擅篆刻），无上款，可断为案头自用器。吊针七十二天病竟愈，我自慰，此物正特效药也。

这是儿子无极读中学时买的清微雕
大师于硕的象牙砚屏，于氏的作品真的不
多，赝品甚多。我自小就培养他对传统艺术
的兴趣，五六岁时就常常带着他在节假日逛古
玩市场，他见到喜欢的，我就问他，想买
吗？他说，买不起，我说你有多少压岁钱？
他说，差多了。我说，其他的我贴你你要
伐？他说，当然好。慢慢地他兴趣浓了，就
自己逛古玩城，看到吃不准的古玩，自己也
会找书看，或者赶去博物馆寻真品比勘，暇
时也会与我或与一些专家探讨请教，赴日本
留学七年眼界渐开，年长月久，成了我的另
一只"眼睛"。

记得这件于硕的砚屏也是他在全国
文物展会上见到的。十五岁的他回来对
我说，东西的真，就是蛮贵的，要四千
元。第二天，他陪我赴会，东西还在。我
给他付了钱，对他说："儿子啊，垃垃
圾圾的便宜货少买点，买十件不如买一
件，一件将来可抵一百件。只有具备真正
艺术价值的东西才值得收藏。"至今，这
依旧是经验之谈噢。

—〈清〉—
于硕微雕象牙砚屏

　　此为象牙红木座的砚屏。砚屏之盛行当在宋代，搁置于砚之上风，书写者多右手执笔，防风亦免砚中墨汁之速干，既利于静心书写，又是文房精致雅具。诚然，寒酸文士是配置不了的。至明中后期，盛行书写巨幅大字，此物多为案头摆设，虽无实用，而对达官显贵似又不可或缺，近于聋子的耳朵。

　　此砚屏之微刻书画，为晚清于硕（字啸轩）所作，此公书画兼工，更擅于微刻。读此画则清丽可人，渊源有自；读其字则宗师东坡，朴茂醇正。尤其不可思议者，在指甲般大的范围里竟刻写了约六百字的吴梅村《西田诗》，简直神乎其神，不可思议。

　　故我谓，书画入微雕不易，更不易者不在其微，而在兼具书画之精妙，若于硕者，堪称古来微刻之翘楚。嗟前无古人，叹后无来者。

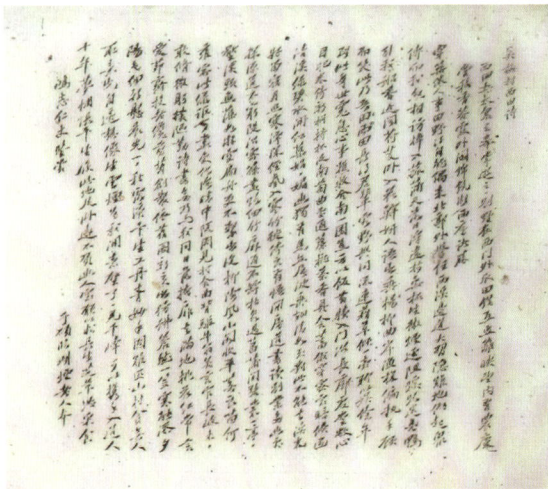

刻象牙鼻烟碟

吴昌硕书、王个簃

—〈清〉—

此物为吸鼻烟器具，将鼻烟置于碟中，三五宾客相聚，以指蘸少许，吸入鼻孔。故为共享器也。

我国传统的闻香，多以沉香等香料和线香置于铜炉中点燃，较持久，清而淡，轻烟袅袅，满室生香，颇有诗意。情况的改变是在明万历九年，意大利传教士利玛窦将西洋鼻烟引进，成品鼻烟，无需诸多配器，吸用简便且香味强烈。故康熙后，国人使用颇见普及。因此，可随身携带的鼻烟壶乃至鼻烟碟也就应运而生，也使传统的香艺受到了较大的冲击。名士享用鼻烟，求其器的精美雅致，取用良材，辅以诗文，也就在情理之中。此碟以象牙一截，碟围有吴昌硕题铭，由弟子王个簃镌刻，可知是一九二六年间缶庐自用物也。

—〈清〉—
琥珀雕佛手

　　佛手是金华的特产，植物而状如佛之手，有护佑吉祥寓意。此乾隆工琥珀雕佛手，琥珀极少大料，此作高十二厘米，罕见。古人不知其是松柏类树木分泌的树脂，入土亿万年后所形成，有谓是猛虎死后皮肉化为泥土，而其魂则成金黄色的宝石——虎魄，又称琥珀，诚神话也。琥珀乃蜜蜡之晶莹通透者极品。《红楼梦》第七十二回里提到的"蜡油冻的佛手"，笔者认为即是这类胜于蜜蜡的琥珀佛手。

　　中国人讲吉祥，佛手与福寿谐音，寓祝䃼意。琥珀性松脆，非一般工匠所能镌制。此作有不凡的艺术加工，较之实物尤显造型的雅致，形态的开合多姿，繁而不碎，巧而不小，金灿灵莹，圆浑天成。惜乎彼时巧匠留艺而不重私名，作者不可考，然可断为大匠所制。此件二十年前友人自欧洲得之，记得是嘱书斋馆匾额易得。友谊者可戏解为：友处易来也。

红
珊
瑚
树
大
摆
件

—〈清〉—

　　珊瑚是宝石，也是洁净深海里的动物，准确地说，是由珊瑚虫的分泌物所构成的骨骼。当然红色的珊瑚是少之又少的。这红彤彤生长在南边碧海里的物事，可以想象在碧海深处是何等的艳丽。它的生长异常地缓慢，粗大些的都要以千年计，据说当年乾隆皇帝送给藏教达赖的也仅拇指般大。此株奇大的珊瑚，底端粗过手腕，行家说底部的一段，足以制作手镯了。

　　十来年前，儿子无极领命去拍场，唯有一商家与之争抢，还是为无极竞得。回家他跟我说："商人买去是要挣钱的，我们是自己玩的。他核计成本，赚不了大钱必会放弃，比他多一口拿下，总不算贵的。"想来也成理，看来儿子是长大了。

　　这是宋代的剔红牡丹长方盘，长三十四厘米。明人黄大成《髹饰录》记载唐代即有剔刻的技法："唐制多印板刻平锦朱色，雕法古拙可赏，复有陷地黄锦者"，然实物未之见。黄氏又称"宋元之制，藏锋清楚，隐起圆滑，纤细精致，又有无锦者"。而从今天的遗存看，宋代的漆品多素工无锦者。

　　此长方牡丹剔红盘，充分体现了宋代剔红漆器繁复、精湛、高超的工艺。从断纹处细加考察，堆积厚实，髹漆不下百遍。古时，仅髹漆这一道工序，必需在无尘而潮湿的环境下，待一层阴干后，方可加层，可知制作一件剔红器的烦难。此盘面剔刻牡丹花三朵，枝叶穿插巧妙，据实写意中极饶工细的匠心，与宋人花卉画似有异曲同工之妙。内外壁则剔刻萱草纹装饰之。剔刻用刀果断、圆畅，遗存了唐代的"刀法快利、锋棱毕露"，充满张力的美感和特色。

　　宋代剔红器极少见。故十年前，儿子无极在中科院考古所读研究生时，一次，将此物带去教室，请故宫博物院漆器专家夏更起掌眼，老先生一看，激动地敲了几下桌子，惊讶地问："这东西，你哪里来的？"

双凤穿莲剔彩盒

〈宋〉

我多次说过，由于本人纯为以创作书画印挣点稿费的"手工业者"，能收藏些较珍稀的文玩，多半是"从差的里面觅好的，从便宜的里面觅精贵的"，凭眼力、学力，而多了些"捡漏"的机会。所以我一直认为：知识就是机会，知识就是隐性的金钱。

此盒盒面剔刻了翩翩起舞的神兽凤凰，造型生动，神采奕奕，饰作黑彩红底，辅以同调的缠枝香莲，构图巧妍而饱满，并以黄彩雷纹作地，如此的雅驯，依旧不能掩盖当初的堂皇富贵气质。从剔刻技法看，深刻、浅刻，直刀、斜刀，施刀精准、生辣、遒丽，是典型的一流宋人器。

此盒经八百年，上下竟然弥合无隙，一如新出。此中自有后人不晓的工艺上的奥秘。即其本胎，不同于后世求简便快捷的车拼手段，而是别出心裁采用细密而窄的，似竹篾般的由内心向外的盘绕，再制成盒胎。加以由大漆的黏合，如此木纹横直面的交织，保证了胎骨的经久不变。此后，反复以黄、红、黑三色作间隔的髹漆。这特殊的工艺，保证了此盒历经岁月的沧桑而不易走型，足见古人的智慧。

二〇一七年秋，此盒见于东京，店主方自外地购得，然不知其乃世所罕见之品，经我多次的纠缠商请，可谓精诚所至，金石为开，以极低廉的价位购入。

物虽易主，而店主似乎感觉到了什么，以高清的照片，请教了日本几位古漆器专家，方知此乃宋代稀奇的法物。然为时晚矣。店主不无后悔地说："你厉害，又吃'仙丹'了！"

—〈元〉—
剔犀拜帖盒

　　还是海外淘宝的故事，发生地在日本东京，且在近几年。这是一件元代珍贵的剔犀拜帖盒，品相好，漆质好，悠远的历史沉淀让它的漆质黑里透红，呈一种类似玳瑁般的质感。剔刻的"剑环纹"超大而别于常见。在制作时即精准地预留了金属连接件的位置，而连接件也皆为元时物。可是人家将其跟其他六件不值钱的杂物捆在一起卖，价甚廉，仅三万日元（约合一千五百人民币）。购下，弃其五，取其一。其实这减法背后是多次方乘式的乘法。此等雅器，可是漆器藏家出高值也求之不得的。世上有些事与钱无涉，讲的是一个"缘"字。

嵌螺钿广寒宫图捧盒

〈元〉

这是一件元代的嵌螺钿捧盒。嵌螺钿工艺也是我国先民的发明，薄木胎底，髹黑漆若干遍，然后设计图案，选择螺壳呈五彩者，切割成薄片，依构思的亭台楼阁、花鸟走兽、山水人物造型拼接粘合，再在其上以尖利小斜口刀刻划出细腻的物事的线条。在纯手工的时代，这诚是耗时费心、细巧耗神的活计。而一器既成，精彩绝伦自不待言，在黝黑的器皿上呈现出工笔般的图画，在悠悠的沉静中，寓有魔幻般七彩耀眸的玄妙。

此捧盒表现的是传说中道士卢公远以法术引渡唐明皇夜访嫦娥广寒宫的梦游场景。此类题材元代多见，体现了民间对神秘月神的崇拜。

嵌螺钿工艺，号称北宋已有，然实物未见，元代器也罕见。此十七年前自日本偶得。妙物流落异邦，携归故里，于国于物于我，都是深可庆幸的。

—〈明〉—

永乐戗金压经板

此为明代永乐戗金压经板，长七十二点八厘米。中央饰以金珠，两侧饰有"八宝"中的华盖、法螺、莲花、盘肠四宝，外围依次饰有飞花莲瓣和缠枝莲相衬，红底戗金，富美夺目。据明史记载，在永乐十四年（1416），将刻印的藏文版《甘珠尔》经赐予西藏佛教领袖，每册首尾都用此压经板夹存。后则有所散失。

此板二〇〇三年见于东京，稍前见闻一消息，美国的中国艺术品收藏家安思远将同类两板，捐赠故宫博物院，定为一级文物。知此板非同寻常，购回。今也在我们美术馆三楼长期陈列。

〈明〉
嵌螺钿黑漆香几

此嵌螺钿黑漆香几，造型精巧、线条可人，品相一等，细工精作，大件镶嵌，下承托泥板，周身满纹，当属明代佳品。儿子无极访古得于东京。护几的木箱内存有一百多年前日本明治时的票据，价九百八十元日币，相等于今天六十元人民币。时儿子在东京留学，嘱其考订九百八十元日币在当时的可比价值，乃知当时的这一价格，竟然可以在东京都里购买一幢房子。而如今在东京购一房，少则八千万日元，约合人民币近五百万，货币贬值如雪崩。生存不能不讲钱，而世上最不值钱的恰恰是钱，古今中外同例。故为我等在如今太平盛世，有闲钱当收藏些艺术品，提供了一个有说服力、有魅力的例证。倘使不是购入此香几，那么在今天的东京，只够吃一碗拉面了。

漆器剔红执壶

—〈明〉—

　　二〇〇一年，在日本与儿子无极会东京都国立博物馆副馆长西冈康弘，君为研究中国漆器权威，请饭时谓：日本是中国古代漆器的宝库。这句话提示了我。彼时日本市场上这类古物既多且便宜，就教无极留意收纳。此明代麒麟纹剔红葫芦执壶，为金属胎，剔刻生辣，即其一也。时在二〇〇三年，在一古肆见，店主称价二百万日元（约十三万人民币），但因已报名参与美术品展览，暂不出售。给其订金，拒收，告半年后可以售你。我以国内购买之经验，自忖此事黄矣。不料半年后接到店主电话，称可以来取壶了。取壶时店主说展览时有人出高价求售，因事先已答应你，不可违约（其实，并无协议），不仅按原价，且还附有所出版的图书。飞走的天鹅竟然回家了，事出意外，欢喜无量。诚信这东西可贵，往往是用钱都买不来的。

金属胎剔红笔筒

〈清〉

　　古人的日常生活比起现在来，那真是太简单不过了，一般就归纳为渔、樵、耕、读。渔是捕鱼，水上的活计，樵是山上打柴，耕是犁田种庄稼，都是生活中缺一都难以生存的大事。读是读书，不读书，不识字，不知理，也难以书信交流。当然对部分有"鸿鹄之志"的学人来说，则是想通过科举制度，跻身官场，飞黄腾达。这四字里也另有上古时的典故：渔是指汉代严子陵垂钓富春；樵是指朱买臣休妻运蹇樵柴；耕是指大禹指导民众纺织、耕种于历山；读是说战国时苏秦悬梁刺股，夜读《太公经》。

　　这是清康熙时的剔红笔筒，是金属胚，髹漆肥厚，如此才能作高浮雕的镌刻。工匠巧思，围绕一周描绘了渔、樵、耕、读相贯穿的日常生活画面，美好的山光水色，栩栩如生的各等人物，洋溢着彼时人们所期待的祥和与安逸。

　　此剔红笔筒二十年前得于东京，今则难得一见矣。

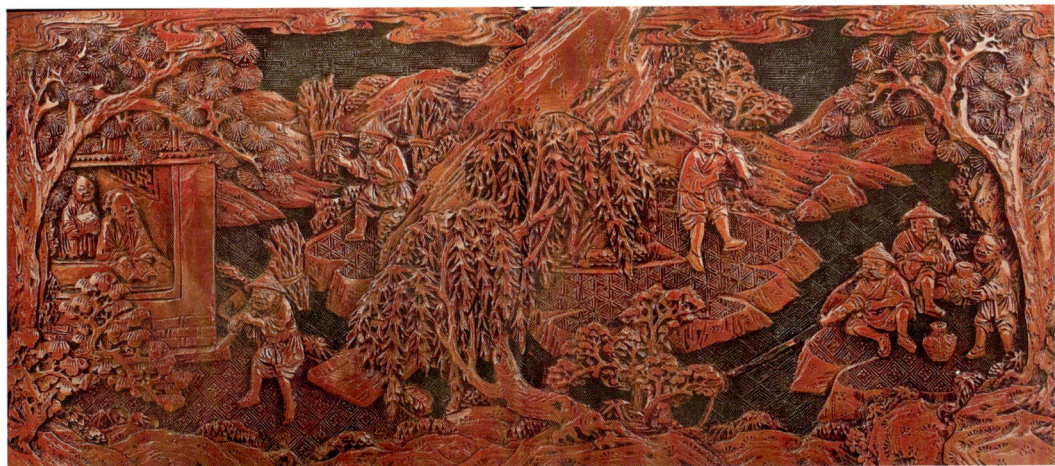

后记

我少小时即好翰墨，刀笔挥运之余，喜欢收集书画杂件，这堪称是与生俱来的的习性。在当时，社会上无"收藏"一说，收藏本也不是我的目的。对心仪之品，只要力所能及，省吃俭用，一一购入，纯粹作摩挲观习，视之为良师，宠之如伴侣。平生集辑之物，或得之南北东西，尤多觅之于域外者。中虽乏惊艳之品，然敝帚自珍，积累远过千百，自忖对己之攻艺悟道，收益良多。岁逾七旬，时存念想，"良师""伴侣"毕竟不能共度千秋万岁。理当为它们寻找理想之归宿。故与妻儿商议，于二〇一一年，择就中尚佳者千余，捐献国家。并获政府支持，设馆陈列，永受嘉福，化独乐为众乐。物得其所，心有所安。

　　几年来，友朋、观众遍览展品之际，每言及藏物故事，多生欢喜，每敦促撰写些小品，以飨同好。时丁酉冬，至戊戌春，百日间，在创作之暇，栖椅榻，在手机上先后点写《藏杂·杂说》小品三百余则。忆述往事，随兴点字，不斤斤于引经据典，也不着意于推敲词句，诚平白实录。时每点出一文，则附以相应物图，传发于"朋友圈"，竟获友好鼓励。《艺术品》等刊物率先设专栏刊发，知音多多，喜出望外。初拟点写八百，然杂事纷扰，且老衰不克眼目之累，遂止。自嘲此步晋人王子猷后尘——雪夜访戴，兴尽辄止。

　　这些学术含量不高的篇什，今由荣宝斋出版社厚爱，得以结集出版，自知识见浅陋，不足以传，然这本人发蒙于解放初，一路收集过来的漫漫历程，或踏破铁鞋无觅处，或得来全不费工夫，其中不乏酸甜苦辣的至味。且就中似乎也还留存着这一时段的特殊到离奇的一丝信息，这也许可聊作茶余饭后的谈资吧。

　　一书之成，感念来自荣宝斋领导和编辑朋友们的艰辛付出和相助，还当感谢老友登科兄的热情赐序。在此一并致以谢忱。

韩天衡
2019年10月1日

图书在版编目（CIP）数据

藏杂·杂说：我与收藏的故事 / 韩天衡著. -北京：
荣宝斋出版社，2019.10
ISBN 978-7-5003-2208-5

Ⅰ. ①藏… Ⅱ. ①韩… Ⅲ. ①收藏—基本知识
Ⅳ.①G262

中国版本图书馆CIP数据核字（2019）第188433号

封面题字：韩天衡
责任编辑：李晓坤　王可苡　唐　昆
校　　对：王桂荷
责任印制：孙　行　毕景滨　王丽清

CANGZA · ZASHUO: WOYUSHOUCANG DE GUSHI
藏杂·杂说：我与收藏的故事

编辑出版发行：荣宝斋出版社
地　　　址：北京市西城区琉璃厂西街19号
邮 政 编 码：100052
制　　　版：北京荣宝艺品文化有限公司
印　　　刷：廊坊市佳艺印务有限公司

开本：787毫米×1092毫米　1/16
印张：24.5
版次：2019年10月1版
印次：2019年10月1次印刷
印数：0001-3000
定价：186.00元